ZONE AND SECTION ヘアスタイルのデザインコントロールと量感調節のテクニック

A TABLE OF CONTENTS

002	Preface
004	ゾーンとセクションの基本
006	用語解説
008	本書の使い方と技術解説について
009	**Chapter01**
	1セクションカットの進化
010	1セクションカットの構造
012	ボブデザインの変化
014	ヘアデザインの形態変化
016	**Chapter02**
	ZONE CUT
018	ゾーンカットの理論と座標
019	2つのセニング
020	インナーセニング
022	インナーセニングの使い方
023	インナーセニングによる形態変化
024	ラインセニング
026	ラインセニングの形状と機能
027	オーバーセニングの質感比較
028	座標の傾きとヘアスタイル
030	1SECTION＋ZONE DESIGN
048	**Column**
	DISCONNECTION-I
049	**Chapter03**
	2SECTION CUT
050	2セクションカットの考え方
052	2セクションのバリエーション
054	2SECTION DESIGN
076	レイヤー・オン・レイヤーのデザイン展開
077	**Chapter04**
	Multi-SECTION
078	多重分割（マルチ）セクションによるヘアデザイン
079	ハチ以外の2セクション分割
080	3セクションと縦分割
081	マルチセクションのデザイン事例
082	特殊なゾーン＆セクション
	ハイドセクション
084	ルーツセニング
086	ゾーン＆セクションを使った骨格補正
088	MULTI-SECTION DESIGN PART-I
096	フロント、トップの座標と毛流対応
098	座標を使ったフロント、トップの毛流補正
100	セルセクションを使った毛流対応
102	パートとゾーン＆セクション
103	量感調節の技術と選択
104	MULTI-SECTION DESIGN PART-II
127	**Chapter05**
	ゾーンとセクションの可能性
128	サロンワーク＆エデュケーション
130	**Column**
	DISCONNECTION-II
131	CREATIVE WORKS
134	POSTSCRIPT

PREFACE

さかのぼること30数年前、ブラントカットのテクニックがヨーロッパで体系化され、世界の美容技術に大きな影響をもたらします。以来、カットでヘアスタイルをデザインするということが一般化し、この技法は、今日でも美容のベーシックとして大切に継承されています。

日本では、ブラントカットのベーシックが広く普及する一方で、独自の発展を遂げてきました。それは、主に素材対応の側面から語ることができると思います。よく言われるように、西欧人と比べると、東洋人は髪質が硬く、毛量が多いという性質を持っています。骨格の特徴も異なっています。当然、同じ技術を施しても、同じ結果が得られません。

サスーンが体系化した手法を使って、ベースを切った後、素材対応をどのように行っていくか？————こうした視点から、ヘアカットが探求されてきた長い歴史が日本にはあります。しかし、一つのガイドを設定して、全てのパネルをつなげていくスタンダードなテクニックは90年代初頭にある種の限界を迎えたと見ることができます。

その一つは、軽さや動きの表現への強いニーズです。また、市場に、従来のベーシックカットだけでは提供するのが難しいスタイルが非常にたくさん生まれてきました。こうしたことが背景になって、90年を境に美容の技術が、感覚的な仕事に大きくシフトしていきます。従来の技術と感覚・感性といった言葉の対立も、この頃からよく見かけるようになります。

サロンの現場では、髪を削げば軽くなるということで、過剰なセニングが行われました。しかし、こうした技術の混乱は様々な弊害をもたらします。まず、形態の喪失。軽くはなったけれど、デザインの構造を支えたり、アウトラインやフォルムを構成する髪までも削ぎ落としてしまったために、スタイルの形が維持できなくなってしまった。その結果、再現性が低下し、スタイリングへの依存が起こります。素材の面では、コンディションの劣化が進みました。レザーやスライドカットなど、髪の表面を刃先が滑るカットは、キューティクルの損傷を引き起こしやすいためです。

そして何よりも、作業が感覚的であるがために、教育できないという問題が出てきました。体系だった理論がないために数をこなして経験則として身につけていく以外、有効なトレーニングの方法がありませんでした。「どこを削ぐのですか？」と聞かれても、「この辺りをこんな感じで…」と曖昧な説明しかできなかった。ベースを切ることは、正確な言葉で表現できても、素材対応に該当する技術領域に適切な言葉やアイテムが不足していたわけです。キャリアのない技術者にとっては、精神的な負担がとても大きかったと思います。

ここに、従来のベーシックとサロンの現場で必要とされている技術をつなげるような理論体系が求められました。つまり東洋人の骨格と髪質を前提としたサスーン理論の続編に相当する技術です。今世紀、美容師が手にしたグラデーションとレイヤーという2つのベーシックカットを応用し、あらゆるデザインニーズに応えられるような体系をつくること。それが『ゾーン・アンド・セクション』のプランでした。

この新しい技術も、もとは、デザイナーが顧客にクオリティの高いスタイルを提供するための極めて私的なアイテムでした。そういったデザイナーたちがスタイル発表や技術展示を行う中で、幾つかのデータが蓄積され、様々なコミュニケーションを通して、より洗練されたものが生み出されてきました。経験や出来事の断片が、寄せ集められ、ジグソーパズルのピースを埋めていくように、物事の輪郭が見えてきたのです。これまで感覚頼りだった仕事を理論立てて説明し、誰もが理解・マスターできるような技術体系を確立する時期が来ています。

適切な量感調節を行い、素材にフィットさせるためのゾーンカット。頭を幾つかの箇所で分割し、グラデーションとレイヤーの組み合わせで、形のバリエーションを生み出していくセクション。この2つのテクニックを使って、従来のベーシックカットの機能を拡張させ、次世代の美容の可能性を垣間見ることができれば、そんな願いを込めて本書をお届け致します。

井上和英（Fiber Zoom）

FRONT SECTION / FRONT ZONE
顔回りの髪に相当するので、顔とのバランス、似合わせに大きく影響する。

TOP SECTION / TOP ZONE
デザインの表面に当たる部分。動きや質感に最も関与する。

PARIETAL SECTION / PARIETAL ZONE
デザイン的に動きの表現に影響する部分。フォルムの形にも重要な場所だが、頭蓋骨最大の隆起であるパリエタルボーンの頂点を内包しているため、スタイル全体の量感にも大きな影響を与えている。

OCCIPITAL SECTION / OCCIPIATL ZONE
表面的には見えにくく、主に量感を左右する場所。

TEMPORAL SECTION / TEMPORAL ZONE
サイドのアウトラインの形や質感に関与する場所。耳の付け根より前は、顔にかかってくる部分なので、そこの面積が広いと、重い印象になる。ここも量感調節のポイント部分。

NAPE SECTION / NAPE ZONE
バックのアウトラインや質感を形成する場所。

OVER SECTION / OVER ZONE
主に2セクションカットの際に使用する分割の単位で、フロント、トップ、パリエタルの3箇所を統合した名称。

UNDER SECTION / UNDER ZONE
主に2セクションカットの時の分割単位で、オキシピタル、テンプル、ネープ部分を統合した名称。

ゾーンとセクションの基本

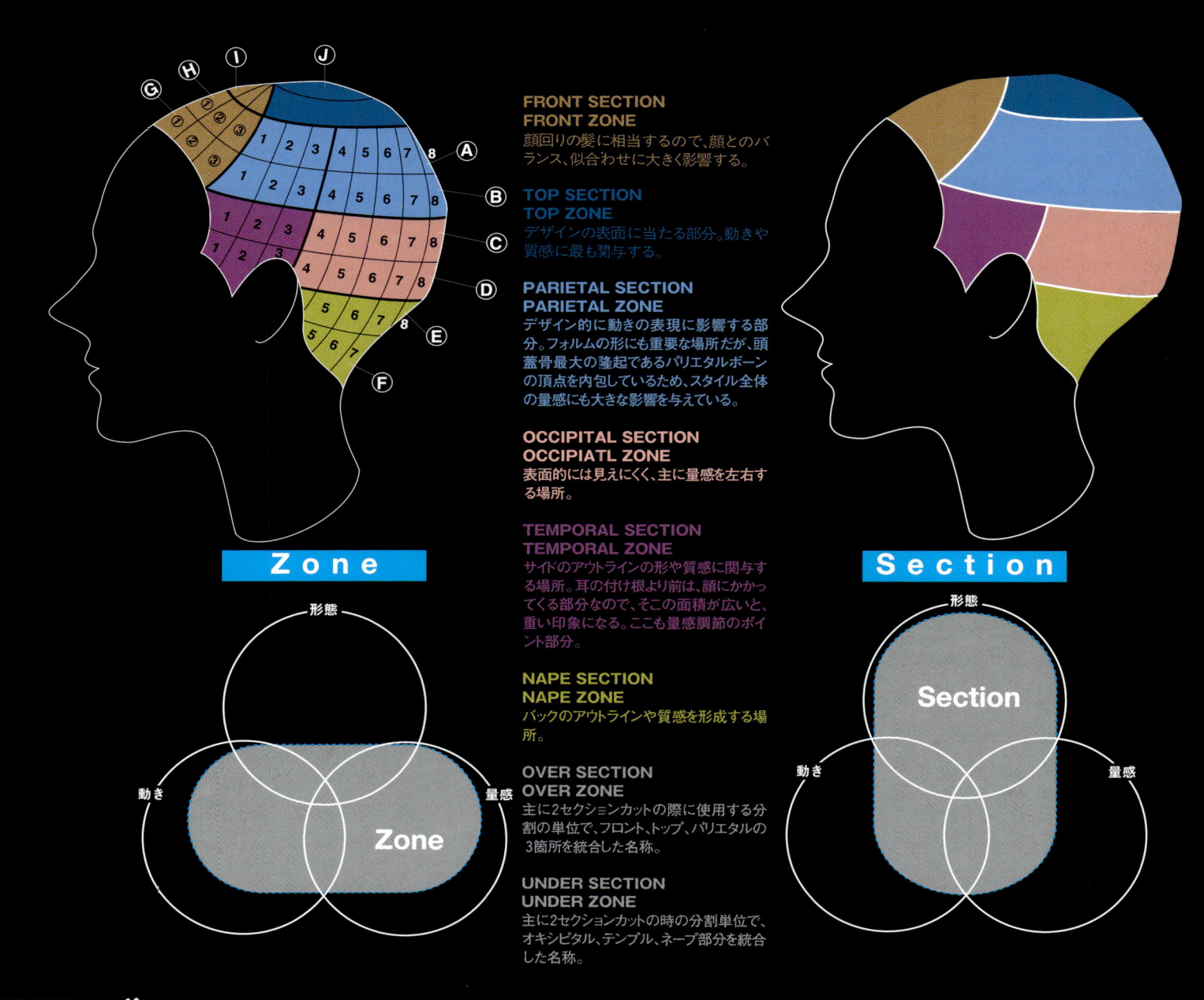

ゾーンとセクションの違い

　最初に本書の主題であるゾーンとセクションについて基本的な概念を説明しておきます。辞書で調べますとZONEには地帯、地区、区域などの意味があり、SECTIONには部分、部門、党派、切断面等のほか、やはり地区、区域、地帯などの意味があるようです。美容用語では、両方とも、頭の場所を示す単語として用いられており、これが、ゾーンとセクションを混同する一番の原因になっています。

　これまでの流れから、現状、最も妥当性があるだろうと思われる範囲で定義しておきますと、セクションとはベースの形をカットする際の分割の単位であると考えることができます。頭のハチのラインで上下に分割するものを2セクション、それにフロントやトップでの分割を加えたものを3セクションというように、ベースの形態を切るための切断面の集合体を総称してセクションと呼びます。これは、ベーシックカットにおける作業上必要なブロッキング(バックを3ブロックに分けて、最終的に全てつながったカットを行っていくようなプロセス)とは区別して考えます。一方のゾーンですが、これはベースカットを終了した時点で、ソギを行う際の分割の単位であると定義できます。

　セクションもゾーンも頭の特定部位を指す言葉に変わりありませんが、前者はベースをつくる時に利用する分割断面の位置や数を、後者はセニングを行う時の場所を特定する意味合いが強いといえます。カットの性質として、セクションを使ったカットはベースの形態変化に直接関与します。切り口は基本的にレイヤーとグラデーションを用います。また、幾つかのセクションをディスコネクトすると、そこに段差ができて空間が発生するため、非接続面周辺の量感や動きに影響します。ゾーンは、主に量感調節及び動きや質感の表現に関与するカットです。もちろん、ゾーンカットでも、ハサミを入れるとベースの形には多少の影響はありますが、セクションと比較すると、その度合いは低いといえます。

　なお、本書では、以後、断りがない限り、セクションという言葉を、セクション同士が非接続であるディスコネクションの意味で使用します。また、1つのガイドを設定して、隣接するパネル同士を全てそこにつなげてカットするスタイルを1セクションカットと呼び、ディスコネクションを使ったデザインと区別します。

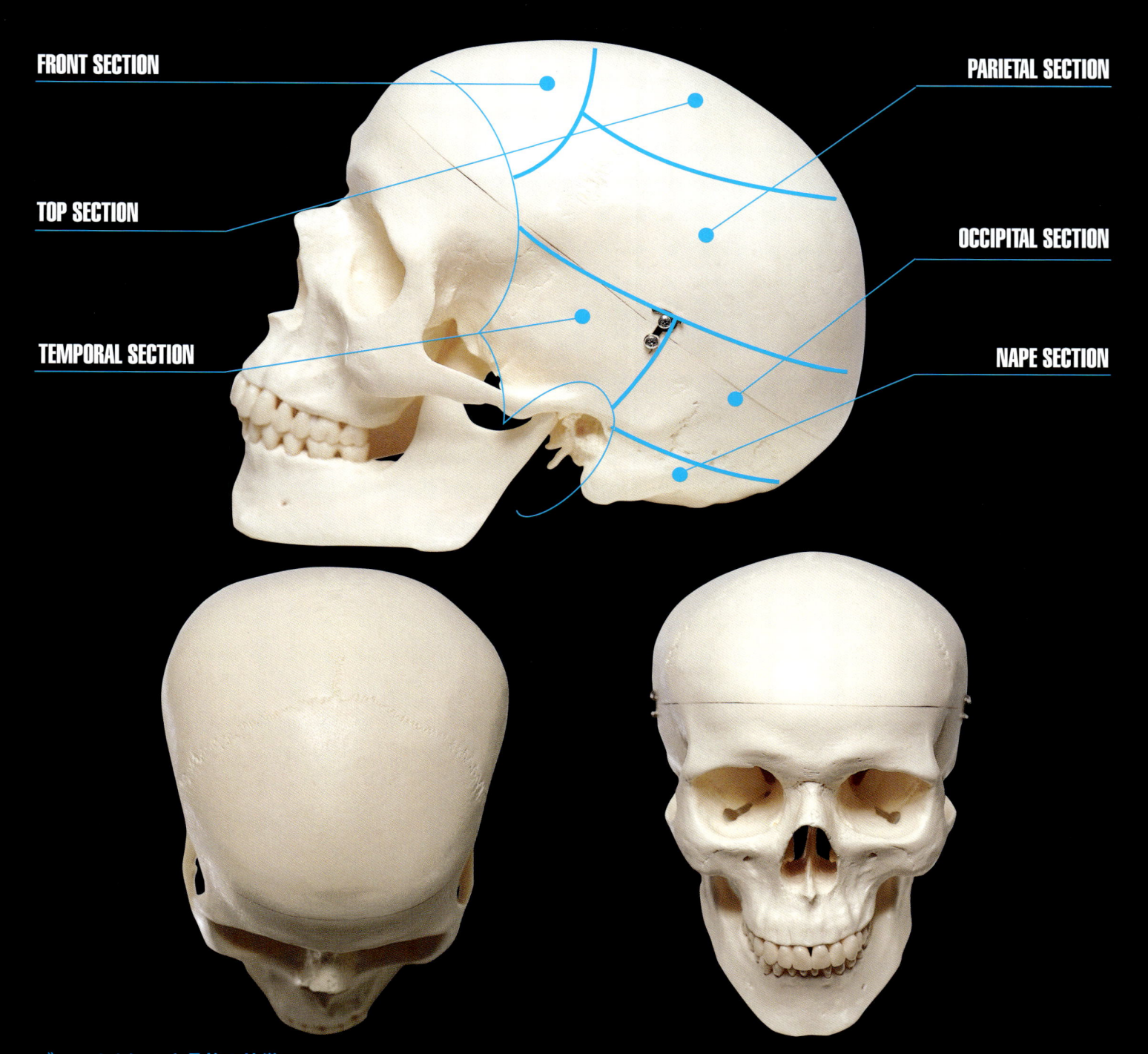

FRONT SECTION

TOP SECTION

TEMPORAL SECTION

PARIETAL SECTION

OCCIPITAL SECTION

NAPE SECTION

ゾーン、セクションと骨格の特徴

　次に本書で使用するゾーン図、セクション図について説明します。地球儀の緯度・経度を想像していただくとわかりやすいのですが、頭に座標線を設定することで、どの場所にどんなカットを行ったのか、正確に示すことができます。セクション図のほうは、すでにお馴染みだと思いますが、ゾーンカットによる量感調節は、これまで、施術の具体的な場所とその内容を特定するためのアイテムがありませんでした。よって、削ぐ位置を伝達する際に、感覚的な言葉や表現に頼らざるを得ず、その結果、理解不足や不適切な処置を招く一因になっていたと思われます。一見複雑に見えるかもしれませんが、これを使うとどこをどれくらい削げばいいのか、かなり細かい部分まで伝えることが可能になります。また、営業中、アシスタントにワインディングのヘルプを頼む際なども、適切な指示ができるようになります。

　ここでは、このセクション図とゾーン図がどのような構造を持っているのか、簡単にお話しておきます。まず、セクション図ですが、これは骨格の起伏に合わせて、7つの分割を行っています。これまで、頭は球体であると意識されてきました。しかし、よく見ると完全な球体ではなく、湾曲した骨が幾つか接合された曲面の集合体であることがわかります。したがって、よりフィット感のあるデザインを考える場合、そのベースとなる骨格の構造を理解することが大切になってきます。

　太いラインの上に位置する部分は、一般に骨格の隆起が目立つ部分で、ディスコネクションの分割線をここに設定すると、そこの量感が調節され、デザインの再現性が高くなるという特徴があります。次にゾーン図ですが、これは、7つのセクションラインを縦横均等分割した座標を描いてあります。様々な方法で実験した結果、この座標線を使うと、ゾーンによる処理が効率良く行えます。例えば、後述するインナーセニングは、この座標線の中を通過させると、全体の毛量をうまく調節することができますし、毛束を動かしたいので削ぐというラインセニングの場合、この座標で囲まれた1マスが毛束の1ピースの目途になります。

　もちろん、これらの図は、技術プロセスを強要するためのものでも、特定の方法を押しつけるためのものではありません。読者の方が、自サロンの営業や勉強会に合わせて、使いやすいように利用していただければと思います。

用語解説

ZONE

ゾーン（ZONE） >>> P4-5、P18

頭の中を複数の場所に分割した際に、特定箇所を示す言葉として使われる。本書では、**セニング（削ぎ）をする時の場所をゾーンと呼び**、基本的には、フロント、トップ、パリエタル、オキシピタル、テンプル、ネープの6つに分けている。ゾーンカット（＝ゾーン処理）は、セニング（削ぎ）の作業自体を指し、ゾーンコンシャスとは場所によって、骨格の起伏や毛密度を意識しながら、適切なセニングを行なっていくという意味で使われる。

ゾーン・ダイアグラム（ゾーン座標図） >>> P4-5、P18、P28-29

フロント、トップ、パリエタル、オキシピタル、テンプル、ネープで分けられたゾーンをさらに縦横均等分割してつくられた座標のこと。ゾーンカットつまりセニングを行なっていく際の作業単位として使っていく。本書では基本的に標準座標を使用するが、スタイルに合わせて30°傾斜座標、ハの字座標なども設定されている。

セニング（THINNING） >>> P18〜P27

英語で薄くするという意味があり、髪の量感を減らすことで、ボリュームや造形の調節を行ったり、動きや質感の表現を行なうカットを意味している。本書では、セニングをインナーセニングとラインセニングの2種類に分類して、使い分けている。

インナーセニング（INNER THINNING） >>> P20〜P23

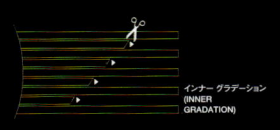

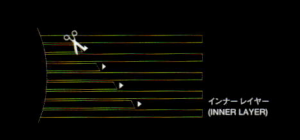

引き出したパネルの髪を規則的に間引いていくことで、毛密度を調節し、量感の減少、造形調節、骨格補正などの機能を発揮するセニングのテクニック。セニングの軌道の形状から、インナーレイヤー、インナーグラデーションの2つの種類がある。基本的に縦パネルで作業を行ない、ゾーン・ダイアグラム（座標図）のマス目の中を通過させるようにセニングの軌道を取る。

インナーセニング・ディスコネクション（INNER THINNIG DISCONNECTION） >>> P23、P103

特に骨格の起伏が極端な箇所、毛密度の高い場所がある場合に使用するインナーセニングの手法。座標の分割線でセニングの軌道をディスコネクトさせる。

インナーレイヤー・トゥ・インナーグラデーション（INNER LAYER TO INNER GRADATION） >>> P23

インナーセニングの手法の中で頻繁に用いられるパターンの一つ。素材をフラットに収めるインナーレイヤーから、丸みを持たせてウエイトを締める効果が高いインナーグラデーションへ、セニング軌道を変化させるテクニック。ネープをタイトに収めたい時などに有効で、アンダーゾーンでよく使われる。

ラインセニング（LINE THINNING） >>> P24〜P27

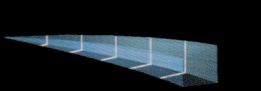

ゾーン・ダイアグラム（座標図）で設定された1マスの毛束（1ピースの毛束）の上下左右に削ぎを入れることで、主に動きや表面の質感操作を行なうセニングの手法。毛束の左右を削ぎ、動きを誘発させるサイドセニング、浮力や収まりに関係するアンダーセニング、表面の質感や収まりに効果のあるオーバーセニングの3つの種類がある。

ルーツセニング（ROOTS THINNING） >>> P84-85

髪を根元から間引いたり、スライドさせることにより、大きく量感を減少させるセニングの手法。骨格補正や邪魔な毛流を持つ髪を処理する時に効果があるが、長いレングスや使用するゾーンによっては、切り落とした毛が立ち上がり、ボリュームにつながることもあるので、注意を要する。

SECTION

セクション (SECTION)
>>> P4-5, P50, P78

頭を複数の場所に分割する単位の1つであるが、**ベースの形態を切るための切断面の集合体を総称してセクション**と呼ぶ。本書では、基本的に骨格の起伏に合わせて、フロント、トップ、パリエタル、オキシピタル、テンプル、ネープの6分割を用いている。なお、一般的な慣習として、カットの技術解説でセクションやセクショニングという言葉が使われる時、ディスコネクションを指して使われることが多い。

ディスコネクション (DISCONNECTION)
>>> P50, P78

頭を幾つかのセクションに分割し、それらをつなげずにカットしていく手法のこと。各セクションが独立した形状を持つため、その組み合わせによってデザインの形態コントロールが容易に行なえる。また、セクションの分割ライン（非接続線）周辺に大きな空間が発生するため、量感調節機能も大きく働く。セクション分割の数により、2セクション、3セクションなど固有の名称を持つ。

2セクション (2SECTION)
>>> P50〜P53, P76

任意のセクションラインで1箇所、ディスコネクトされたデザインを総称しているが、一般的には頭のハチ下に設定された分割線（2セクションライン）でディスコネクションされたデザインを指す。上下の形態の組み合わせで、レイヤー・オン・レイヤー、レイヤー・オン・グラデーション、グラデーション・オン・レイヤー、グラデーション・オン・グラデーションの4つの基本形がある。

マルチ（多重）セクション (MULTI-SECTION)
>>> P78〜P81

3セクション以上の分割を持つディスコネクションを総称してマルチ（多重）セクションと呼ぶ。骨格の起伏に合わせて、多分割が行なわれるので、複数の形態コントロールができ、細かい量感調節機能が働くため、再現性の高いヘアスタイルをつくることができる。また、デザインの装飾性を重視して、このディスコネクションが使われる場合もある。

ナチュラル・ディスコネクション (NATURAL DISCONNECTION)
>>> P78

ディスコネクションを形態変化でなく、量感調節や動き、質感表現の機能を目的に用いたデザイン。一見すると、ディスコネクションが見えないが、再現性や素材補正などに機能しており、デザインのクオリティが高くなる。

1セクションカット (1SECTION CUT)
>>> P10〜P13

従来のベーシックカットを総称して用いる。1つのガイドを設定して、全てそこにつなげてパネル展開していくカットのこと。

ハイドセクション (HIDE SECTION)
>>> P82-P83

限定されたゾーンの中で毛束と毛束の間に配置される小さなセクション。これが独立して存在するケースはないが、髪の動きを補助したり、量感調整の効果を高めたい時に効果的なテクニック。

セルセクション (CELL SECTION)
>>> P96-P97, P100-P101

座標を用いて素材の状態を矯正しながら形態をつくるカットに対し、素材の状態に合わせて座標を変換させて行なうカットの手法。毛流の方向性を活かし、ダイナミックな動きを表現したり、クセの方向性に沿ってうまく収めたりする時に用いる。

本書の使い方と技術解説について

本書は、5つの章から成り立っています。各章では、そこで取り扱う技術の考え方や基本テクニックの説明を行なっています。Chapter02、Chapter03、Chapter04の3章に関しては、後半部にモデルを使ったスタイル事例を挙げ、全てに技術解説をつけています。ここではその中で使っているカットやテクニカルタームの内容を説明しておきます。

ベースカットについて

本書では、デザイン的にブラントカットのシャープなイメージを求める時以外、ベースは全てポイントカット（チョップカット）で切っています。その理由として、1度ブラントで切ったラインを不揃いにするためにラインセニングを用いると、①設定したベースの長さより、短くなってしまう、②作業時間がかかる、③ラインセニングの機能が充分発揮できない、などが挙げられます。

ポイントカットの深度

①主にアンダーセクションのグラデーションなど、形をはっきりと出したい箇所は、ポイントカットを浅めに行ないます。
②トップセクションのレイヤーなど、動きや軽さを強調したい箇所は、ポイントカットを深めに行ないます。

ベースの長さ設定

削ぎを多用するデザインでは、たとえ毛先の長さが変わらなくても、イメージ的に設定した長さより短く感じられることがあります。したがって、深めのセニングを入れることがあらかじめわかっているセクションは、長さの設定を微妙に長めに取っておきます。

ゾーンとセクションに関する表記

基本的にベースカットを説明する段階では、フロントセクション、パリエタルセクションなど、場所の名称の次にセクションをつけた表記にしてあります。インナーセニング、ラインセニングなどゾーンカットのプロセスでは、フロントゾーン、パリエタルゾーンという表記に統一しました。作業内容を明確にする意味で使い分けていますが、位置的には同一箇所を示しています。なお、ハイドセクション、セルセクション等の特殊セクションに関しては、作業単位が小さいのでゾーン側に区分しています。

インナーセニングの軌道、深度の表記について

『深めのインナーセニング…』という表記がある時は、毛束の5/6、4/6〜1/6に抜ける軌道を指します。
『浅めのインナーセニング…』という場合は、毛束の3/6、2/6〜1/6に抜けるセニングとなります。
＊上記はあくまで1つの目安なので素材の状態によって、細かい調節を行なってください。

サイドセニングの表記はP26をご覧ください。

本書で用いるシザーズの特徴

ゾーンカット（セニング）用のシザーズについて簡単に説明します。インナーセニングは、主に刃先の細いシザーズを使ってカットしていますが、作業時間短縮のためにFiber Zoomでは、実際の営業でセニングシザーズを使うこともあります。カットと相性のいいシザーズを紹介しておきます。

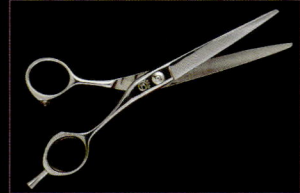

片笹刃
笹刃は髪が逃げていくので、滑らせても損傷しにくい。また、ラインセニングの時は、瞬間瞬間で切り方が変わるので、片方、直刃がついていると作業がしやすい。

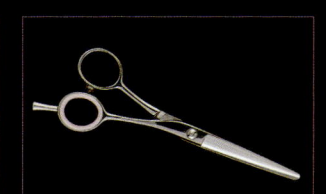

インナーセニング用シザーズ
インナーセニングの時に用いる刃先の細いシザーズ。微妙なピッチ調節や軌道コントロールをする時は、刃先の細いものが向いている。

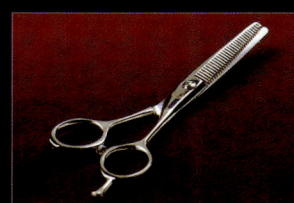

セニングシザーズ
切り口がカーブ状になるように開発されたインナーセニング用のシザーズ。滑らせてカットしても髪の抜けがいいという特徴がある。Fiber Zoomの特注品（㈱光邦）。

Zone and Section

1 SECTION CUT

1セクションカットの進化

CHAPTER 01

60年代、カットのベーシックが確立された時代。
ワンレングス、グラデーション、レイヤー、
セイムレイヤーの4つの基本形が成立している。
以来、様々なヘアスタイルが生まれてきたが、
全てこの基本形の組み合わせでバリエーションが展開されてきた。
どんなに複雑なデザインであっても、
この4つのベーシックの構造から
解き明かしていくことができるのである。

分子生物学の分野では遺伝子の研究が進み、21世紀初頭には全てのヒトゲノムが解き明かされると予想されている。この人間が生存するために必要な遺伝子情報は、細胞核の中にあるDNAの塩基配列によって決定されている。アデニン（A）、グアニン（G）、シトシン（C）、チミン（T）、この4つの塩基の組み合わせで、たんぱく質が合成され、生態の形質がつくられる。生命の記号はこの4つの文字で書かれているのだ。地球に生物が誕生して約35億年。この間、A、G、C、Tからなる遺伝情報が環境によって書き換えられ、生物の進化が進み、今日の人類に至っていると言われている。

1セクションカットの構造

ワンレングスボブ
オン・ザ・スキンでグラデーションの角度をつけずに、全て同一のレングスで平行にカットされたボブスタイル。

ベーシックグラデーション
ネープ部分のみ縦パネルで、その他の部分は横パネルで前下がりにカットされたベーシックなボブスタイル。

リバースレイヤー
フェースラインが最も短く、後方にいくに従って長くなるリバースレイヤースタイル。

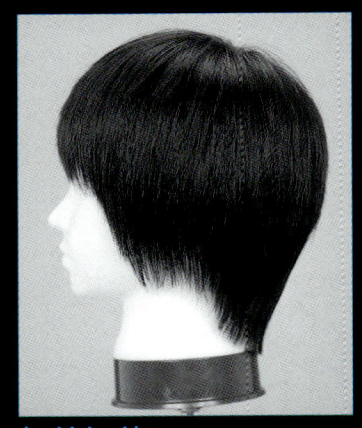

セイムレイヤー
パネルを骨格の丸みに合わせて、全てオン・ザ・ベースで引き出し、同一の長さでカットされたスタイル。

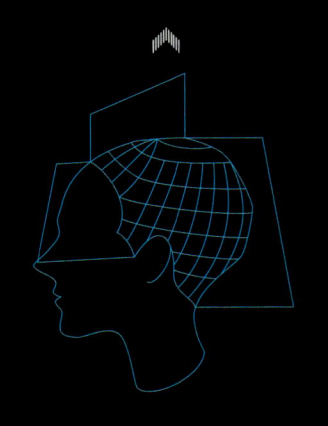

ディスコネクションがサロンの営業でも一般的に取り入れられるようになり、デザインの形態やカットプロセスも複雑になっていると言われています。しかしながら、どんなに複雑に見えるスタイルでも、実はシンプルな形の組み合わせによって構成されています。現在、上で見るようなベーシックカットがそのままの形で提案されることは稀かもしれません。が、一方で、複数のセクションを使ってベースをカットする際も、レイヤー、グラデーションといった、基本的なカットの複合でデザインは成り立っています。ベーシックを正確に切るテクニックが、重要であることに変わりはありません。

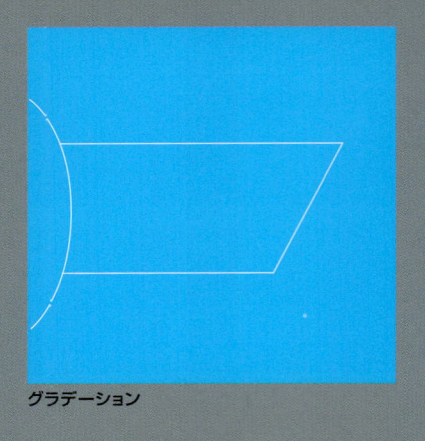

切り口の形状

本書では、頭皮からパネルを垂直に引き出した状態で、上が長くて下が短いカットの形状をグラデーション、上が短く下が長いものをレイヤー、上下が同じ長さであるものをセイムレイヤーと呼びます。

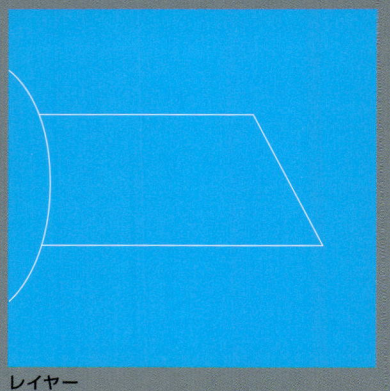

グラデーション　　　レイヤー

ワンレングスボブ
ショートポイント、ロングポイントがないために、表面の髪は左右どちらにも動く。下部にいくに従って動きにくい。

ベーシックグラデーション
前下がりのラインでカットされているため、髪は前方へ動く。表面ほど動きやすく下部にいくに従って動きにくくなる。

リバースレイヤー
トップの髪は短いためあまり動かない。フェースラインにレイヤーガイドがあり、前にショートポイントがあるために、アウトラインに向かうにしたがって、髪が後方へ動く。

セイムレイヤー
髪の長短がないために、上下左右どの方向にも動くが、実際は、素材自体の持つクセや毛流の影響を最も受けやすい切り口の形状と言える。

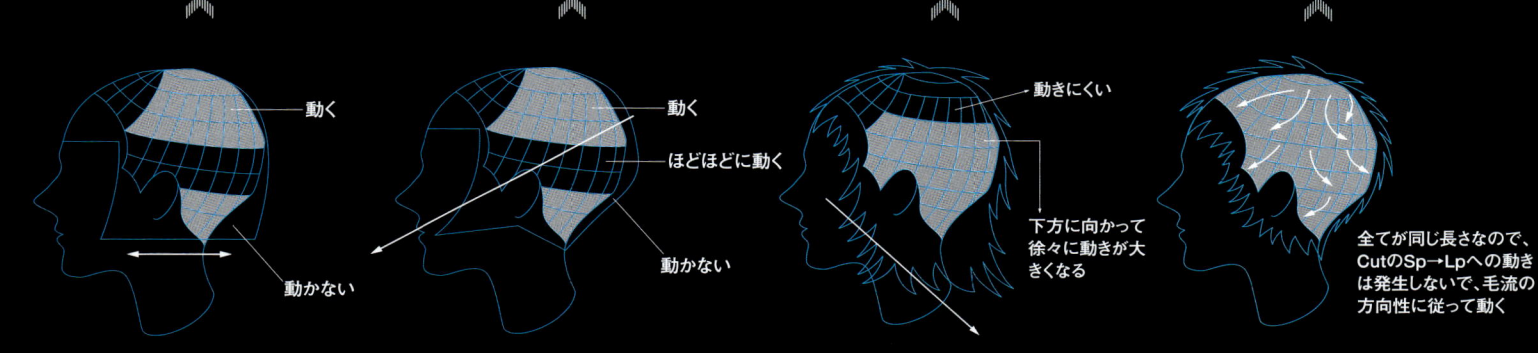

- 動く / 動かない
- 動く / ほどほどに動く / 動かない
- 動きにくい / 下方に向かって徐々に動きが大きくなる
- 全てが同じ長さなので、CutのSp→Lpへの動きは発生しないで、毛流の方向性に従って動く

ここでは、ベースの形態と動きの性質について考えます。動きや軽さを表現するために、量感調節が不可欠なテクニックとなっていますが、スタンダードなベーシックカットでも、ある程度の髪の動きは求められます。西欧人の髪質であれば、このベーシックカットだけで狙った動きは充分得られますし、素材によっては、東洋人の場合も、これで対応できるケースがあります。大切なのは、ベースの形態によって動きの特徴が異なるという点です。

髪はショートポイントからロングポイントへ向かって動く

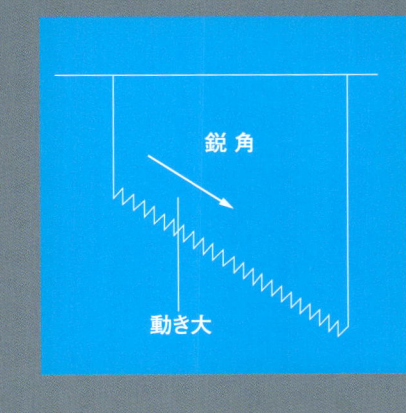

鋭角 / 動き大

鈍角 / 動き小

髪には、風や人の動作やしぐさなどで生じる動きのほか、カットの性質によって発生する動きがあります。ベースカットだけに限って言うと、**髪はショートポイントからロングポイントへ、つまり短いほうから長いほうへ動くという一般原則があります**。また、髪は長いほど動きの幅が大きくなります。よって、グラデーションはスタイル上部ほど動きやすく、下部ほど動きにくいという性質があり、反対にレイヤーは上部ほど動きに幅がなく、下部ほど動きの幅が大きくなります。セニングで求める動きとは別に、ベースの長短による動き、デザインによる動きの特徴なども把握しておきたいところです。

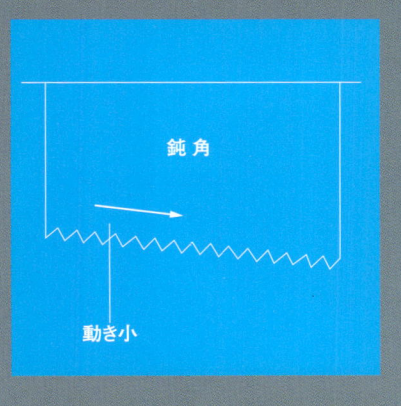

ZONE AND SECTION | 011

Section and Zone　　#01_1 SECTION CUT

ボブデザインの変化

ボブを例にとり、近年のデザインの変遷を振りかえってみます。「ヘアスタイルを軽く見せたい」「髪を動かしたい」といった一般消費者のニーズは、デザインに変化をもたらしました。かつてとは、ゾーン処理の度合いが変わっているものの、構造として今に至っているものが多いので、おおまかな特徴を概観してみます。

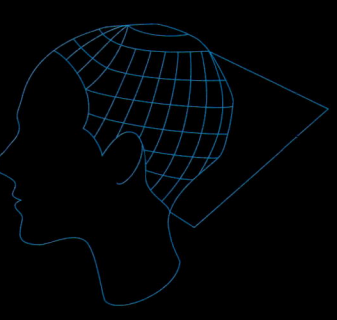

01 ベーシックボブ
ネープのみ縦パネル、その他は横パネルでカットされたベーシックなグラデーションボブ。

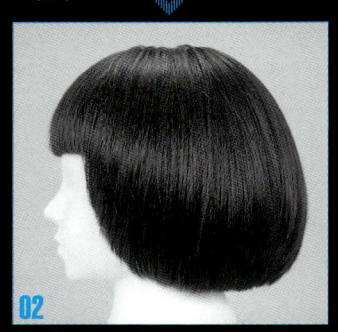

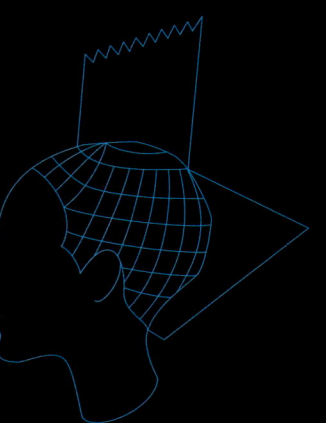

02 横パネルボブ＋レイヤー
横パネルで切られたボブに、軽さと動きを与えるため、レイヤーを加えたスタイルが登場。トップのレイヤーと顔回りのシャギーに特徴があった。

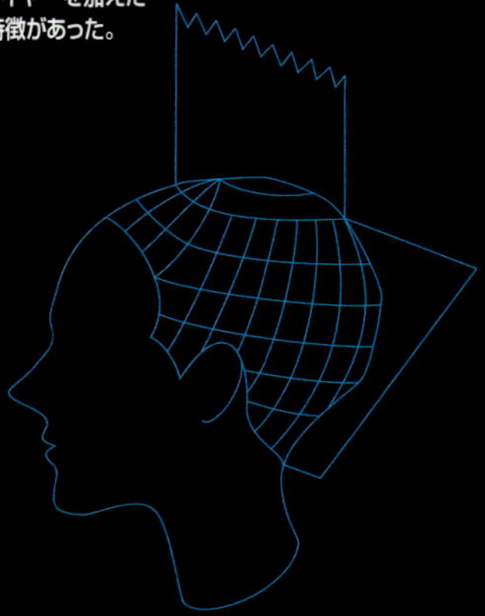

03 縦パネルボブ
バックの正中線をガイドとして縦パネルでカットしているために、バックのウエイトが01よりも全体に軽い印象になった。

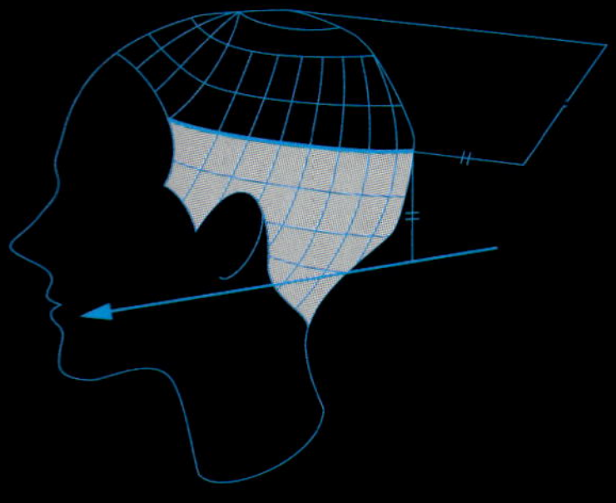

04 2ブロックカット
アンダーセクションを刈り上げることで、量感が軽くなり、より大きな動感が得られた。

現在形

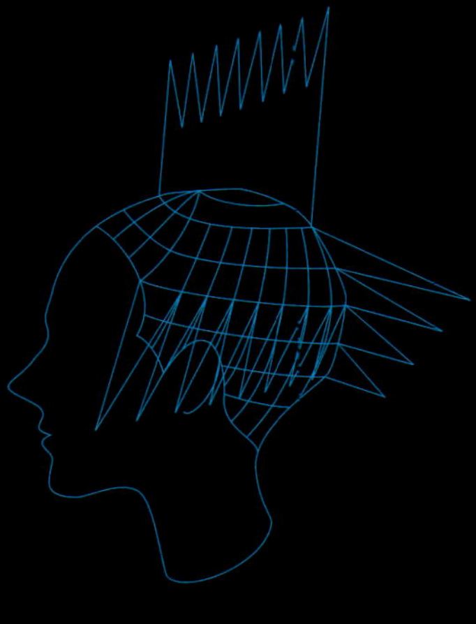

05 横パネルボブ＋レイヤー
ゾーン処理によって、束感のある動きをつけたもの（主にラインセニング）。

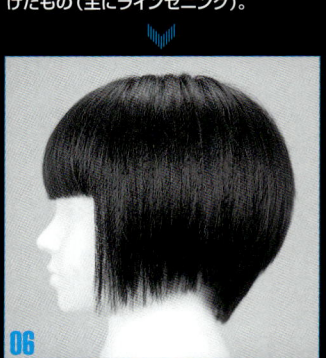

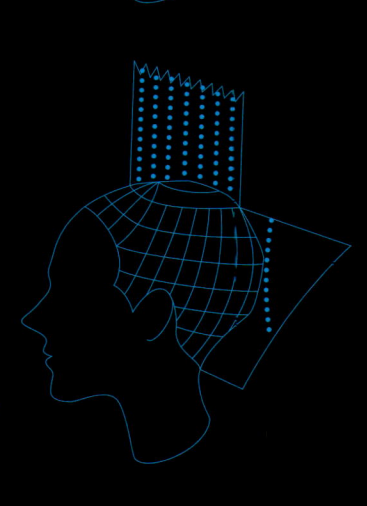

06 縦パネルボブ＋インナーセニング
ゾーン処理によって量感を減少させている（主にインナーセニング）。

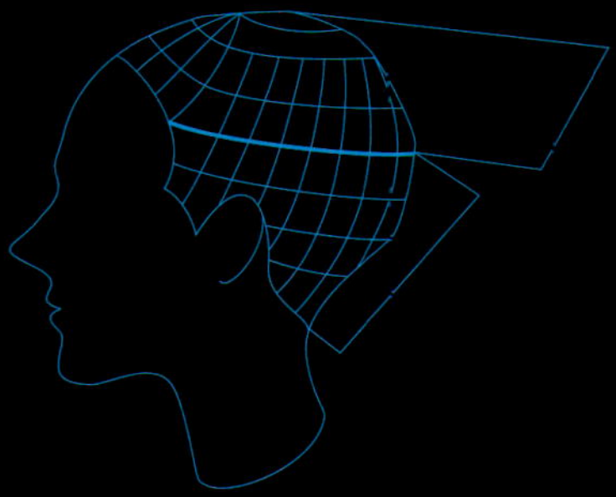

07 グラデーション・オン・グラデーション
2ブロックの長所を継承し、アンダーセクションにもデザイン性を与えた2セクションデザインの代表例の1つ。

ベースデザインと動きの大きさ

90年代初頭に多く見られた縦パネルグラデーションと2ブロックカットの特徴を比較してみます。両者とも縦にパネルを展開することで、横パネルで切るデザインよりも軽さを表現することが可能になりました。横パネルで切られたボブ02はフェースラインとトップのレイヤーの短さで軽さを表現していたのに対して、03、04は、ベースのグラデーションの構造変化によってそれを狙っています。しかし、03のスタイルはレイヤーがトップに短く入ると、ボブのシルエットがなくなってきます。一方の2ブロックカット04ですが、同一形態のデザインを縦パネルグラデーションで切ったものと比べると、アンダーセクションの量感が減少するとともに、図のようにボブのアウトラインを構成する髪が高い位置にあるために、大きな動きが得られました。縦パネルグラデーションのほうが位置的に動きにくい部分の髪でアウトラインが形成されていることが、図からわかると思います。

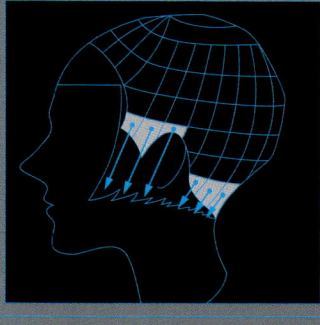

03 縦パネルボブ

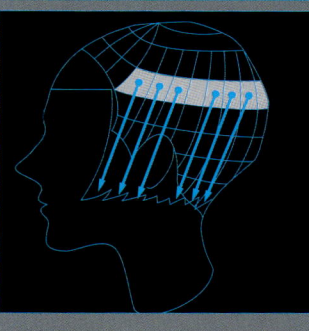

04 2ブロックボブ

2ブロックカットのバリエーション

かつて日本に登場したディスコネクションでモード系の女性層に人気の高かったデザインです。刈り上げ自体が減ったために、数は少なくなりましたが、この2ブロックカットは、現在の日本のディスコネクションを使ったデザインに大きな影響を与えています。アンダーセクションが刈り上げられているので、下の形態は同一ですが、オーバーセクションのレイヤーの長さ、グラデーションのラインの角度などに変化をつけることで様々なバリエーションが展開されました。形態のモダンさに加え、量感調節機能、再現性にも非常に優れていたデザインコンセプトでした。現在の2セクションは、この2ブロックカットにアンダーセクションの変化が加わったものだと考えることができます。

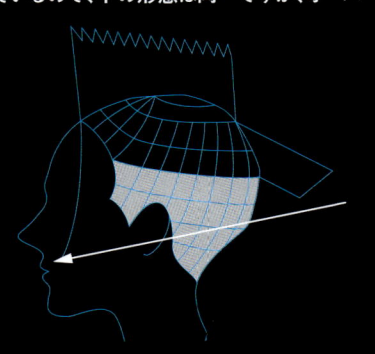

08 フロントが長く、不揃いなアウトラインが特徴的な2ブロックの事例。また、アンダーセクションの刈り上げによって、従来のヘアカットよりも大きな動きと軽さが創出されている。耳半分から唇に向かう前傾ラインでカットしているが、時代的に90年初頭に人気のあったスタイルである。

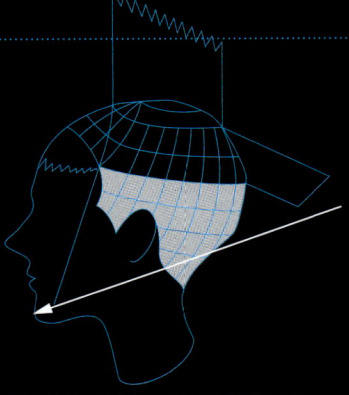

10 ボブラインは鼻に向かって平行。フェースラインにレイヤーが入っている。当時、オーソドックスなベーシックカットだけで、これだけの量感の軽さを表現するのはかなり困難だった。09と比べると、ボブラインが平行になった結果、ナチュラルで優しい印象になっている。さらに09と比較すると、トップのレイヤーが軽くなっているために、ボブとショートの中間帯のようなデザインになっている。

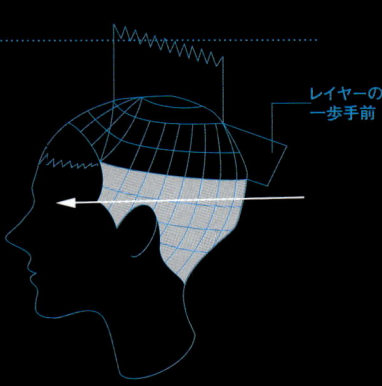

09 短い前髪に対し、アゴに向かって前傾ラインを急斜させたデザイン。08と比較するとアバンギャルドなスタイルになっている。このように、オーバーセクションのラインの角度の変化だけで、デザインイメージは自在にコントロールすることができる。

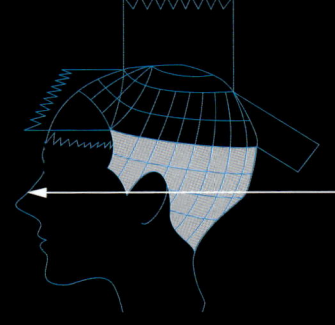

11 ボブラインが上昇し、10と比べるとグラデーション自体も軽くなっている。トップのレイヤーは短くカットされ、下の刈り上げ部分がほとんど見えるため非常にボーイッシュな印象を受ける。この頃から、ボブスタイルの概念が大きく広がっていった。

レイヤーの一歩手前

ヘアデザインの形態変化

科学的な測定法が開発される以前、考古学の編年体系は、主に出土品の形態や装飾のタイプを類別することで行われてきました。つまり、任意の出土品同士のデザインが同じであれば、それは同じ時代の同種の文化に属するという分け方です。

こうした分類法は、かなり妥当性が高いようで、今日でもいろいろな分野で用いられています。例えば、絵画や建築の世界ですと、様式という概念があります。歴史上のある期間、1つの様式が形成され、それがある時期、次の様式に移り変わっていくというものです。

同じようなことは、ヘアスタイルの形にも当てはまると思います。もちろん、人には好みもあり、志向するデザインのタイプも違いますので、全ての人たちが同じヘアスタイルになることはありません。しかし、主だったデザインを見ていくと、やはり時代に共通した構造のようなものがあるような気がします。さらに、そういった時代のスタイルというのは、あるプロトタイプ（原型）を持っており、その部分的な変形によって生まれてくるケースが多いようです。

ここでは、この15年ほどのスタイルを大まかに振り返っていますが、ボブベースのものにしても、レイヤー系のデザインにしても、徐々に質感が軽くなり、動きの表現が豊かになっているのが、わかると思います。定番やスタンダードと呼ばれているものですら、どこかしら現代的な味付けが施されており、十年一律というわけではありません。

こうした形の変化と、それで使われているテクニックの特徴によく目を向けていくことが大切であると思います。

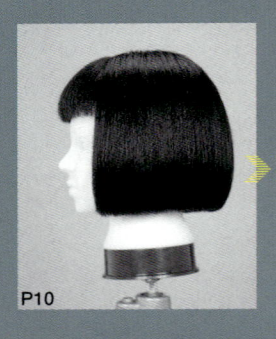

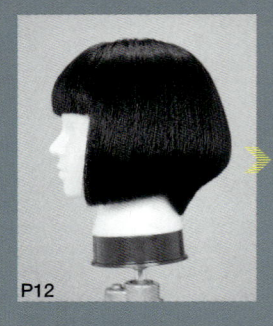

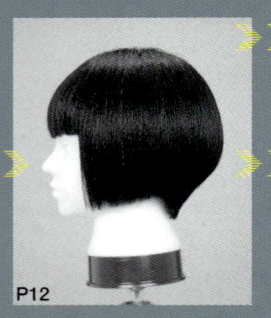

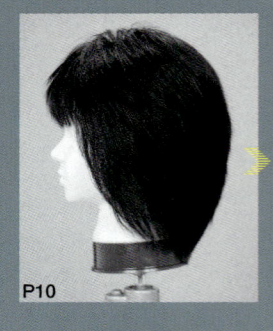

1セクション
Basic Cut

- P10
- P12
- P12
- P12
- P10

ゾーン＆セクション胎動期
（初期ゾーン　※含初期ディスコネクション）

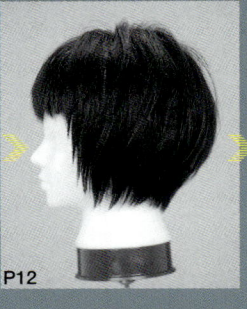

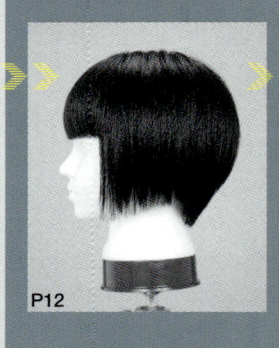

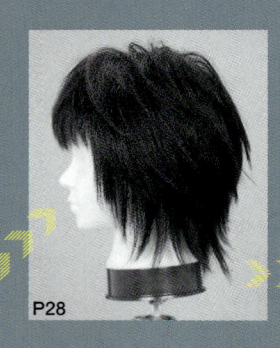

- P12
- P12
- P24
- P12
- P28
- P23
- P28

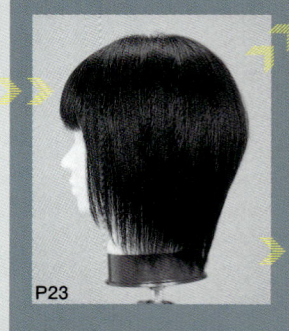

ヘアスタイルの変遷

幾何学的形態

セット時代 → ヴィダル・サスーンによる1セクションカット（レイヤー・グラデーション）の体系化 *カットの数理化 → 1セクションカット＋素材補正（ソギ、セニング等） → 1セクションカット進化形（コンケープ、コンベックス等） → 1セクションカット進化形＋素材補正 → ディスコネクションVer.1 デザインインパクト重視 → 2ブロックカット → ショートヘアブーム → 縦スライスのボブ → 縦スライスのボブ＋素材補正 → ディスコネクションVer.2 2セクション → セクショニングによるデザイン展開 → **ゾーン&セクション**

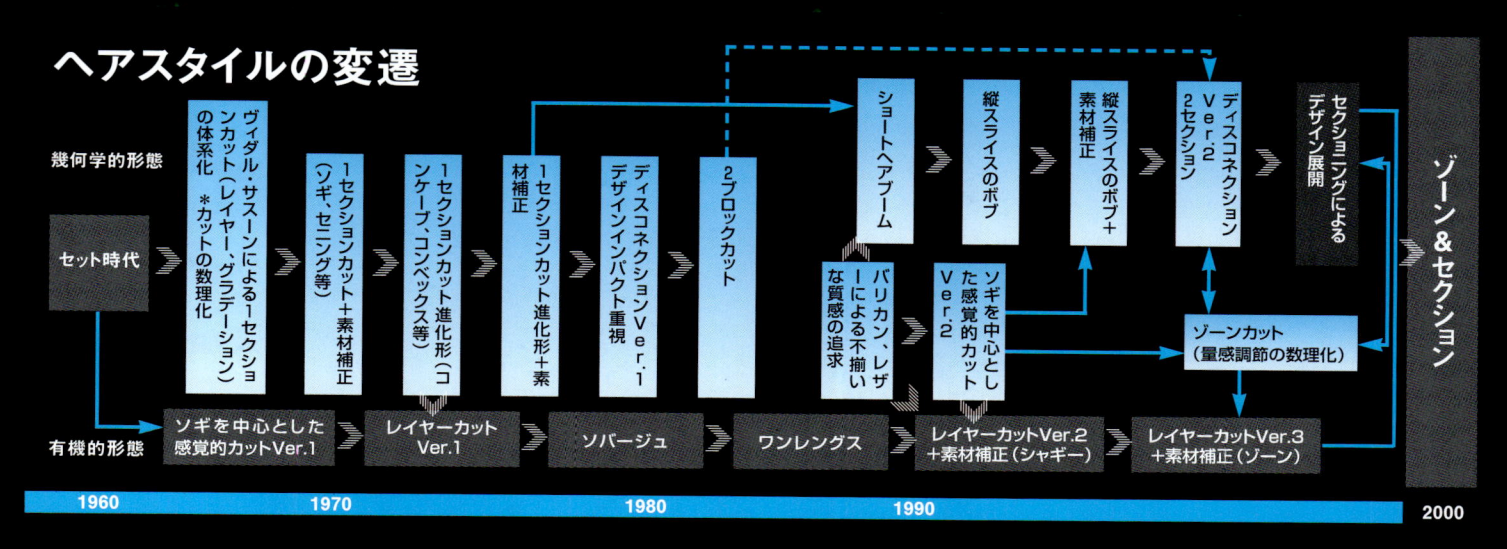

有機的形態

ソギを中心とした感覚的カットVer.1 → レイヤーカットVer.1 → ソバージュ → ワンレングス → レイヤーカットVer.2＋素材補正（シャギー） → レイヤーカットVer.3＋素材補正（ゾーン）

バリカン、レザーによる不揃いな質感の追求 → ソギを中心とした感覚的カットVer.2 → ゾーンカット（量感調節の数理化）

1960 ― 1970 ― 1980 ― 1990 ― 2000

2セクション / 2 Section

P50, P50, P52, P50, P50

マルチセクション / Multi-Section

P80, P81, P81, P81, P81, P80, P81, P81

ストリート系 / エレガンス系

ZONE AND SECTION | 015

ZONE CUT

Zone and Section

ガリレオが世界ではじめて望遠鏡を空に向け、土星の輪や木星の衛星を発見したことはよく知られたエピソードであるが、彼が何故、執拗な情熱で天体観測を行なったのかは、あまり知られていない。

当時、世界は新大陸の発見に端を発し、各国で貿易が盛んになり、巨万の富を積む船がさかんに海を往来するようになっていた。しかし、正確な経度が把握できなかったこの時代、航海はいつも死と隣り合わせだった。太陽や星の軌道から容易に測定できる緯度に対し、経度の測定は難航を極めていた。

ガリレオは、この経度測定法の発見者に終身年金を出すというスペイン政府の懸賞に対し、1つのアイディアを持っていたのだ。それは、木星の衛星軌道を観測して、地球の経度を測定しようというプランだった。

イギリスの王立天文台設立のきっかけも、これと同じ理由による。すなわち、全ての星の図録を作成して、太洋をわたる船のために海図を作成すること。

現在、グリニッジにある旧王立天文台の中庭には、ガラスの敷石が描く1本の線がある。子午線0度の表示である。

空気感や軽さを求めるヘアスタイルをつくるために、削ぎによる量感調節は欠かせない技術アイテムの1つとなっている。しかし、サロンにおいて重要度の高いテクニックでありながら、これまでセニングは、曖昧さがつきものだった。削ぐ場所を特定するためのガイドの不在、その程度を正確に表現するための言葉の欠如…。ベースを切る技術に比べ、あまりにも感覚的な体系…。ここに1つのモデルが提示される。実践でストックされた素材のデータ、実験の繰り返しの中で明らかにされた削ぎの効果の数々。ゾーンカット──これまで感覚の領域だとされていたテクニックの謎を解き明かすためのアプローチ。削ぎの数理化とは、すなわち、感覚を座標や数値に置き換えて、技術の公共化を図るための企みなのである。

CHAPTER 12

Zone and Section　　#02　ZONE CUT

ゾーンカットの理論と座標

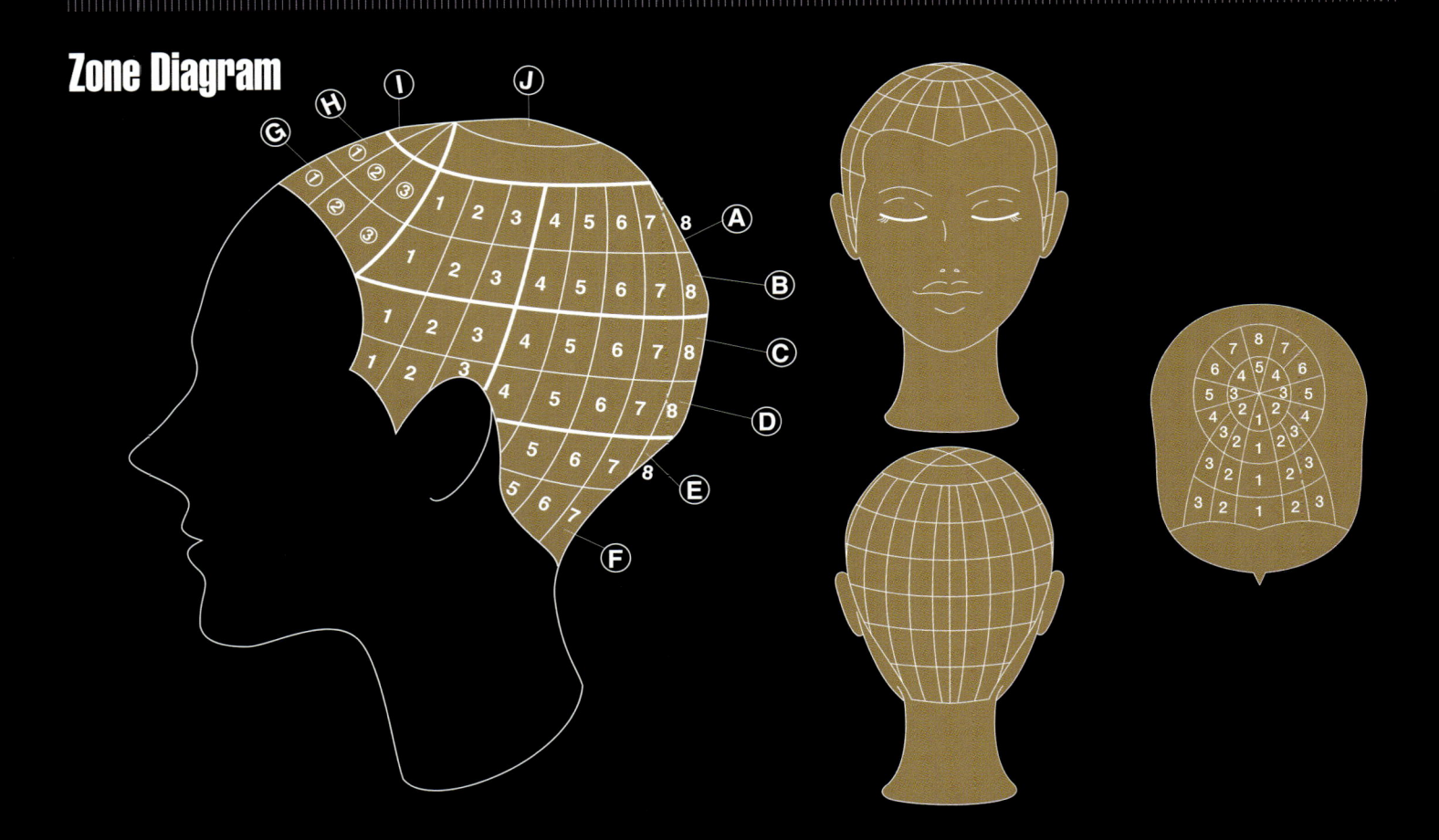

Zone Diagram

　ヨーロッパで体系化されたカット技術が日本に入って来た時、一番問題になったのが骨格の起伏、髪質や毛量といった素材の違いでした。外来の技術を日本人の髪の状態に合わせるために、ベースを切るカットとは別に、素材補正のテクニックが求められました。これが、いわゆる削ぎ（＝セニング）の技術です。この削ぎとブロー＆スタイリングで素材条件の差を埋めてきたというのが、かつてのベーシックカットであったと考えられます。つまり、初期の削ぎとは、ベースカットの補正的な意味合いが強く、今日のように自立性の高い技術アイテムであるという認識は薄かったと思われます。テクニカルの面でも、全体の毛量を均一に減らしていくというようなものが多く、それほどの難しさはありませんでした。
　ところが、1990年あたりを境にして、状況が変化してきます。まず、ブローレスという現象が一般化してきました。スタイリングに頼らず、洗いっぱなしで形になることが要求され始めたのです。そして、もう1つが動きや軽さに対する強いニーズの発生です。こうした市場環境の影響を受け、カットの技術が大きく変化してきます。ベースを正確に切る仕事より、感覚的に削ぐ仕事に価値観がシフトしていきました。ある種、新旧の世代間闘争のような様相すら呈します。
　技術面から言うと、大きな削ぎの出現だと捉えることができると思います。小さな削ぎによってディテールを処理していくテクニックは、前述のように日本にカットが入ってきた頃からあったわけです。しかし、動きや質感を生む大きな削ぎはあまり一般的ではありませんでした。この技術は、リスクを多く含んでいたために、敬遠されていたきらいがあります。
　その最たるものが、大きな削ぎによる形態破損の問題です。コンディションの劣化、再現性の低下にもつながります。また、技術教育の中に体系化されたノウハウがなかったため、教え様にも教えられないというソフト面の不備もありました。これらの諸問題が何ら解決されないまま、"軽い"スタイルを提供するために、大きな削ぎがサロンの現場で使われるようになりました。美容技術は混乱期を迎えます。
　こうした状況の中から、生まれてきた適切な削ぎを行うための理論体系こそが、実は『ゾーン』であると言えます。髪のどこを取れば上手く量感が減るのか、動きをつけるために効果的な削ぎはどのように行えばいいのか、これらの問いに指針を示すのがゾーンカットの理論なのです。
　ゾーンカットを正確に行うためには、頭の中における位置的な認識がどうしても必要になります。頭の骨格には、P4-P5で説明したようにゾーンごとの特徴があり、場所場所で削ぎの性質を変化させていくことも重要です。そのために作成されたのが、上のゾーン・ダイアグラムです。これはセクションラインをさらに縦横均等分割した線でマス目を構成し、削ぎを入れる場所を特定するためのツールです。机上の空論で座標を組んだのではなく、実際の作業から統計を取り、一番使いやすいと思われる分割にしてあります。例えば、スライドカットで量感調節をしていくような場合、横軸で作業していくと、片側8つ前後の毛束をカットしている人が多いようです。そういった美容師の手の動きを考慮して、座標が決められているわけです。
　カットには個人差があり、素材の状態も様々ですが、この座標図は、現在、市場に流通しているほとんどのデザインに適応可能です。したがって、この標準的な座標図を頭に入れておくことで、作業がスピーディーかつ正確なものとなることは、間違いありません。規則的なセニングを行っていく際の道案内として是非、使っていただければと思います。

`Zone and Section` `#02 ZONE CUT`

2つのセニング

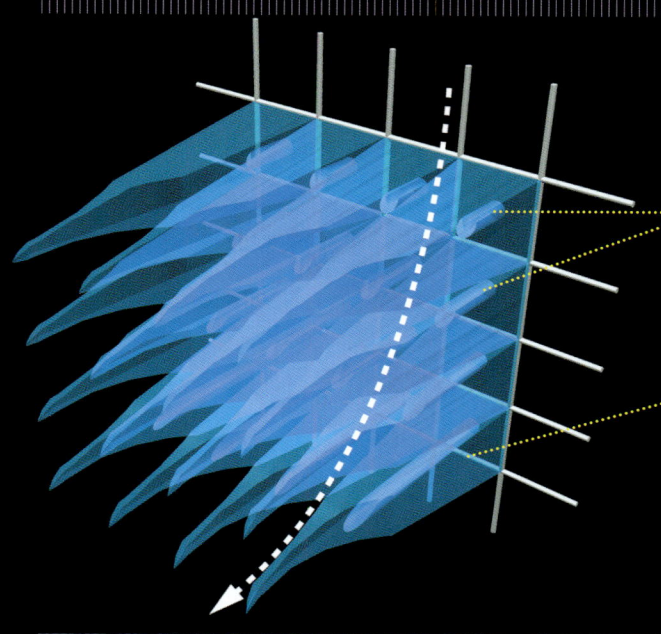

INNER THINNING（インナーセニング）
直径3ミリ以下のセニングで、毛密度調節が主な機能。量感を減らす、コンパクトに収める、細かい造形調節を行う時に用いる。ゾーンダイアグラムの座標マス目の内部に、縦パネルでレイヤー状、グラデーション状にセニングを入れていくことが基本となる。

LINE THINNING（ラインセニング）
1つの毛束に直径3ミリ以上の空間を発生させることで、動きや質感をつくりだすセニング。ゾーンダイアグラムの座標線（ライン）上に削ぎを入れることで、上下左右の動きや、表面の質感を調節する。

① BASE CUT
①縦パネルでカットされたグラデーションボブ。ゾーン処理は行なわれていない。

② INNER THINNING
②①にインナーセニングが入ったデザイン。形態の特徴が失われず、コンパクトに収まっている。

③ LINE THINNING
③①にラインセニングを行なったもの。①と比較すると量感が減少し、束感のある動きが表現されている。

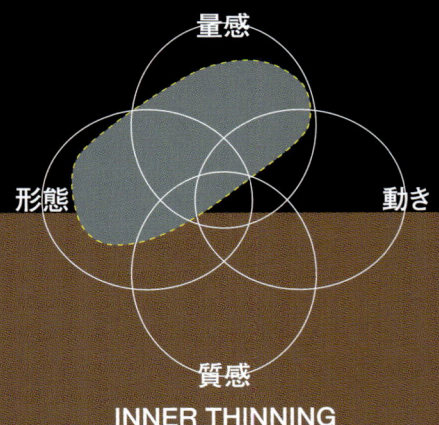

削ぎの性質を冷静に分析してみますと、大別して2種類のものがあることがわかります。その1つは、昔から行われていた小さな削ぎです。主に量感を調節して、形のディテールを整える目的で使われます。もう1つが、近年、問題になっている大きな削ぎです。これは毛束と毛束の間に大きな空間を発生させることで、量感を減少させると同時に、動きや質感を調節する機能を持ちます。

もし、この2つの削ぎを目的に応じて使いこなしていくことができれば、難しかったセニングもかなり精度の高い結果が得られるはずです。本書では、セニングをインナーセニングとラインセニングの2つに区分してゾーンカットを行っていきます。

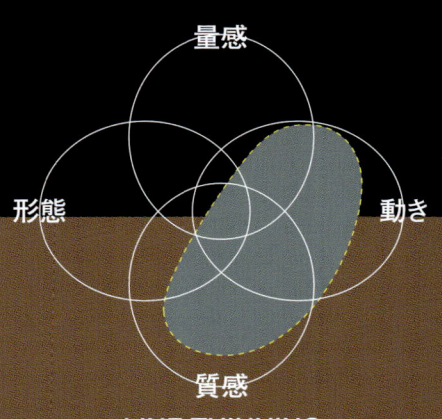

Zone and Section　#02 ZONE CUT

インナーセニング

インナーセニングは毛束の内側（インナー）の部分に、グラデーション状もしくはレイヤー状にセニングを入れて量感を調節し、造形を整える技法です。従来のセニングは、根元、中間、毛先というようにベースカットの形状と平行に量感調節を入れていくのが一般的でした。つまりベースがレイヤーで切られていれば、レイヤー状に削ぎが入るので、相似形に近い形でボリュームが落ちていくわけです。本書で使用するインナーセニングは、ゾーンごとにセニングの軌道を変化させられますので、量感を減少させながらかなり精密な造形調節が可能です。したがって、骨格の起伏に応じて、必要な補正を行うことができるわけです。

使い方としては、スライス線を縦に引いてセニングを行うのがベターだと思われます。その理由として、形態を壊さずにボリュームコントロールができるという利点が挙げられます。また、セニングの軌道が通る場所ですが、座標線のマス目の中を通過させるようにします。後に述べるラインセニングと併用する場合、ラインセニングは座標線の上下左右を削いでいきますので、こことダブらないようにセニングを入れることが重要です。1つの毛束で考えた場合、インナーセニングは毛束の内部の密度を減らし、ラインセニングは毛束の外側を削って空間をつくり、束感を出していくと理解してください。

全体の量感を均一に減らしていくようなベーシックな量感調節であれば、1〜8の座標内に1列ずつのインナーセニングで問題はありません。ただし、素材や場所によって毛密度が大きい、骨格の張り出しが極端であるような時は、1座標に2列のインナーセニングを入れることもあります。ピッチ幅ですが2ミリから5ミリくらいの間で作業します。ピッチの間隔が広いほど、束っぽい質感が出ます。逆にピッチ幅が狭いと、収まりがよくなるという性質があります。

なお、カットに使うシザーズですが、セニング軌道が直線よりもアールがかかったもののほうが馴染むので、刃先の細いシザーズを開閉させて行うのが一般的です。ただし、作業時間の短縮など現場の状況に合わせてセニングシザーズの代用も可能です。

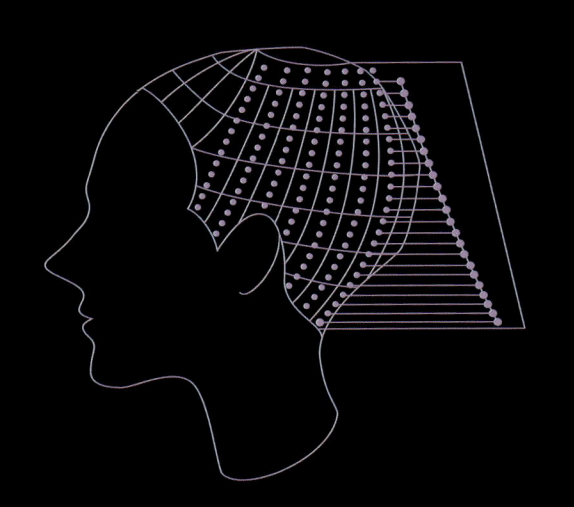

INNER LAYER 　　　**INNER GRADATION**

INNER THINNING

インナーセニングには、セニング軌道がレイヤー状になっているインナーレイヤーとグラデーション状になっているインナーグラデーションの2種類がある。

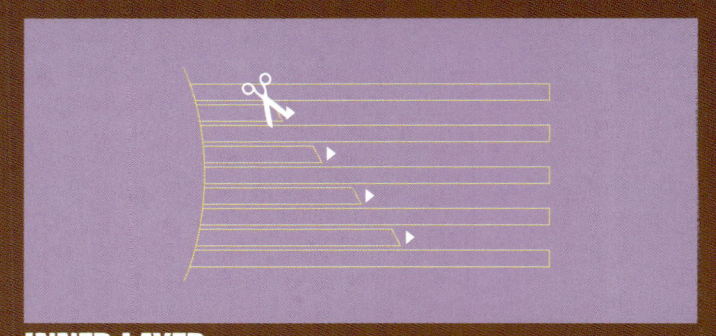

INNER LAYER
（インナーレイヤー）
量感を減らし、フラットに収めたいという場合に効果的なセニング。骨格の張り出し部分なども、このセニングを使うとうまく補正できる。

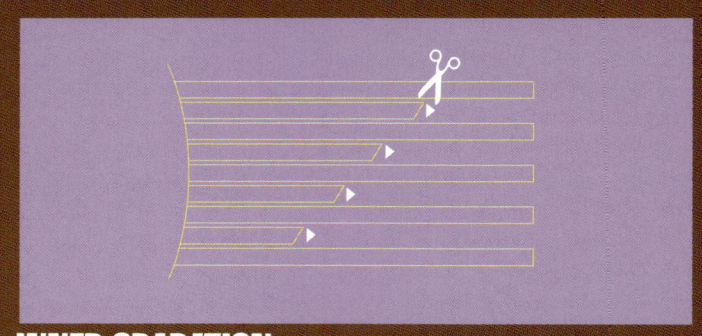

INNER GRADATION
（インナーグラデーション）
量感を減らしたいけれど、ある程度の丸みを残したいという場合に使用するセニング。骨格のへこみ部分や、ウエイトを残したい部分の量感調節に有効に機能する。

レイヤー、グラデーションのベースにカットされたスタイルに、それぞれインナーレイヤー、インナーグラデーションを入れたものの対比を行っています。インナーレイヤーはフラットになり、毛先に動きがつき、インナーグラデーションはある程度、ボリュームダウンしながら丸みが残るというセニングの性質がわかると思います。

LAYER BASE CUT

INNER LAYER

INNER GRADATION

GRADATION BASE CUT

INNER LAYER

INNER GRADATION

HOW TO CUT

スピーディーかつピッチを均一にセニングを入れて入れていくためには、ある程度のトレーニングも必要です。馴染みのいいピッチや作業のリズムを自分なりに把握していくことも大切です。

INNER LAYER

1. パネルをオンベースにきれいに引き出します。
2. 起点を決めます。
3. スタート
4. カーブ状に狙ったポイントに抜けていきます。

INNER GRADATION

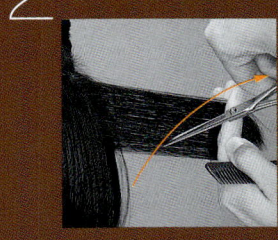

ウイッグによる比較は、標準的な毛量を前提にセニングを行っています。毛量が多い場合、セニングの軌道を深めに取る、1つのマス目に2列のセニングを入れる、またピッチの大きさや幅をコントロールするなどの工夫をして、量感調節を行うようにして下さい。

インナーセニングの使い方

素材の状態は、一人ひとり異なります。最終的なデザインを想定した時に、毛量を残したい部分、不必要な部分は必ずあるものです。しかし、従来型の削ぎだと、作業を均一に行っていくことが多いため、形の補正が困難でした。それに比べるとインナーセニングは、かなり精度の高い造形調節が可能だと言えます。例えば、同じインナーレイヤーを入れる時でも、より効果が欲しい時は、ハイレイヤー状のセニングを使い、ある程度、ウエイトを残したければ、ローレイヤー状に削いでいくという使い分けができます。また、通常のセニングは削ぎが直線的に入るのに対し、インナーセニングは削ぎの軌道を変えることができますので、場所場所による量感のコントロールも容易です。基本的には、量を残したい部分は、軌道を浅く削ぎ、取りたい部分は、深く削ぎます。この軌道操作によって、イメージしているデザインを正確にトレースしていくことが可能になります。

インナーセニングの深さ

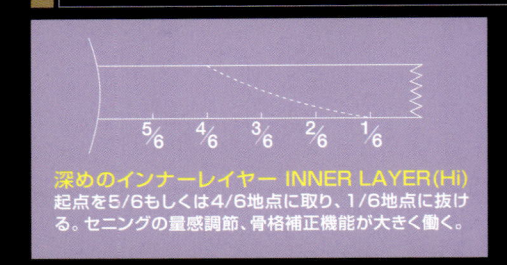

深めのインナーレイヤー INNER LAYER(Hi)
起点を5/6もしくは4/6地点に取り、1/6地点に抜ける。セニングの量感調節、骨格補正機能が大きく働く。

浅めのインナーレイヤー INNER LAYER(Low)
起点を3/6もしくは2/6地点に置き、1/6地点に抜ける。セニングの効果はそれほど目立たないので、毛密度の少ない場所に適している。

※インナーレイヤーの場合

本書では、セニングの深さを6分割で考えていきます。根元・中間・毛先といった3分割が一般的ですが、これをさらに2分割することで、形態操作や質感コントロールが正確なものになります。素材の条件によっても左右されますが、よく使用するセニング軌道を2つ挙げておきますので、技術解説を読む際の参考にしてください。

セニング軌道による形態差

グラデーションベースのデザインにインナーレイヤーを入れ、セニングの深さによる比較を行っています。削ぎをハイレイヤー状に入れたもののほうが、形態変化が大きくレイヤー的な印象が強くなることがわかると思います。

GRADATION BASE CUT

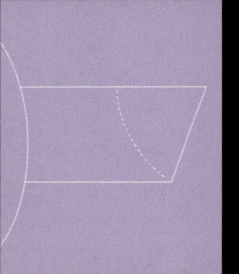

+INNER LAYER(Low)

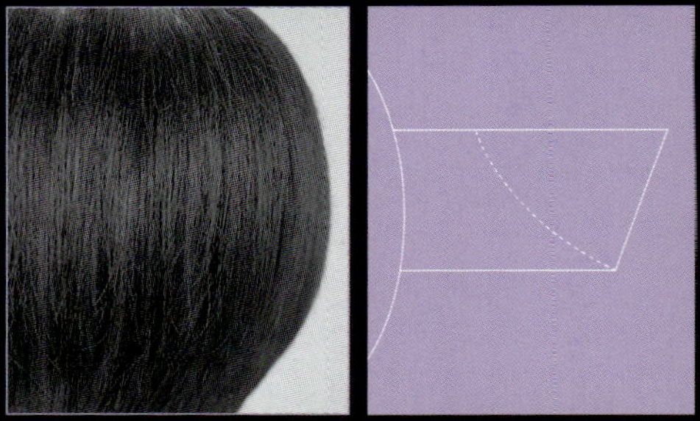

+INNER LAYER(Hi)

インナーセニングの馴染ませ方

セニングをランダムに入れていくと、形や面のきれいさが損なわれます。ベースと馴染むように削ぎを行うポイントを幾つか挙げておきます。

○ パネルはオンベースできれいに引き出すこと。ここが乱れていると、セニングの軌道が乱れてしまう。

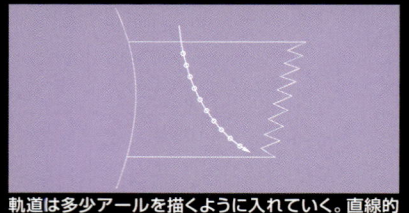

×

軌道は多少アールを描くように入れていく。直線的な軌道は、馴染みにくい。

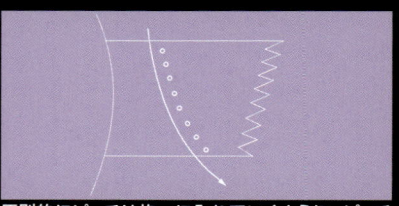

原則的にピッチは均一に入れていくように。ピッチをランダムに取ると、質感の乱れにつながる。

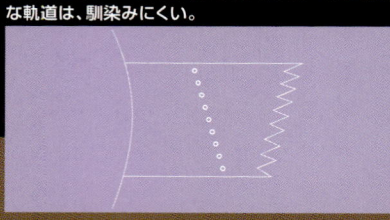

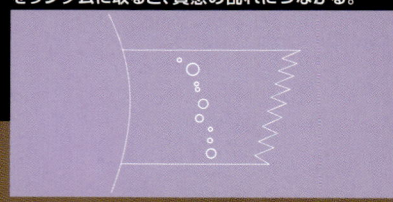

インナーセニングによる形態変化

各ゾーンごとにインナーセニングの種類や軌道に変えることで、形にどのような変化が起きるか見ていきます。基礎段階では、セニングの軌道線が全てつながっているインナーセニング（シングル・インナーセニング）で事足りると思いますが、さらにセニングの精度を上げたり、より高い再現性を目指す場合、これから紹介する事例のように、ゾーンによってセニングの形状や軌道を分割させるインナーセニング・ディスコネクションを使っていくことも有効です。

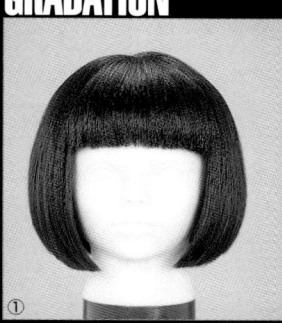

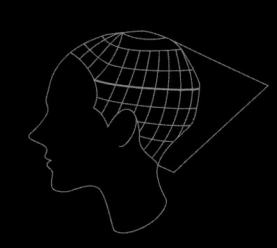

GRADATION

① ベーシックな1セクション・グラデーション。ゾーン処理を一切していないため、重たい印象に。

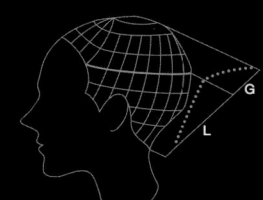

② インナーグラデーションの効果で、頭頂部付近は毛先を中心に、ハチ周辺は根元中心に量感が減少するために、ハチ上に丸みが生まれている。ハチ下はインナーレイヤーで処理しているため、アウトラインの厚みが薄くなっている。

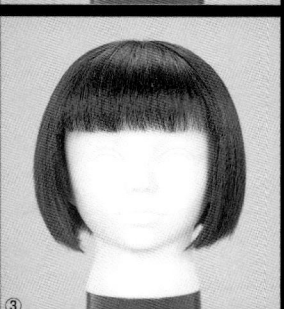

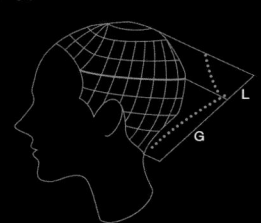

③ ハチ上はインナーレイヤーを入れ、フラットで丸みのないシルエットになる。ハチ下はインナーグラデーションが通過しているため、やや丸みが表現されながら、毛先が内側に収まりやすくなっている。

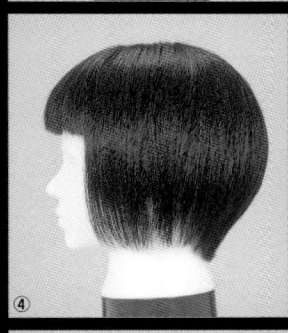

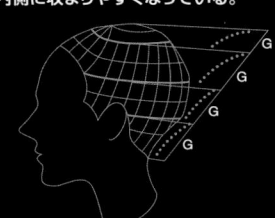

④ 横の座標で4ゾーンに分割した事例。2ゾーン分割と比べると、量感の減少率は大きくなり、分割線付近に空間を感じるようになる。その結果、コンパクトに収まりながら、大きく動きやすくなっている。

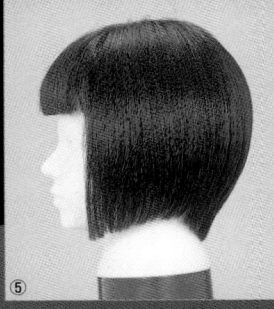

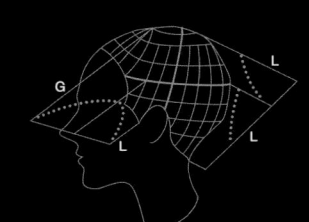

⑤ 縦横で4ゾーンに分割した事例。イア・トゥ・イアより前は、ベースの形態のイメージを維持したままコンパクトになり、後ろはダブルインナーレイヤーの効果で、フラット感が強調されている。

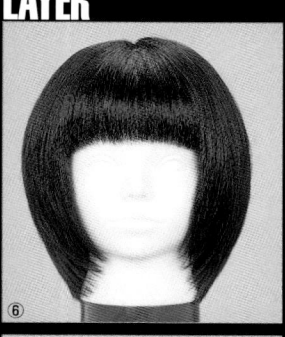

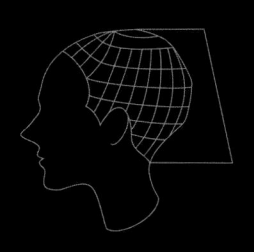

LAYER

⑥ ベーシックな1セクションレイヤー。ゾーン処理を行なっていないため、かなりの量感を感じる。

⑦ ハチ上は、インナーグラデーションの効果でシルエットに丸みがつきながら、量感が減少。ハチ下は、インナーレイヤーが入っているので、アウトラインがフラットでタイトに収まっている。ハチ下の量感が大きく減ると、造形調節効果を伴い2セクションのグラデーション・オン・レイヤーに近似した印象となる。

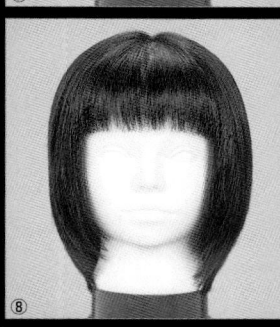

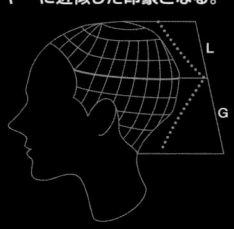

⑧ ハチ上はインナーレイヤーの効果で、量感が減ってシルエットにフラット感が出ている。一方、ハチ下はインナーグラデーションが入っているため、毛先が内側に向かい、丸みを帯びている。

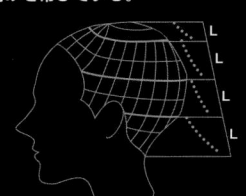

⑨ 横座標で4つのゾーンに分割し、全てインナーレイヤーを入れている。このページの事例の中では、最も量感が減ってコンパクトになっている。④と同様、同種のインナーセニングを重ねるほど、量感減少率は大きくなり、動きが発生しやすくなる。

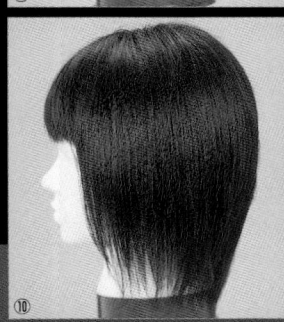

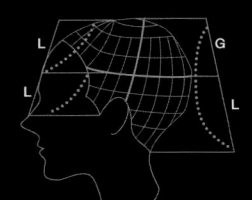

⑩ オーバーゾーンのイア・トゥ・イアより後ろのみ、インナーグラデーションを入れて丸みを出している。その他のゾーンは、インナーレイヤーを使い、コンパクトに収めた。レイヤーベースでぜっぺきの補正に効果的な方法。

Zone and Section　#02 ZONE CUT

ラインセニング

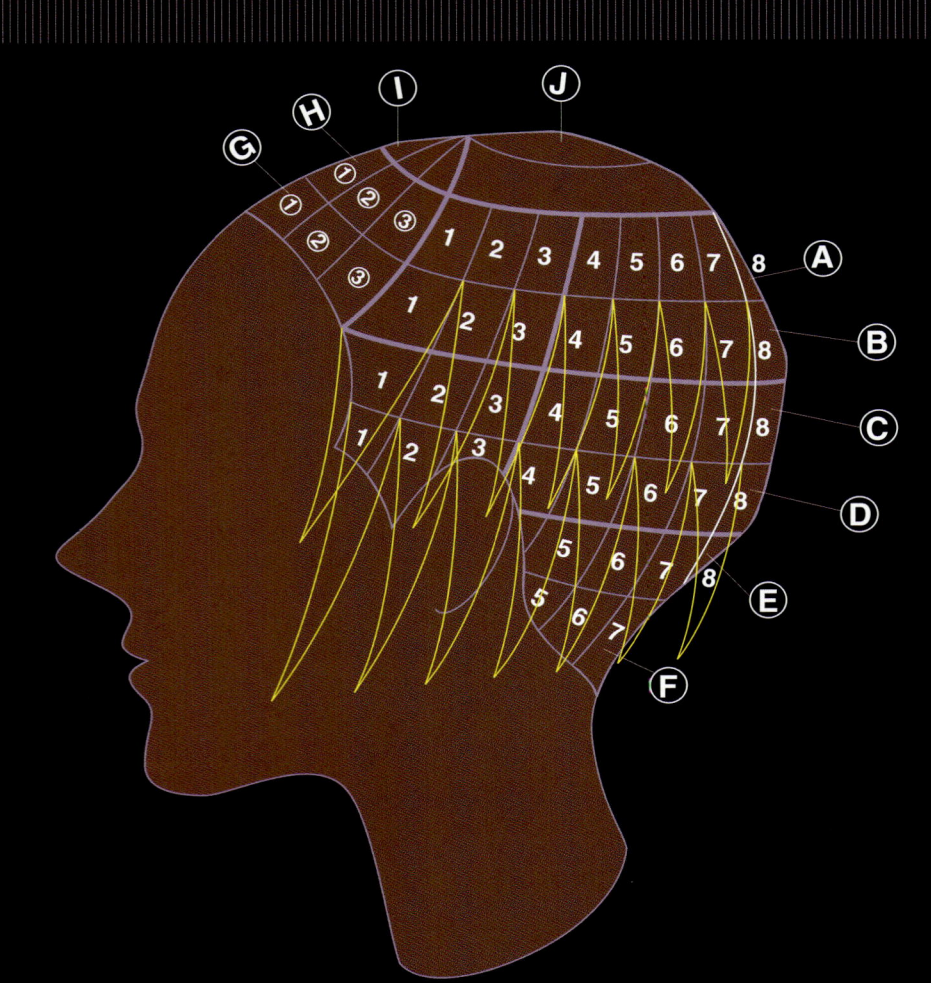

ラインセニングは座標線（毛束の1ピースに相当）の上下左右に削ぎを入れることによって、隣接する毛束と毛束の間に空間をつくり、動きと質感を生み出す削ぎの技法です。これは、90年代に一般化した大きな削ぎから発展してきたセニングであると言えます。章の冒頭で、大きな削ぎが形態破損の原因になって、現場や消費者が混乱したということは述べました。これは、この大きな削ぎが感覚的かつランダムに行われたことに起因します。

大きな削ぎによる形態破損やコンディションの劣化を防ぐためには、削ぎの空間を規則的に配置させていくことが必須条件になります。削ぎの場所を確定させるには、ゾーン・ダイアグラム（座標図）の活用が効果的です。そして、もう1つ、ランダムに作業するのではなく、削ぎによるえぐりの形状とその効果を計算しながら、適切なカットを施していくことです。この大きな削ぎの性質を整理し、ふさわしい方法を選択できるように体系化したものが、ラインセニングの理論です。

セニングの特徴

| ベース |  左右の動き |  浮力 |  質感 |

サロンワークでは、一般に全体の量感調節を行ってから、動きや質感を出していく削ぎを入れていると思われます（毛量が少ない場合、最初からラインセニングを入れることもあります）。しかし、量感調節の段階でセニングを入れた箇所に、大きな削ぎを入れてしまうと、形が崩れたり、過剰に空間が目立ってしまいます。先にも触れましたが、いわゆるインナーセニングとラインセニングを併用する場合、場所の住み分けが必要です。

繰り返しになりますが、インナーセニングが座標のマス目の内部を通過するのに対し、ラインセニングはマス目の線（ライン）上を削り落としていきます。この区別をはっきりとつけることにより、全体の量感が減りながら、形の美しさを損なうことなく、動きや質感をコントロールすることが可能になるのです。

ラインセニングの基本原理

ラインセニングは、1つの毛束を削ることで、その場所に幾つかの機能を持たせていきます。基本的には左右の削ぎ（左右のサイドセニング）と上下の削ぎ（オーバーセニングとアンダーセニング）の4つの作業に区分されます。サイドセニングは、主に左右の動きの創出に関与し、オーバーセニングは質感表現や髪のハネ、収まりに、アンダーセニングは浮力の発生等に関係しています。下に削ぎの位置、形状と機能の関係を示しておきました。

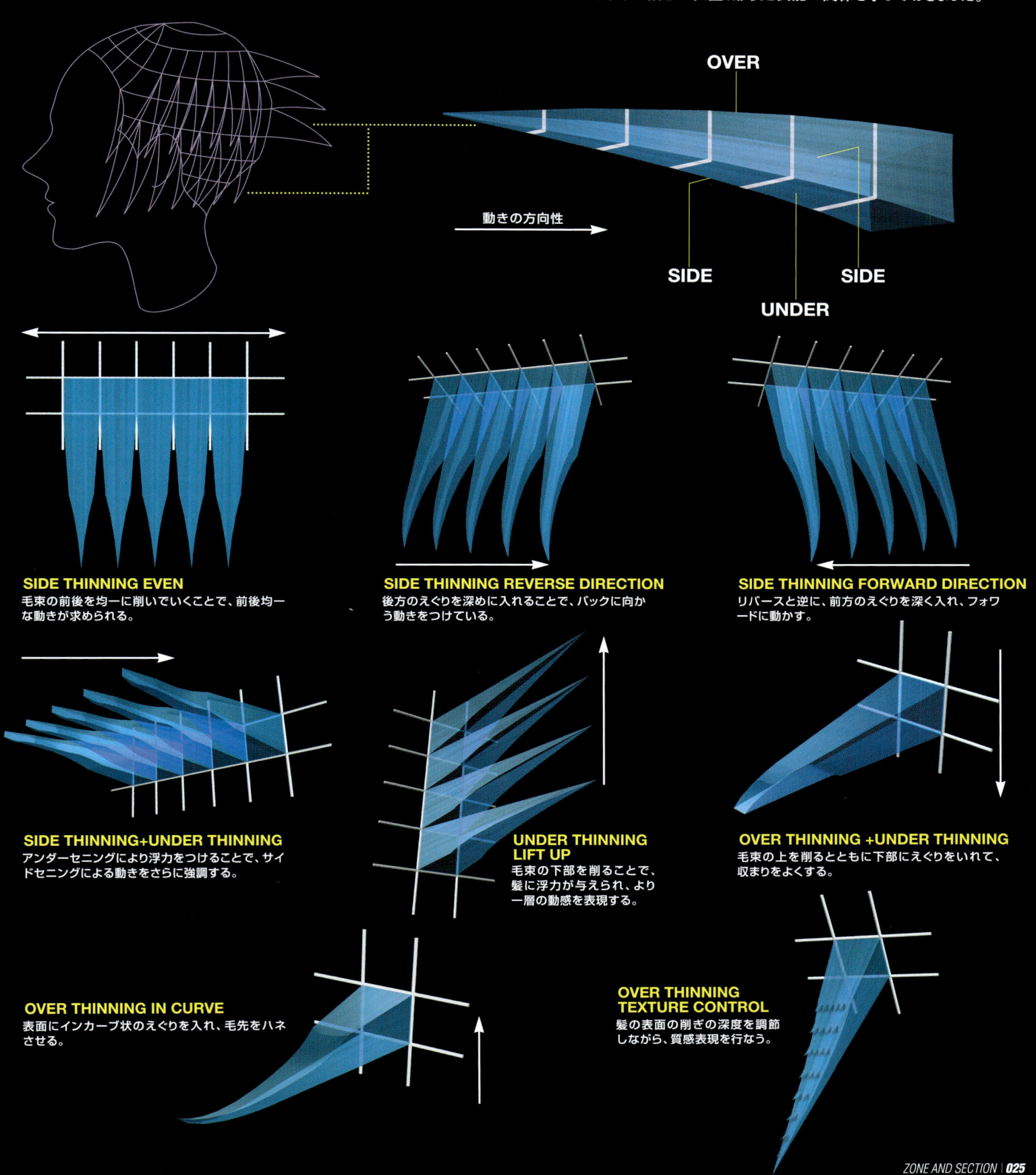

OVER
SIDE **SIDE**
UNDER

動きの方向性

SIDE THINNING EVEN
毛束の前後を均一に削いでいくことで、前後均一な動きが求められる。

SIDE THINNING REVERSE DIRECTION
後方のえぐりを深めに入れることで、バックに向かう動きをつけている。

SIDE THINNING FORWARD DIRECTION
リバースと逆に、前方のえぐりを深く入れ、フォワードに動かす。

SIDE THINNING+UNDER THINNING
アンダーセニングにより浮力をつけることで、サイドセニングによる動きをさらに強調する。

UNDER THINNING LIFT UP
毛束の下部を削ることで、髪に浮力が与えられ、より一層の動感を表現する。

OVER THINNING +UNDER THINNING
毛束の上を削るとともに下部にえぐりをいれて、収まりをよくする。

OVER THINNING IN CURVE
表面にインカーブ状のえぐりを入れ、毛先をハネさせる。

OVER THINNING TEXTURE CONTROL
髪の表面の削ぎの深度を調節しながら、質感表現を行なう。

ラインセニングの形状と機能

削ぎを入れる位置

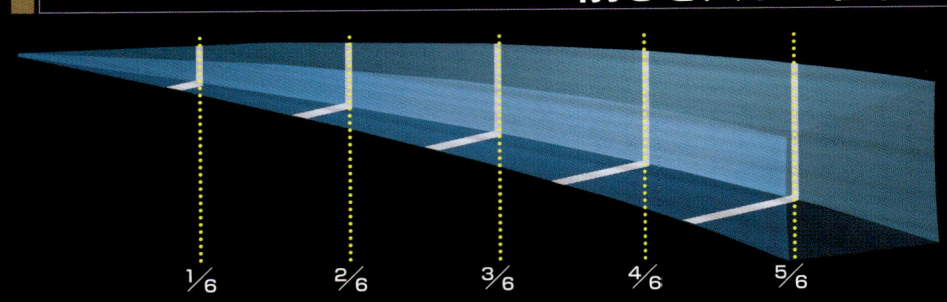

1/6　2/6　3/6　4/6　5/6

ラインセニングについても、削ぎを入れる位置を6分割表記で示していきます。ラインセニングは、毛束を分け取る場所とともに座標上に生まれる空間の形状が、その機能に大きく影響してきます。削ぎの起点と終点を把握すると、狙った形状が求められます。動かす、浮かせる、質感をつくるなど目的に合ったセニングが可能になります。正確な作業の目安として、この表記法を参考にしてください。

サイドセニング（SIDE THINNING）　左右の動き

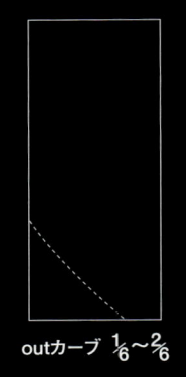

01　①小さな動き
片側のエッジを削るので、削った側から残ったサイドへの動きが発生するが、動きの印象は、平面的であり、形状も②に比べると劣る。実践で用いるケースは少ない。
outカーブ 1/6～2/6

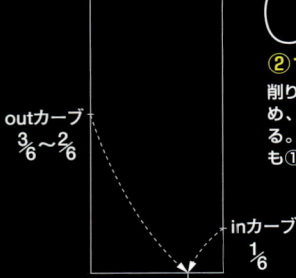

02　②サイドセニング（浅め）
削り取られる空間が大きいため、①より強い動感が得られる。毛束の形状のクオリティも①と比べて高いと言える。
outカーブ 3/6～2/6　inカーブ 1/6

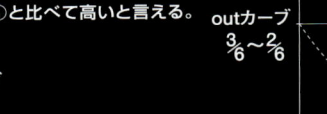

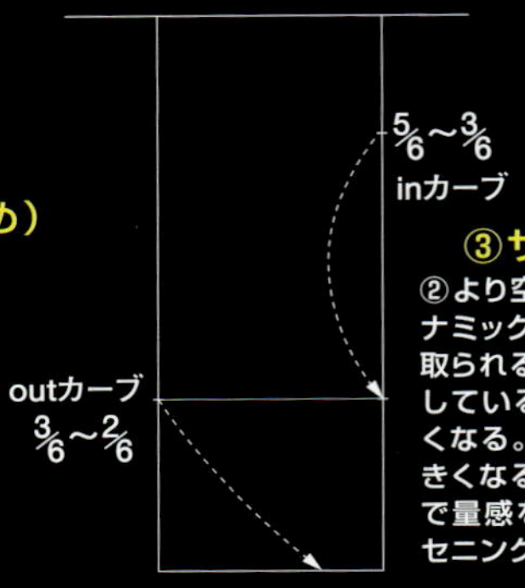

03　③サイドセニング（深め）
②より空間が大きいので、よりダイナミックな動感となる。中間で抜き取られる部分がコンケーブ状に湾曲しているため、毛先の振り幅も大きくなる。ただし、削れる体積が大きくなるために、インナーセニングで量感を落し過ぎると、このラインセニングは使えなくなるので注意。
5/6～3/6 inカーブ　outカーブ 3/6～2/6

オーバーセニング（OVER THINNING）上下の動き・収まり

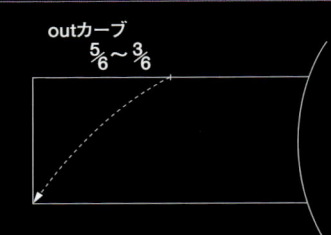

04　④毛束の収まり
表面に削ぎがアウトカーブ状に入るため、毛先が内側に曲がり収まりがよくなる。
outカーブ 5/6～3/6

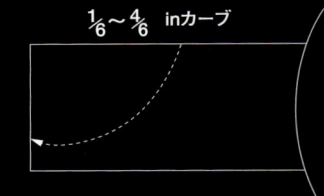

05　⑤毛束のハネ
表面にインカーブ状のえぐりが入り、毛束はねる。起点を深く取り、カーブの曲率が上がるほどハネの力が増す。
1/6～4/6 inカーブ

アンダーセニング（UNDER THINNING）浮力・収まり

06　⑥毛束の浮力
下をえぐることで、下方の毛が上の毛を押し上げ浮力が発生する。起点を深くとるほど浮力は増す。この削ぎは2/6以下から入れてもほとんど浮かないので、3/6より深い位置から入れること。スライドカットを使うと効果が大きい
3/6～5/6 inカーブ

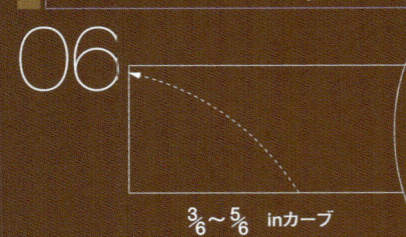

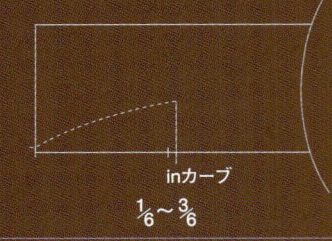

07　⑦毛束の収まり
えぐりの位置が深くなると、内巻き風に収まる。スライドカット等であまり滑らせると、浮力が発生しやすいので、切りながら滑らせていくようにする。
inカーブ 1/6～3/6

オーバーセニング＋アンダーセニング（OVER THINNING＋UNDER THINNING）収まり

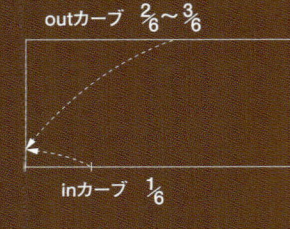

08　⑧フラットな収まり
オーバーセニングで発生した収まろうとする力を、アンダーの削ぎが補助している。
outカーブ 2/6～3/6　inカーブ 1/6

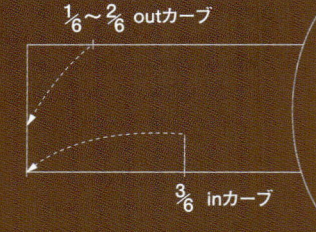

09　⑨丸みを帯びた収まり
オーバーセニングの効果とアンダーセニングの効果がほぼイーブンな状態。毛先に少し曲がりをつけて収める時に効果的。
1/6～2/6 outカーブ　3/6 inカーブ

オーバーセニングの質感比較

オーバーセニングで質感操作を行う際、削ぎの深度が表現に影響することはもちろんですが、カットの手法によっても表面のテクスチャーに差が出てきます。これはダメージの問題（削ぎの性質上、キューティクルの損傷を引き起こす）もありますので、技術の選択に当たっては、素材の状態への配慮も必要になってきます。コンディションと求める質感を考えながら、作業を進めたいところです。

セニング（切る＞滑る）
表情は硬いが、髪の傷みはほとんどない。

スライシング（切る＝滑らせる）
シザーズを開閉させながら滑らせていくカット。薄い質感を求める時に有効。

スライドカット（切る＜滑らせる）
シザーズを開いた状態で毛束の表面を滑らせていくカット。表面にラフな質感が生まれる。スライシング等に比べダメージが発生しやすい。

レザーカット（滑らせる）
レザーを滑らせて質感を出していくカット。レザーの入射角度で様々な質感コントロールができるが、使用法によってはキューテイクルの損傷が大きいというデメリットがある。

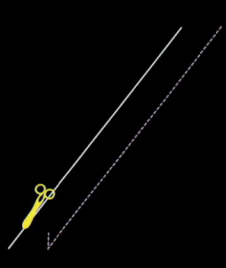

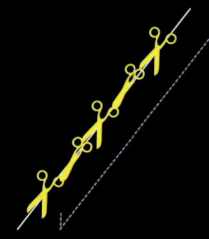

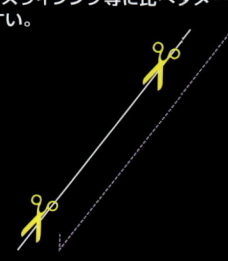

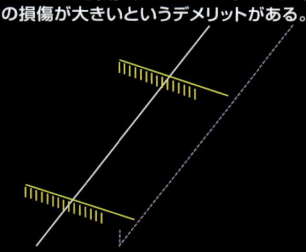

Hard ←―― 質感 ――→ Soft
小 ←―― ダメージ ――→ 大

カットの使い分けによる質感の違い

画家のデッサンがベースカットに相当するとすれば、質感調節は、絵筆に何を持ったかという、作品のタッチに感じが似ていると思います。これまで、質感は重い、軽いといった2項対立的に捉えられる傾向がありましたが、現代のヘアでは、1つのヘアスタイルに様々な質感が混在しているものがほとんどです。したがって、無理に均一な素材感をつくるのではなく、ゾーンごとに適切な質感表現を行っていくことが現実的であると言えるでしょう。

セニング
スライシング 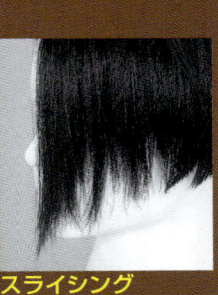
スライドカット  
レザーカット

座標の傾きとヘアスタイル

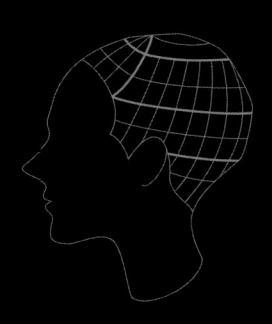

標準座標

地上に垂直な線から軸が15度傾斜している座標。よほど特殊な形態でない限り、ほぼ全てのデザインに適応できる設定になっている。削ぎによる形態破損を引き起こしにくく、セニングを繊細に行ないやすい座標だと言える。座標を選択する際、この標準座標を使用すれば、まず問題は起こらない。

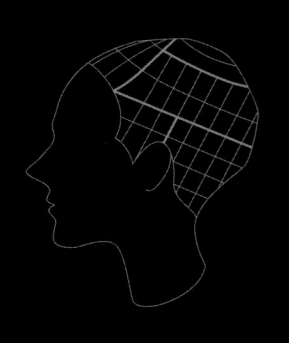

30度座標—リバース

軸が垂直線に対して30度後斜している座標。前後の毛束の動きが標準座標よりも大きくなる点に特徴がある。一般にアウトラインが後下がりのデザインとの相性がいい。ただし、削ぎの空間が見えやすく、動きも強調される反面、形態破損の危険性も高くなる。座標軸がこれより大きく傾くと、形が壊れるので、この座標を使う場合、15度から30度の傾斜設定にしておくことが望ましい。

スタンダードなグラデーションボブ。

前方にショートポイントがあるリバースレイヤー(ミディアム)。

全体を同じ長さでカットされたセイムレイヤー。

前方にショートポイントがあるリバースレイヤー(ショート)。

前方にショートポイントがある、リバースレイヤー。

前方にショートポイントがあるバースレイヤー(ロング)。

1セクションのデザインにインナーセニングとラインセニングを使用する場合、座標の傾斜角度をコントロールすることで、削ぎの効果が上げられる場合があります。主にベースカットの性質にもよるものですが、それぞれの特徴を把握して、ベストな座標を設定していくことをお勧めします。

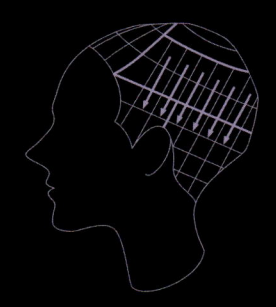

30度座標―フォワード

ベース自体は30度座標(リバース)と同じ設定。この座標はフォワード(前方に髪が動く)のスタイルとの相性もいい。特に後ろから前に向かってレイヤーが長くなっていく構造を持つスタイルとは、後ろから前への髪の動きを強調できるために、よくマッチする。アウトラインが後下がりのデザインに限って適合する座標。

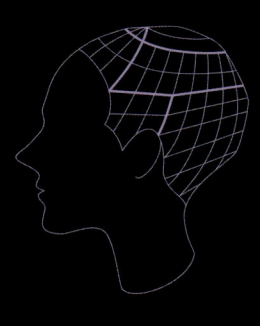

ハの字座標

イア・トゥ・イア線より後ろは、下のゾーンほど傾斜角度が大きく(後ろから見るとハ字型になっている)、上にいくほど平行になっている。イア・トゥ・イアより前方は、ほぼ平行な座標設定。3つの座標ベースの中では、最も空間が見えやすいパターンで、空気感やランダムな質感表現に適している。デザインの中で削ぎの効果を見せやすい座標だが、相性の悪いスタイルに用いると、形態破損のリスクが最も高い。使用が適しているデザインは①アウトラインが平行気味で、カドを感じるもの、②グラデーションが重めに設定されているデザイン、③トップのレイヤーが長いもの、④後ろから前へ向かって動きが生じやすいベース、である。

後下がりのアウトラインを持った軽いグラデーション。トップには後ろから前へ向かってレイヤーが入っている。

アウトラインを平行に設定し、横パネルのエレベーションでグラデーションカット。トップに後ろからレイヤーを放射状に入れたスタイル。

アウトラインを後下がりに設定した後、バックからグラデーションカット。トップに後方から放射状にレイヤーを入れている。

アウトラインをやや前下がりに設定し、横パネルのエレベーションでグラデーションカット。トップに後ろから放射状にレイヤーを入れている。

後下がりのアウトラインを持ったレイヤー。トップに後方から放射状にレイヤーが入っている。

アウトラインをほんの少しだけ前上がりに設定し、後ろから長めのレイヤーを放射状に入れたスタイル。そのフェースラインのみ、若干レイヤーを軽くしている。

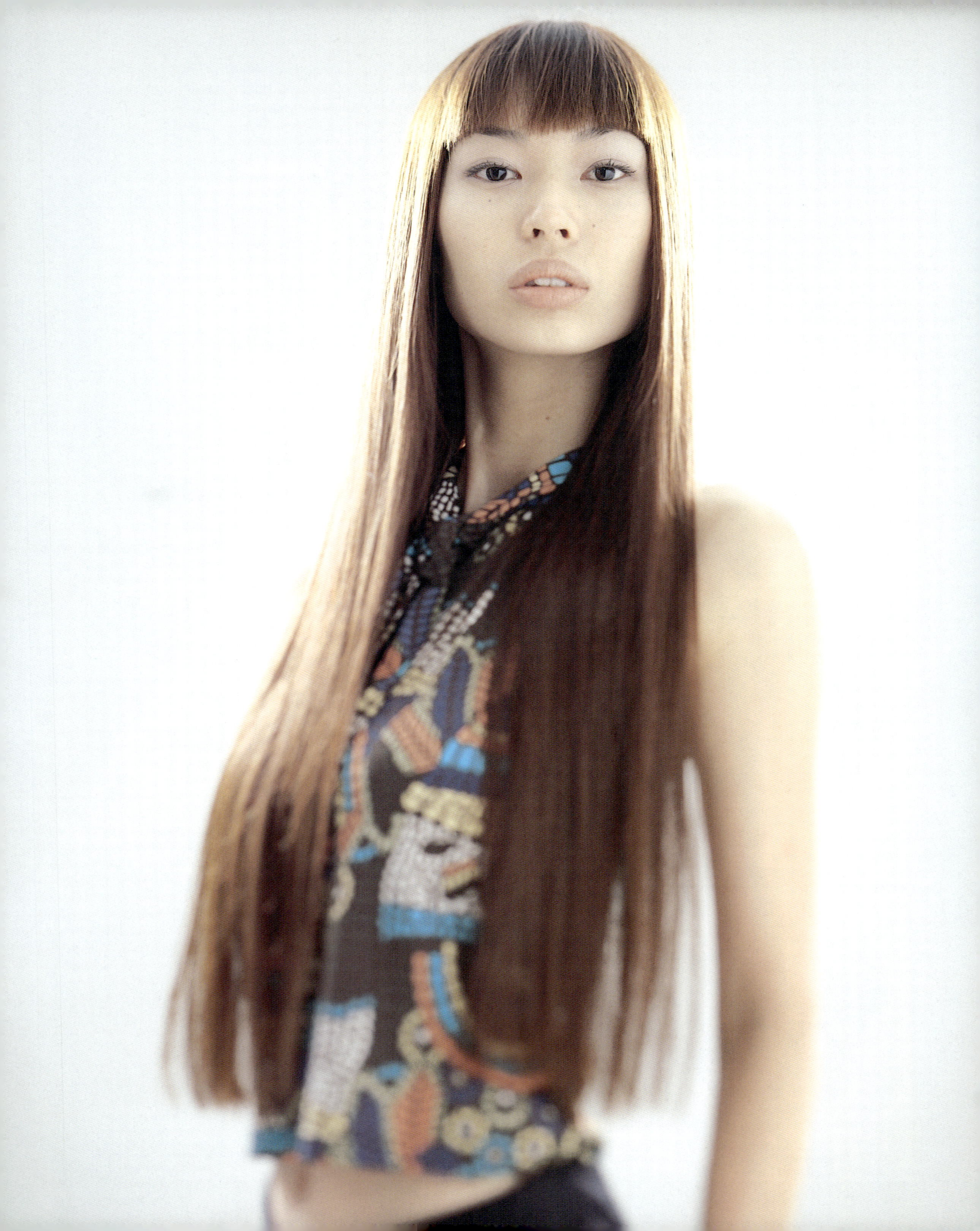

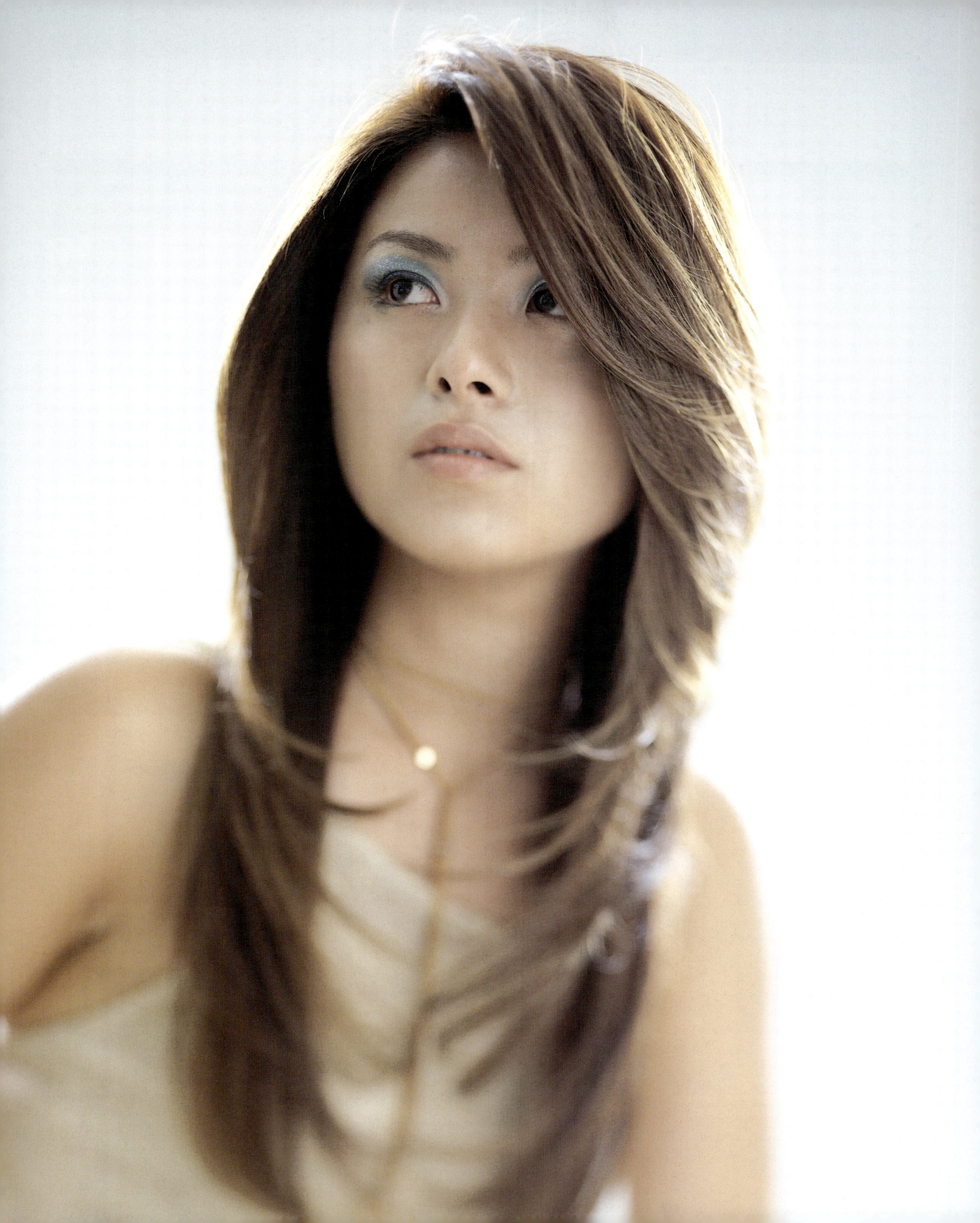

Zone and Section TECHNIQUE 01

ワンレングスの形を生かし、ゾーンカットで量感を減らす

DESIGN POINT　ワンレングスの形態を損なわず、髪のコンディションを良好に保つため、インナーセニングに重点を置いた量感調節を行っている。80年代に流行したワンレングスよりもはるかにボリュームが減少し、軽い印象になっている。

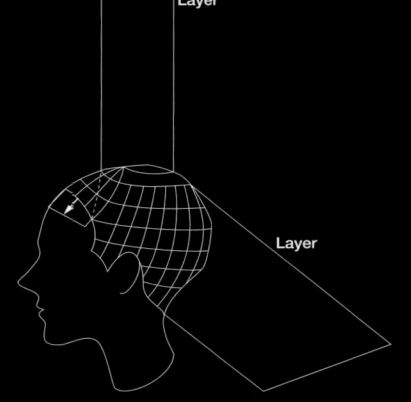

SECTION
Layer / Layer / in-Layer

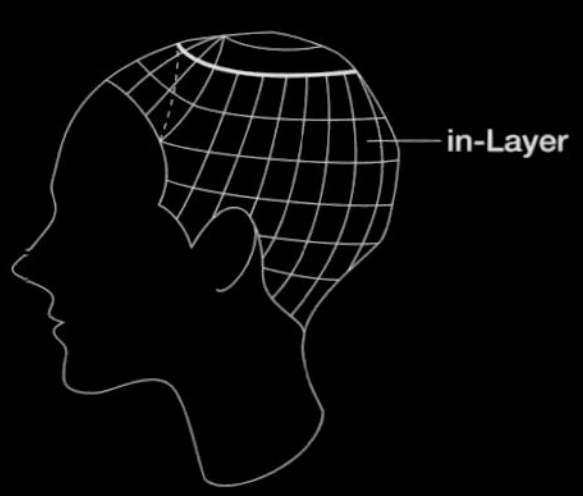

INNER THINNING
インナーセニング（P103参照）を入れているが、ワンレングスのフォルムを変化させ過ぎないように、セニングの起点は浅めに取っている。

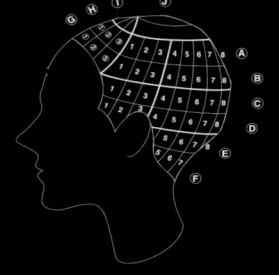

LINE THINNING
毛先が収まりやすくなるように、EF座標全てと、CD1 2 3にインカーブのアンダーセニングを浅めに入れている。

① イア・トゥ・イアでブロッキング。

② テンションをかけずにオン・ザ・スキンで前髪をカット。

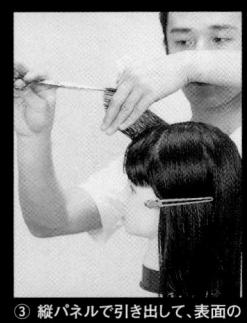

③ 縦パネルで引き出して、表面のグラデーションを軽くする。

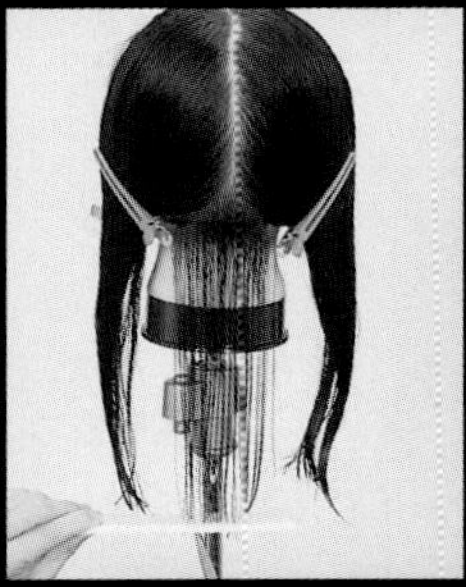

④ バックの正中線を起点に、三つ襟に向かって3角形状にブロックを取り、テンションをかけずにシェイプしてフリーハンドでカット。

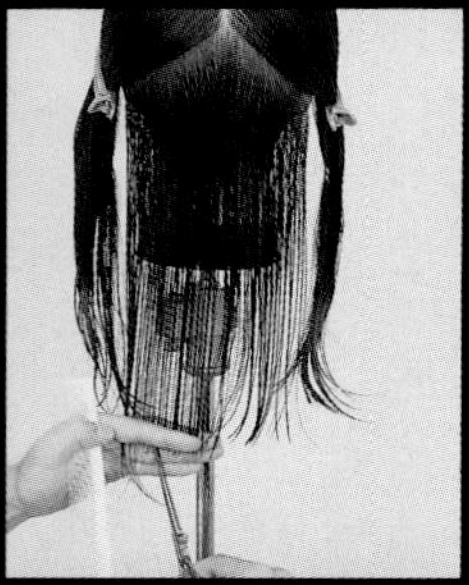

⑤ 徐々に上に切り進む。第2ブロックからは、指でパネルをはさみ、カットする。

⑥ 上方へいくにしたがって、ブロックラインを平行に取る。

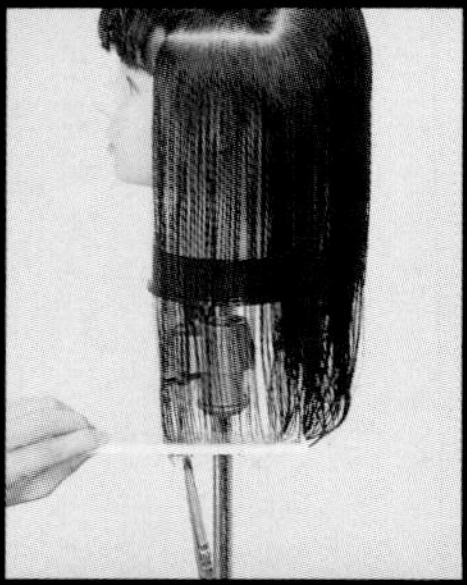

⑦ サイドのガイドラインを平行にカットする。

⑧ 第2ブロックからは、指ではさみ⑦をガイドにリフトアップしないように上まで切り進む。

⑨ トップはイア・トゥ・イアより前方の正中線上長めにレイヤーガイドをつくる。

⑩ サイドを全て⑨のガイドに位置に引き寄せてカット。

⑪ バックの正中線上に⑨とつなげるようにレイヤーガイドをつくる。

⑫ ⑪をガイドにバック全体を放射状にカット。

⑬ ドライ後、全体にインナーレイヤーを入れる。

⑭ ⑬同様にインナーレイヤーを入れる。

⑮ 全体の毛先をサイドセニング（スライシング）で動きをつけ過ぎないように1/6の位置に左右均等に行う。

⑯ カット終了。

ZONE AND SECTION

Zone and Section TECHNIQUE 02

ラインセニングでリバースレイヤーの動きを強調する

DESIGN POINT リバースレイヤーは後方へ動く性質を持っているが、日本人の硬い髪質と量感では、その特徴が出にくいことがある。ここでは、サイドセニングを使い、後方への動きと立体感を出し、高い再現性を与えている。

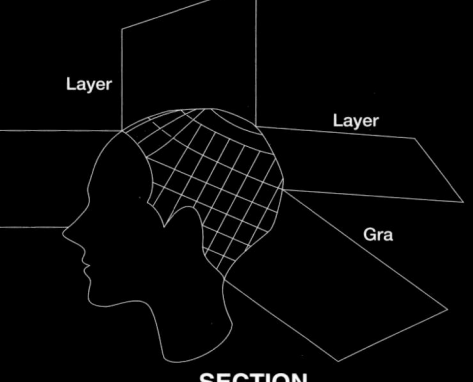

SECTION

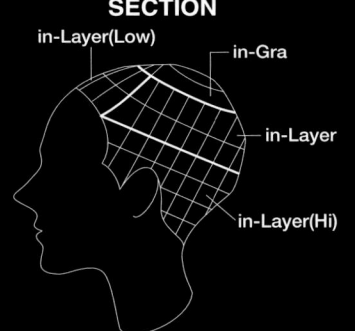

INNER THINNING

ⒶⒷ座標の動きを強調し、全体の量感を減少させるため、アンダーゾーン(Ⓒ座標上)のインナーレイヤーの開始点は深めに設定されている。

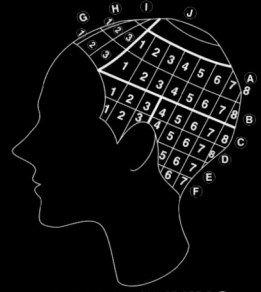

LINE THINNING

リバースの動きを強調するため、30度座標(リバース)を使用している。トップゾーンにも深めのサイドセニングを行い、後ろへの動きを出している。

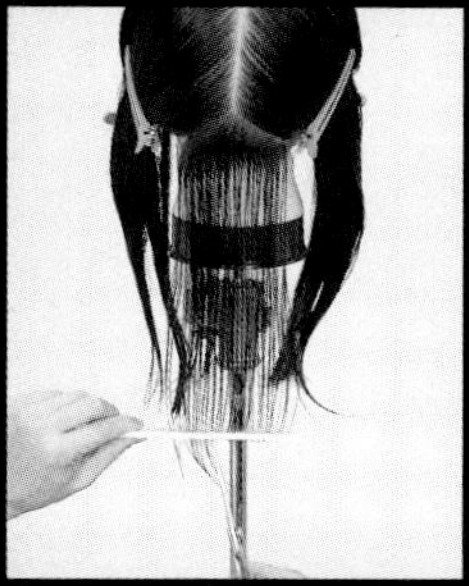

① バックのアウトラインのガイドをつくる。テンションをかけずに、フリーハンドで水平にカット。

② 徐々に上に切り進んでいく。第2ブロックからは、パネルをはさみ指1本分のグラデーションカット。

③ サイドのガイドラインをカット。スライス線から平行にパネルを引き出し、やや前上がりにカットする。

④ フェースラインをレイヤーカット。

⑤ イア・トゥ・イアから前方の髪を全て、④の位置に引き寄せてカット。

⑥ トップの正中線上にレイヤーガイドをつくる。髪をリバースに動かしたいために、前方が短く後方が長くなるようにレイヤーの長さを設定する。

⑦ サイドを全て⑥に引き寄せてカット。

⑧ バックの正中線上に⑥とつなげるようにレイヤーガイドをつくる。

⑨ ⑧をガイドに放射状にカット。

⑩ ドライ後、インナーセニング。

⑪ ⒺⒻ座標全てにラインセニング。オーバーセニング(アウトカーブ)とアンダーセニング(インカーブ)を入れ、内巻き風に収める。

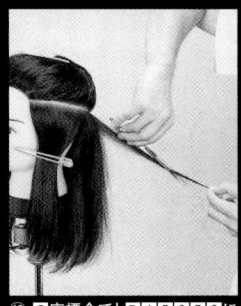

⑫ Ⓒ座標全てとⒹ⑤⑥⑦⑧にオーバーセニング(アウトカーブ上にスライシング)を深めに行い量感を減少させながら収める。

⑬ Ⓓ座標①②③をサイドセニングで前方に動かす。

⑭ ⒶⒷ座標を後ろに流すように深めにサイドセニングを行なう。

⑮ トップゾーン浅めのアンダーセニングを入れ浮力を与える。

⑯ カット終了。

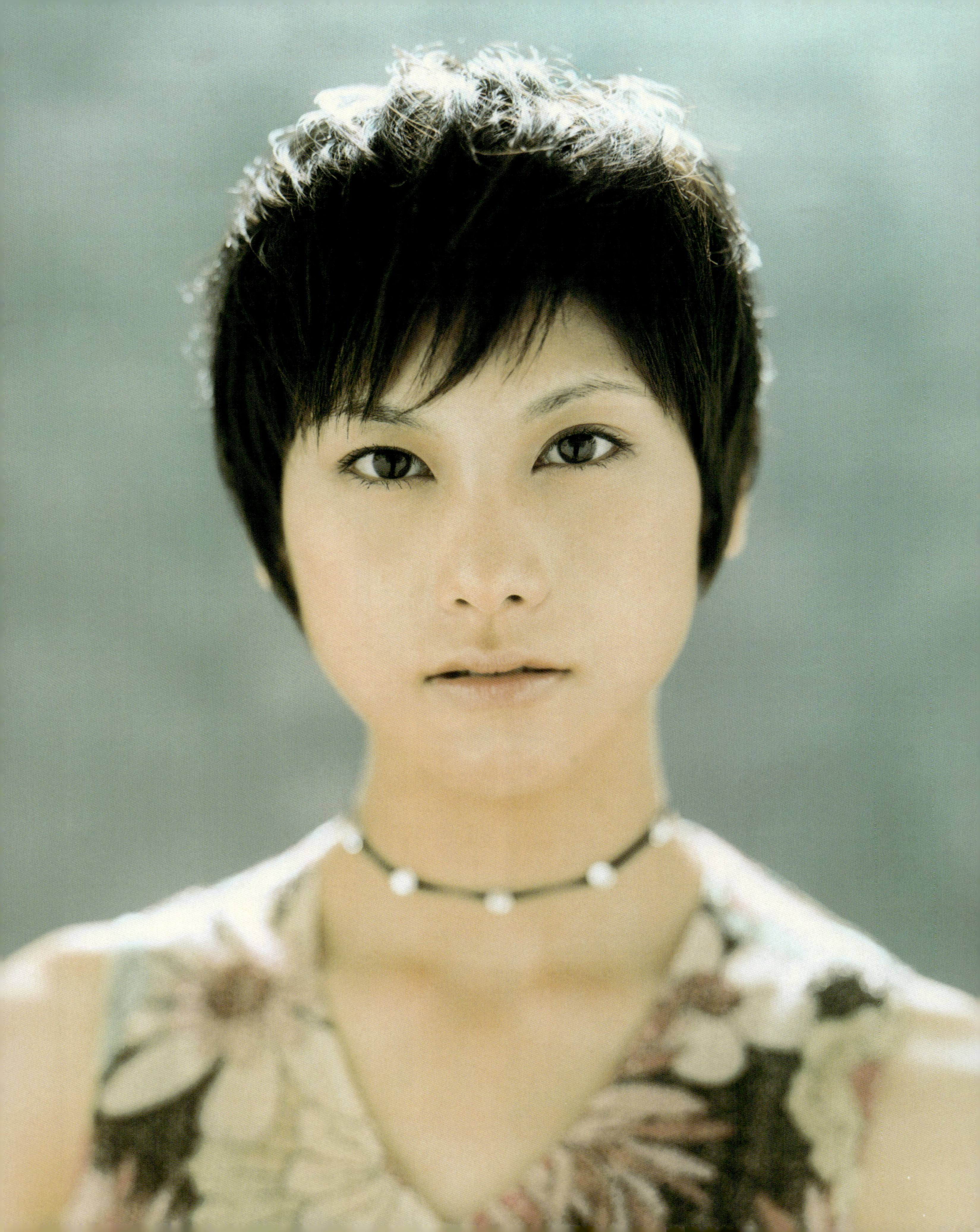

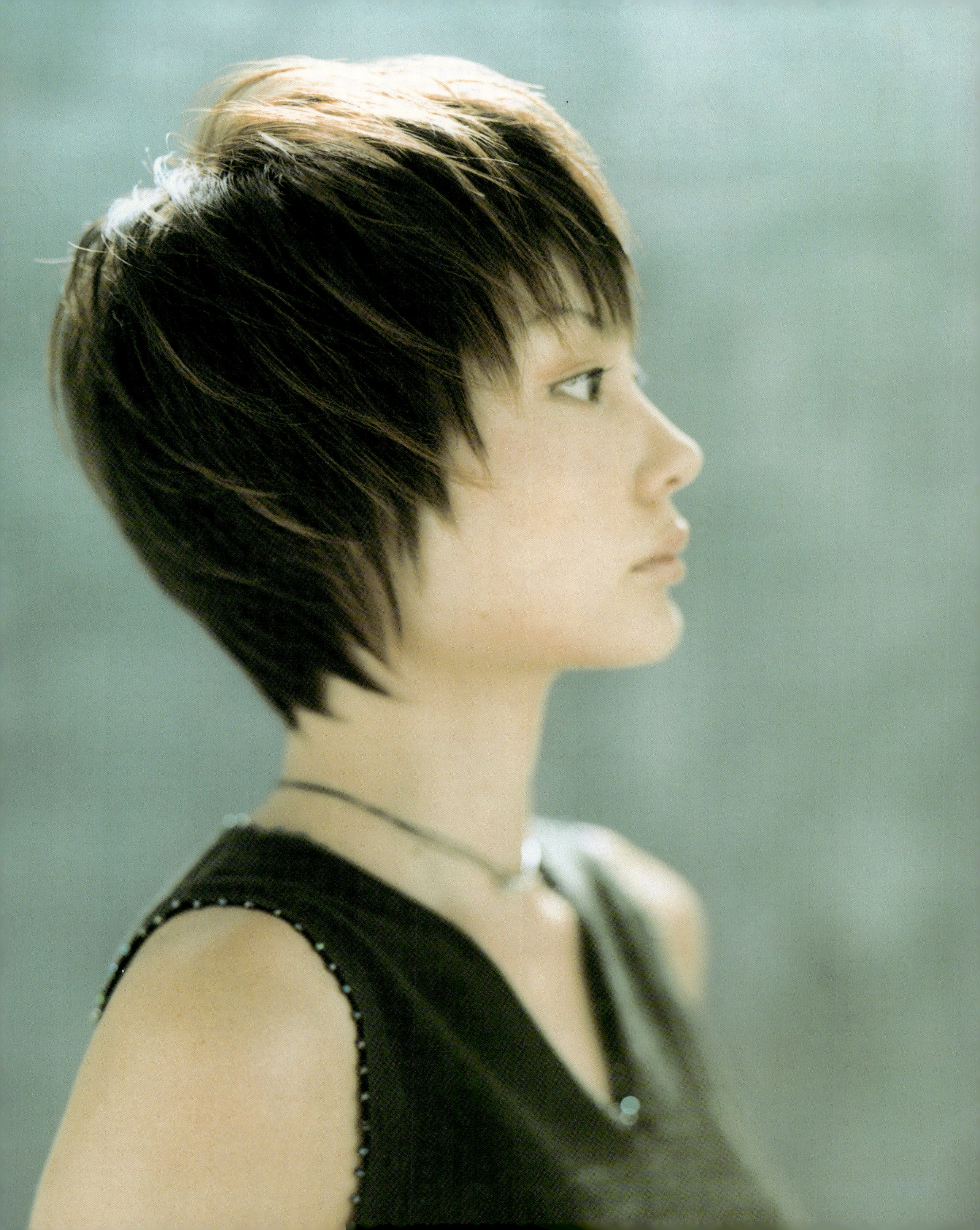

Zone and Section TECHNIQUE 03

ゾーンの効果でコンパクトに収め、自然な動きを与えるセイムレイヤー

DESIGN POINT

セイムレイヤーは、骨格の起伏が極端な場合、その凹凸がデザインにも影響してくる。このような時は、インナーセニングの段階で骨格補正を行うことが望ましい。骨の張り出しの大きい部分の座標内は、インナーセニングが深い軌道を通過し、沈んでいる箇所は浅い軌道を描くようにすると微妙な造形調節が可能になり、再現性が高くなる。

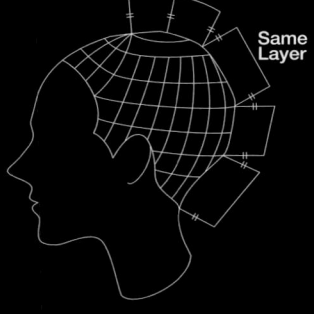

SECTION — Same Layer

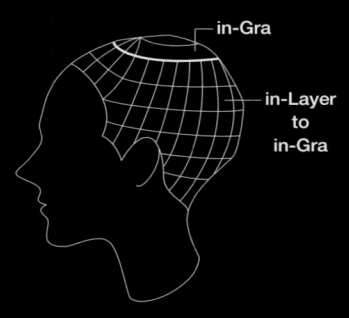

INNER THINNING — in-Gra / in-Layer to in-Gra
アウトラインを内側に締めたいので、インナーレイヤーからインナーグラデーションに抜けるようにセニングを入れている。

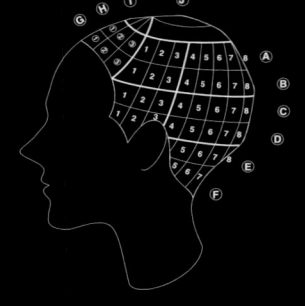

LINE THINNING
オーバーゾーンは左右均等にサイドセニングを浅めに行い、髪の動きを助長させている。その他のゾーンは、動きながらもコンパクトに収まるようにオーバーセニングを入れている。

① 生え際の形に合わせてアウトラインをつくる。上の髪は便宜上、すべてアウトラインの髪に合わせてカット。

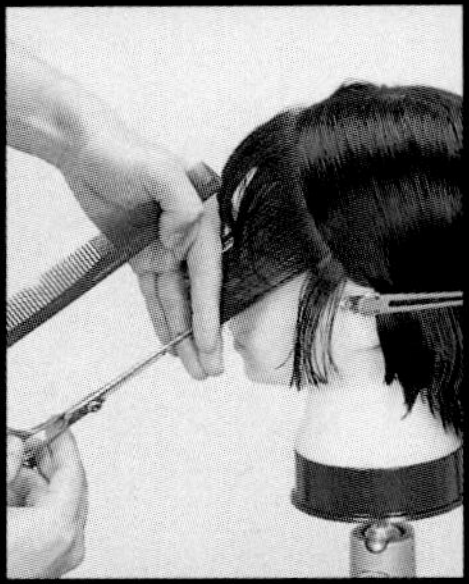

② フェースラインにレイヤーを入れる。正中線上に長さを決めてサイドのアウトラインに向かってカーブ状につなげていく。

③ イア・トゥ・イアより前を全て②の位置に引き出してカット。

④ トップの正中線上にレイヤーガイドをつくる。

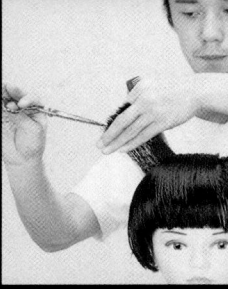

⑤ ④をガイドにイア・トゥ・イアの線上にオンベースでガイドをつくる。

⑥ ⑤の長さをガイドにイア・トゥ・イアより前方を全てオンベースで前に向かって切り進んでいく。

⑦ バックも正中線上にガイドをつくり、オンベースで放射状にカット。

⑧ 下のブロックもオンベースを維持しながら、放射状にカット。

⑨ 徐々に下に切り進んでいく。

⑩ ドライ後、インナーセニング

⑪ ラインセニング。 E F 座標全てにオーバーセニング（アウトカーブ）を入れ収めるようにする。

⑫ C 座標を深めにオーバーセニング。収めながら量感を減らし、スタイル全体のボリュームをダウンさせる。

⑬ D 座標 1 2 3 を浅めのサイドセニングで前方に動かす。

⑭ トップゾーンの髪が重なってくるフロントゾーン上段をオーバーセニングで収めながら量感を減らさせる。

⑮ トップゾーンにアンダーセニングを浅めに行い若干の浮力を与える。

⑯ カット終了。

Zone and Section **TECHNIQUE 04**

30度座標を使いレイヤーマッシュルームの前方への動きを強調する

DESIGN POINT
バックにショートポイントを持つレイヤーマッシュルームに、前方の動きを強調するため、30度座標(フォワード)を用いた例。アンダーセニングとパリエタルゾーンに使ったハイドセクションの効果で、量感が減少し動きと立体感が生まれている。

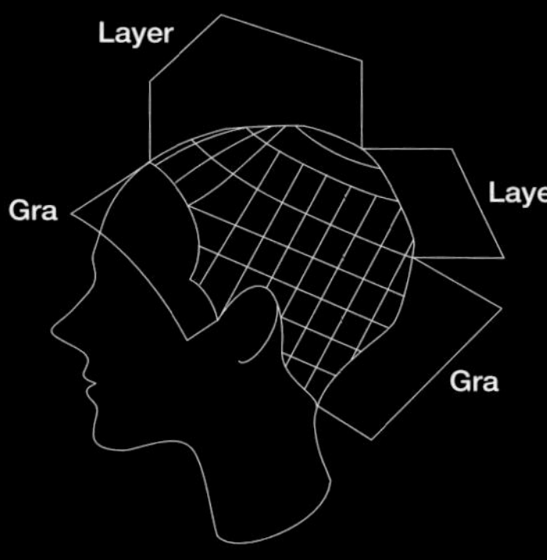

SECTION

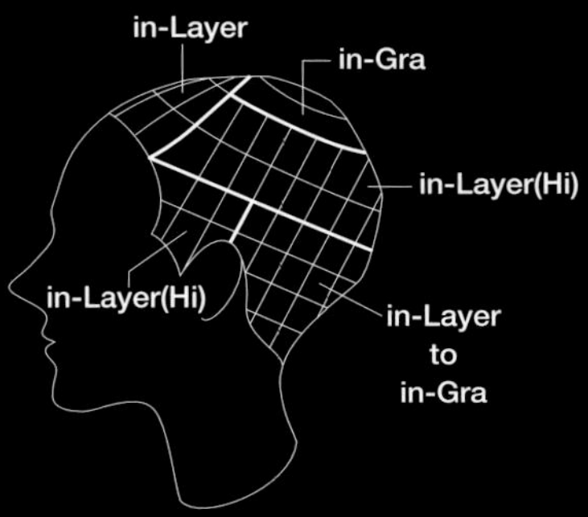

Layer / Gra / Layer / Gra
in-Layer / in-Gra / in-Layer(Hi) / in-Layer(Hi) / in-Layer to in-Gra

INNER THINNING
トップは丸いフォルムをつくり、ラインセニングの動きを補助するためにインナーグラデーションを使用。テンプルゾーンが深く量感調節されているので、A B 座標が前方に向かって大きく動いてもスタイルが重くならない。

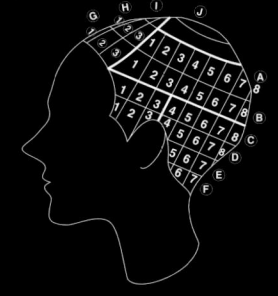

LINE THINNING
トップゾーンの深めのアンダーセニングとパリエタルゾーンのハイドセクションの効果で立体的な動きが生まれている。オーバーゾーンをハサミを滑らせながら処理しているので、ほどよい無造作感が生まれている。

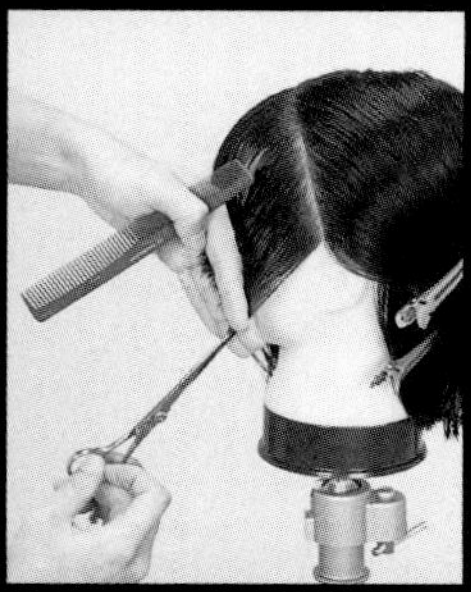

① フェースラインを前方に引き出し、グラデーションカット。

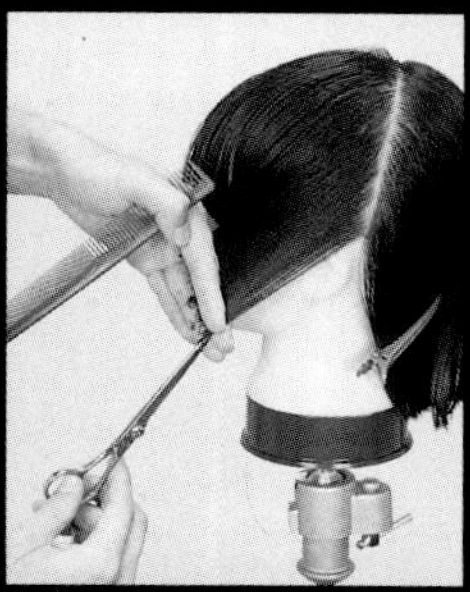

② 前は、全て①に引き寄せてカットする。

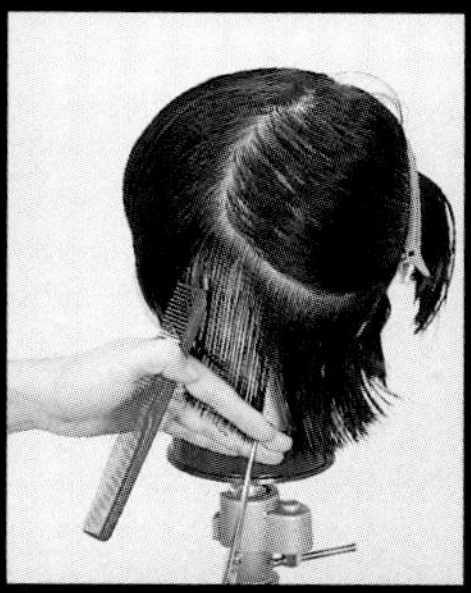

③ イア・トゥ・イア上の長さをガイドにして、バックをダイアゴナル(斜め)でラウンド気味にグラデーションカット。

④ その後、バックの正中線上から放射状にグラデーションカットし、ウエイトを取る。

⑤ ④の作業を続行。

⑥ バックの正中線上にレイヤーのガイドをつくる。バックの頭頂部をガイドに合わせて放射状にカット。

⑦ バックの長さをガイドにして前は、全て後に引き寄せてカットする。

⑧ ⑥⑦でカットしたレイヤーと全体をつなげるように、放射状にパネルを展開し、カドを落としていく

⑨ インナーセニング。

⑩ ラインセニング。E F 座標をオーバーセニングで収めるようにカット。

⑪ C 座標を収めながら、スタイル全体の量感が減少するように深めにオーバーセニング。A B 座標の動きが助長される。

⑫ D 座標 1 2 3 をサイドスライシング。前方に向かって動かす。

⑬ A B 座標にハイドセクション(P82参照)を挿入後、サイドセニングで大きく前方に動かす。

⑭ フロントゾーン上段をオーバーセニングで収めながら量感を減少させる。

⑮ トップゾーンのラインセニング。アンダーセニングを深めに入れ、浮力を与える。

⑯ カット終了。

ZONE AND SECTION

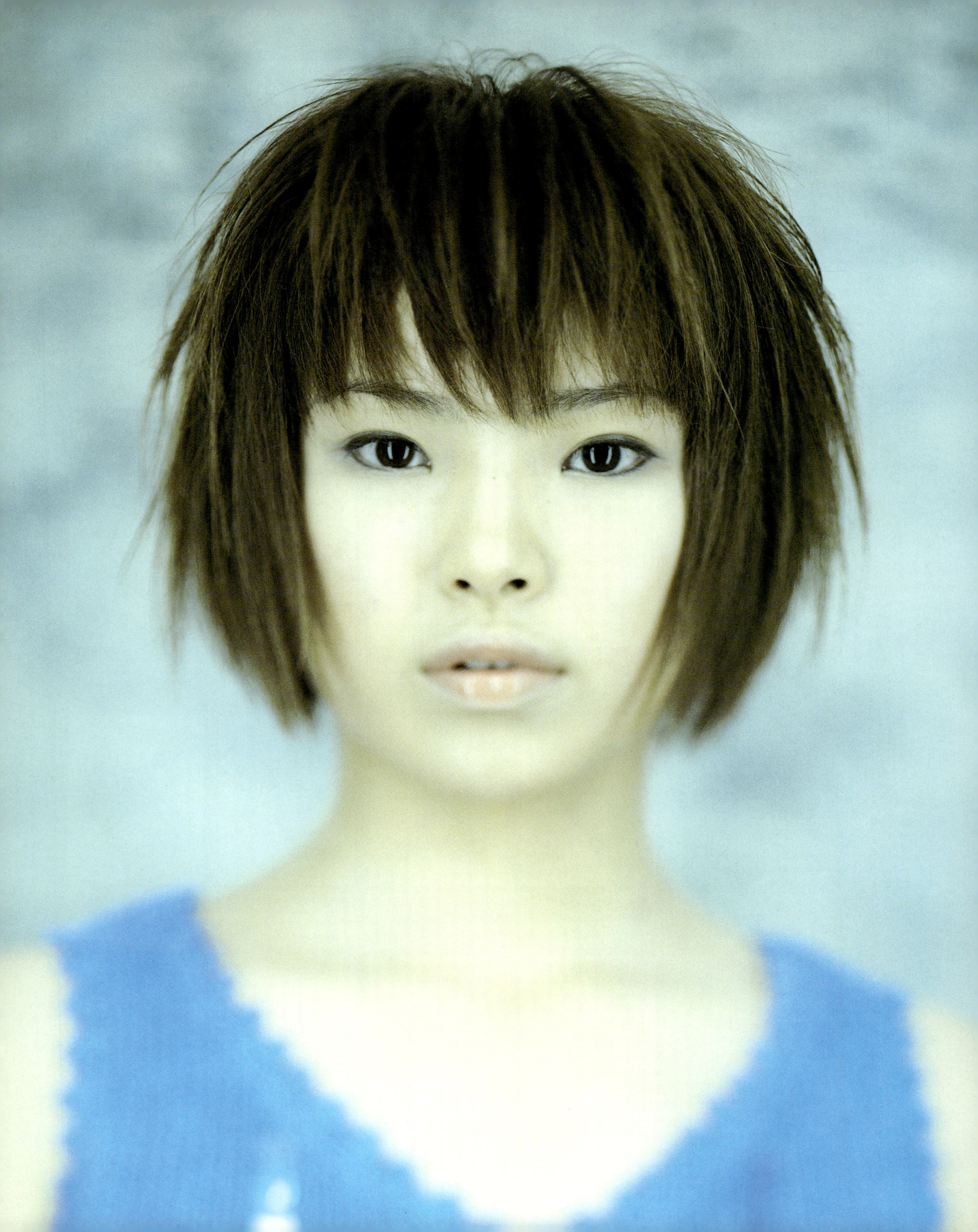

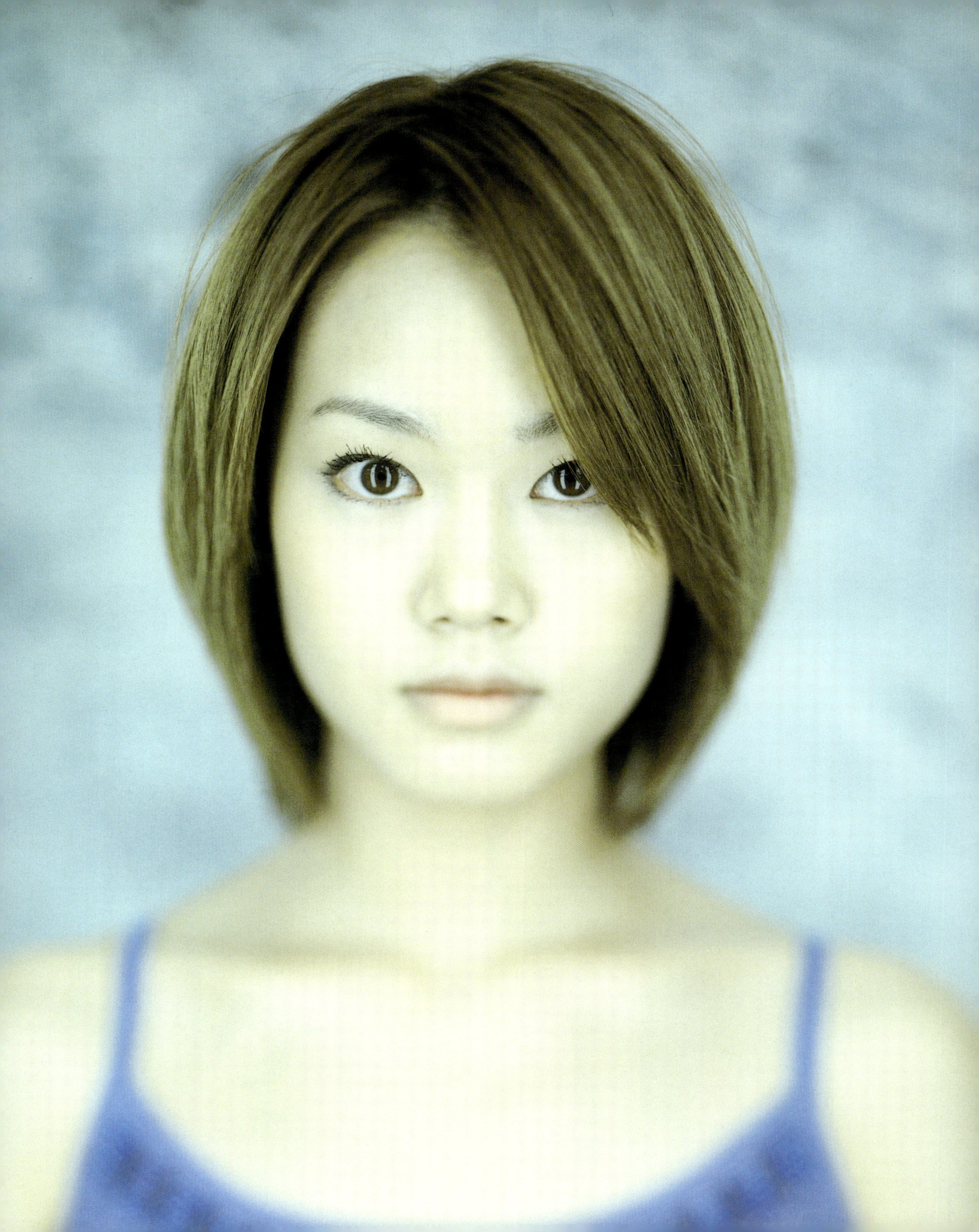

Zone and Section TECHNIQUE 05

横パネルボブの重めのシルエットを維持しながら、ハの字座標で束感を出す

DESIGN POINT 横パネルボブは、形態そのものが重たいので空間が見えやすいハの字座標との相性がいい。オーバーゾーンは、ラインセニングによって規則的な束感をつくる。造形調節を的確に行うことにより、もと形態の特徴を維持しながら再現性の高い無造作なボブとなる。

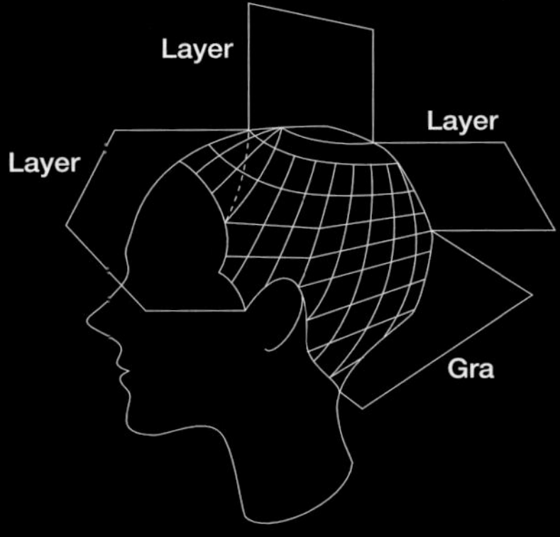

SECTION
- in-Gra
- in-Layer
- in-Layer to in-Gra
- in-Layer (Hi)

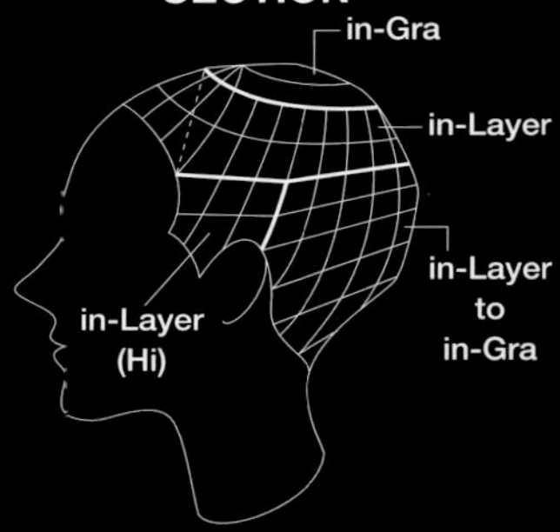

INNER THINNING
形態が重く、前方への動きの方向性を持ったスタイルなので、テンプルゾーンはインナーレイヤーを重点的に行って量感調節する必要がある。

LINE THINNING
ハの字座標は空間を強調しやすい性質があるので、重たい形態に束感を出したいようなスタイルに向いている。また、この座標はアンダーセニングとの相性もいい。

① ネープの正中線上にガイドをつくる。
② ネープのガイドに合わせて縦パネルでグラデーションカット。 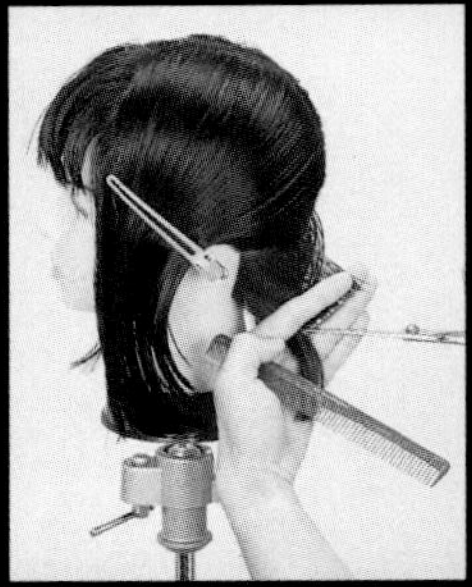
③ ネープのグラデーションをガイドに横パネルでボブのラインをつくる。 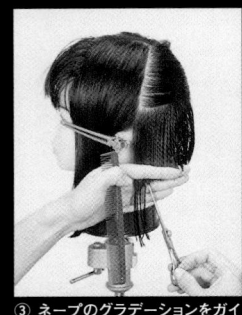
④ そのままサイドまで切り進む。 
⑤ 指1本で全て④に合わせてカット。 
⑥ 前方が長くなるようにトップの正中線上にレイヤーのガイドをつくる。 
⑦ サイドは全て⑥に引き寄せてカットする。 
⑧ バックの正中線上に⑦とつなげるようにガイドをつくる。 
⑨ バック全体を放射状にカット。 
⑩ インナーセニング。 
⑪ ラインセニング。ネープゾーンをオーバーセニングで収めるようにカット。 
⑫ C座標を収めながら、深めにオーバーセニング。収めながら、量感が減る。スタイル全体がボリュームダウンし、パリエタルゾーンの動きが助長される。 
⑬ C座標②③に⑫より深めにオーバーセニングを入れ、量感を減少させる。 
⑭ オーバーゾーン全体にアンダーセニングを深めに入れて、大きな浮力を与え、空間が目立つようにす 
⑮ オーバーゾーン全体にサイドセニングを行うことにより、前方に動きをつける。 
⑯ カット終了。

ZONE効果により、静かに毛先が動く コンパクトなローレイヤー

DESIGN POINT ローレイヤーは日本人の骨格、毛量だと、ボリュームが出過ぎて再現性を失いやすい。この事例ではゾーン処理で、全体の量感を減少させ、適切な造詣調節を行っている。ラインセニングはあえて、浅めに行い、動作やしぐさで誘発される静かな動感を狙っている。

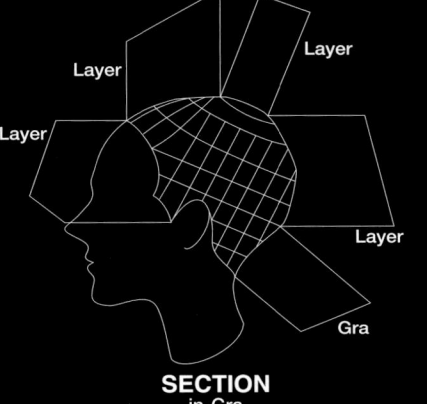

SECTION
in-Gra
in-Layer
in-Layer to in-Gra

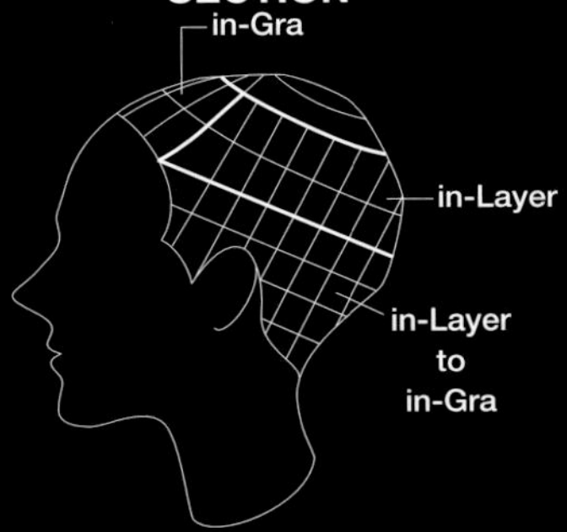

INNER THINNING
アンダーゾーンは、アウトラインを内巻き風に収めたいために、インレイヤー・トゥ・イングラデーションを使っている。形が重めのレイヤースタイルなので、パリエタルゾーンのインレイヤーは深めに行い、量感を減少させている。トップゾーンはつやかな質感を損なわないように、インナーセニングは行っていない。

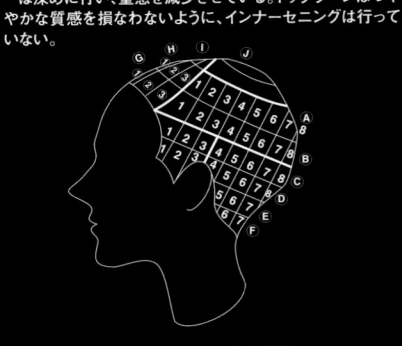

LINE THINNING
このスタイルは、人間の動作によって動く程度の静的な動感を狙っているため、ラインセニングはC座標以外は、全て浅めに行っている。

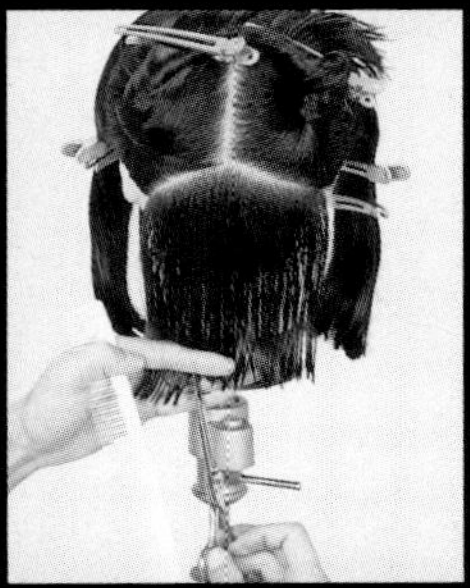

① バックのアウトラインを平行にカット。そのまま指1本のグラデーションで上まで切り進む。

② サイドのアウトラインをやや前上がりのラインでカット。そのまま指1本のグラデーションで上まで切り進む。

③ フェースラインを重めにレイヤーカット。

④ フェースラインの長さをガイドにイア・トゥ・イアから前を全て③の位置に引き寄せてカットする。

⑤ トップの正中線上にレイヤーガイドをつくる。後方に向かって長くなるように長さを設定する。

⑥ サイドを全て⑤に引き寄せてカット。

⑦ バックの正中線上に⑤につながるようにレイヤーガイドをつくる。

⑧ ⑦をガイドに放射状にカット。

⑨ 放射状に展開しながらトップのレイヤーと全体をつないでいく。

⑩ ドライ後、インナーセニング。

⑪ ラインセニング。EF座標をオーバーセニングとアンダーセニング（インカーブ）で丸みをもたせながら収める。

⑫ C座標でオーバーセニングを深めに入れ、収めながら量感を減少させる。この結果、全体がボリュームダウンし、AB座標に動きが生まれやすくなる。

⑬ D1234をサイドスライシングで前方に動かす。

⑭ AB座標にサイドセニングを入れ、後方に向かって動かす。

⑮ HIJ座標にアンダーセニングを入れて若干の浮力を与える。

⑯ カット終了。

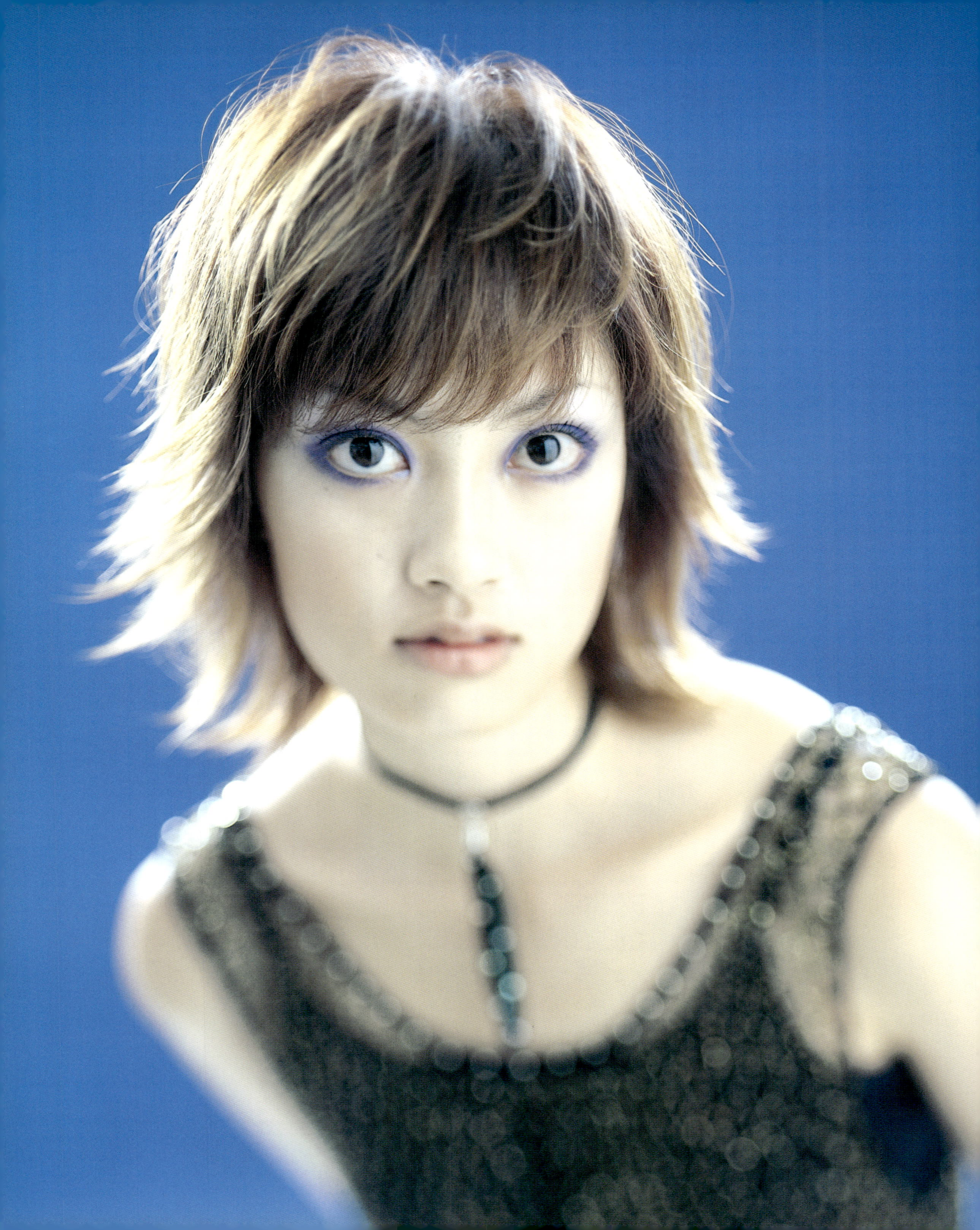

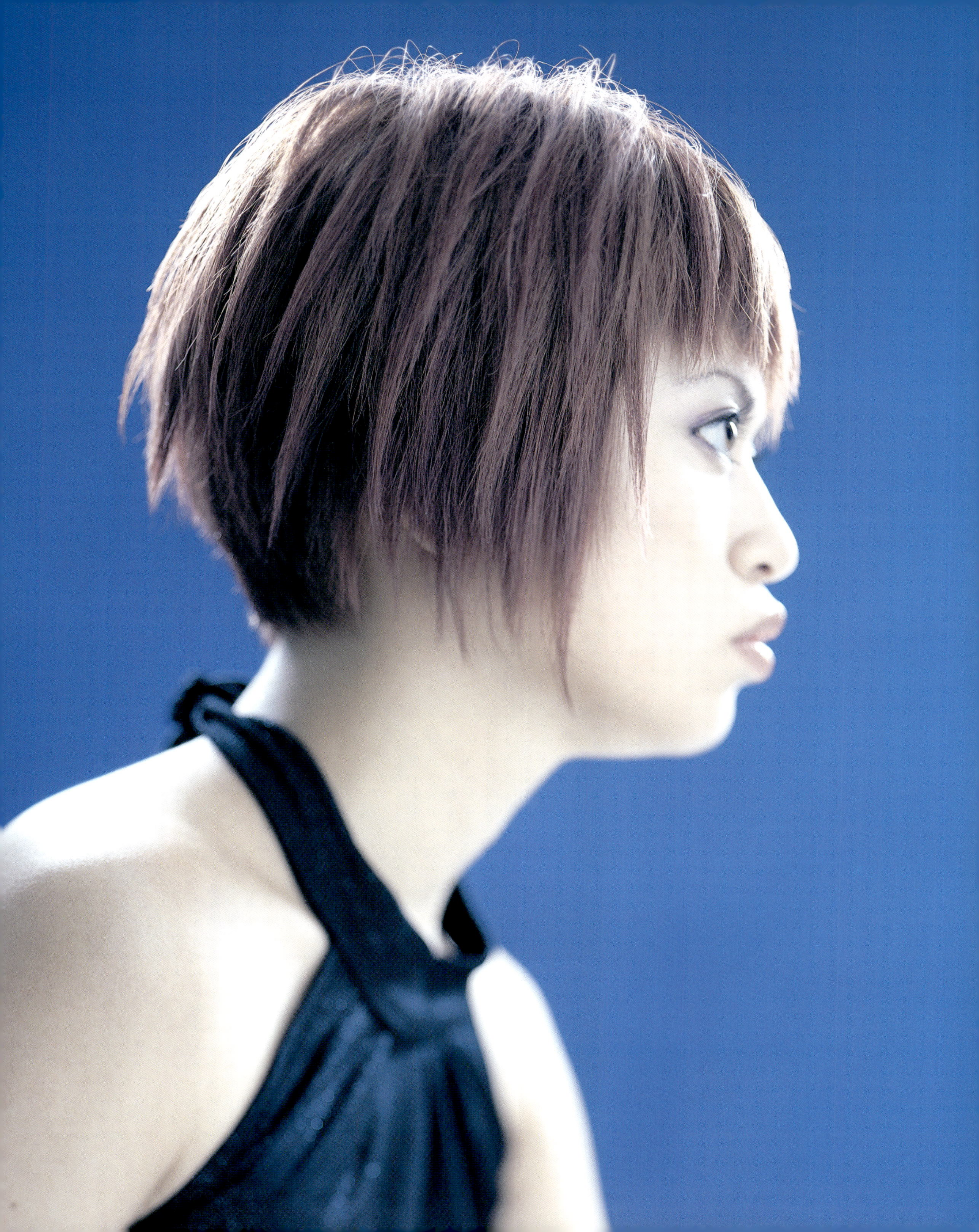

Zone and Section TECHNIQUE 07

オーバーセニングでミディムレイヤーの毛先にハネをつくる

DESIGN POINT

毛先のハネに再現性を与えるには、ベースカット、インナーセニング、ラインセニング等のカットが全てバランス良く構成されている必要がある。デザインとしてはバックはアウトラインまでレイヤーが入っているが、トップはある程度の長さを残し、現代的な雰囲気を出すようにしている。

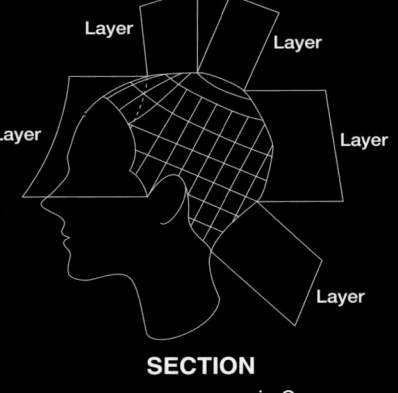

SECTION

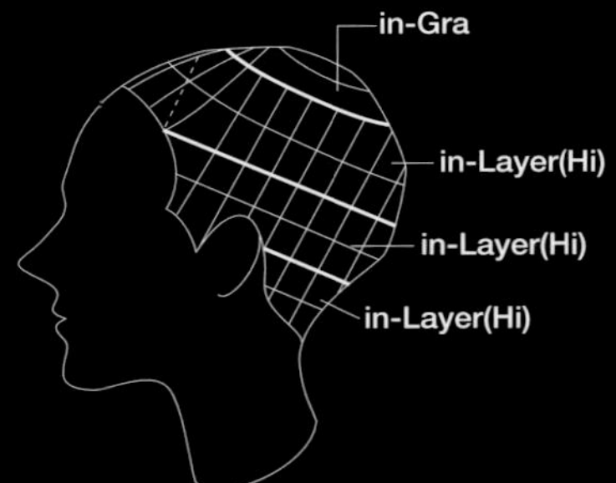

INNER THINNING

トップ、フロント以外の全てのゾーンに深めのインナーレイヤーを行う。その結果、A C E 座標の量感が大きく減少し、B D F 座標が、より動きやすくなる。

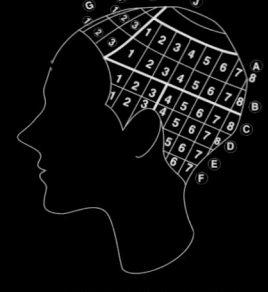

LINE THINNING

インカーブのオーバーセニング(スライド)の効果をフルに使って、カットによってハネを表現している。毛先のハネをスタイルで表現する場合、ベースカットの段階から、それにふさわしい形をつくっておく必要がある。今回はアウトラインまで深めにレイヤーレイヤーが入っている。

① アウトラインをバックは平行に、イア・トゥ・イアから前は前上がりにカットする。

② フェースラインにレイヤーガイドをつくる。ややカーブ状にカット。

③ イア・トゥ・イアから前を全て②に引き寄せてカット。

④ トップ正中線上にレイヤーガイドをつくる。わずかに後方が長くなるように長さを設定する。

⑤ サイドを切れるところまで全て④に引き寄せてレイヤーカット。

⑥ バック正中線上に④とつなげるようにレイヤーのガイドをつくる。

⑦ ⑥をガイドに放射状にカットする。

⑧ 徐々にパネルを下げながらアウトラインにつながるようにレイヤーを入れていく。

⑨ インナーセニング。

⑩ ラインセニング。E F 座標にオーバーセニングをインカーブ状に行い、ハネをつくる。

⑪ D 座標にオーバーセニングをインカーブ状に行ないハネをつくる。C 座標をアウトカーブでオーバーセニング深めに行い、スタイル全体のボリュームを減少させる。

⑫ D 座標 1 2 3 4 も、オーバーセニングをインカーブ状に行いハネをつくる。

⑬ A B 座標は、オーバーセニング(インカーブ)とサイドセニングを行い、後方に向かって動きをつけながらハネをつくる。

⑭ H 座標はオーバーセニングをアウトカーブ状に行い、収めながら量感を減少させる。

⑮ I J 座標はアンダーセニングを浅めに入れて浮力を与える。

⑯ カット終了。

Zone and Section **TECHNIQUE 08**

ゾーンの効果で束感を見せる
縦パネルグラデーションボブ

DESIGN POINT

スタイル05と比べるとベースの形がシャープな印象を与える縦パネルボブ。グラデーションが軽いために、トップのレイヤーを短くしてしまうと、ボブのイメージが消えてしまうので、形態を維持しつつゾーンの効果で軽さと動きを出している。主に C 座標上の量感を減少させ、動きやすいようにカットしてある。

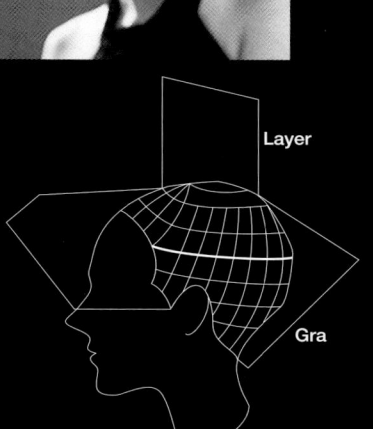

SECTION

Layer
Gra

in-Layer(Low)
in-Layer(Hi)
in-Layer to in-Gra
in-Layer(Hi)

INNER THINNING

ベースカットは1セクション・グラデーションだが、B座標とC座標でインナーセニングディスコネクション（P23、P103参照）が行われているため、2セクション風のバランス感が生まれている。

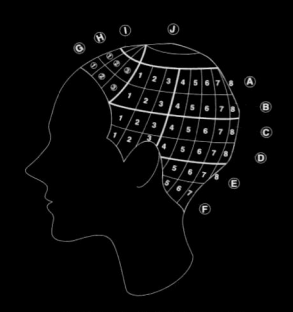

LINE THINNING

縦パネルで軽い印象になるので、「面」的なデザインを狙うなら、インナーセニングのみで充分だが、ここではあえてラインセニングによる束感をプラスしている。これ以上の軽さや動きを求める場合、2セクション以上の分割が必要になる。

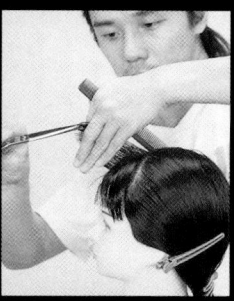

① フロントのカット。水平に横パネルで長さを切って、縦にパネルを取り出して、表面の重さを軽くする。

② ネープからカット。正中線上にガイドを引き出し、縦パネルでグラデーションカット。

③ ネープの部分をガイドに合わせて、縦パネルでグラデーションカット。この際に三つ襟から前方は、後方に引き出すようにカットする。

④ ガイドである下のグラデーションの延長線上で、縦パネルのグラデーションをカットする。

⑤ パネルを後方に引き出しながら、前方に向かってカットする。

⑥ 全体を同様にグラデーションカット。

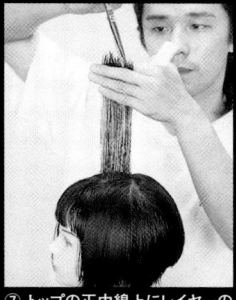

⑦ トップの正中線上にレイヤーのガイドをつくる。

⑧ イア・トゥ・イアから前は、全てガイドに引き寄せてカットする。

⑨ イア・トゥ・イアから後ろは、前方のレイヤーの延長線上にガイドをつくって、その後、放射線状にカット。

⑩ 最も量感の出るオキシピタルゾーンにインナーレイヤーを深めに入れる。

⑪ ネープゾーンのラインセニング。オーバースライシングで収まりを良くする。

⑫ オキシピタルゾーンのラインセニング。ここもオーバーセニングで収まりを良くするが、量感も調節したいので、ネープよりも深めに行う。

⑬ テンプルゾーンのラインセニング。前方に向かって動きが生まれるようにサイドスライシングを行う。

⑭ パリエタルゾーンのラインセニング。左右均等のサイドスライシングを深めに行い、アンダースライシングで浮力を与える。

⑮ トップゾーンのラインセニング。アンダーセニング（スライシング）で浮力を与える。

⑯ カット終了。

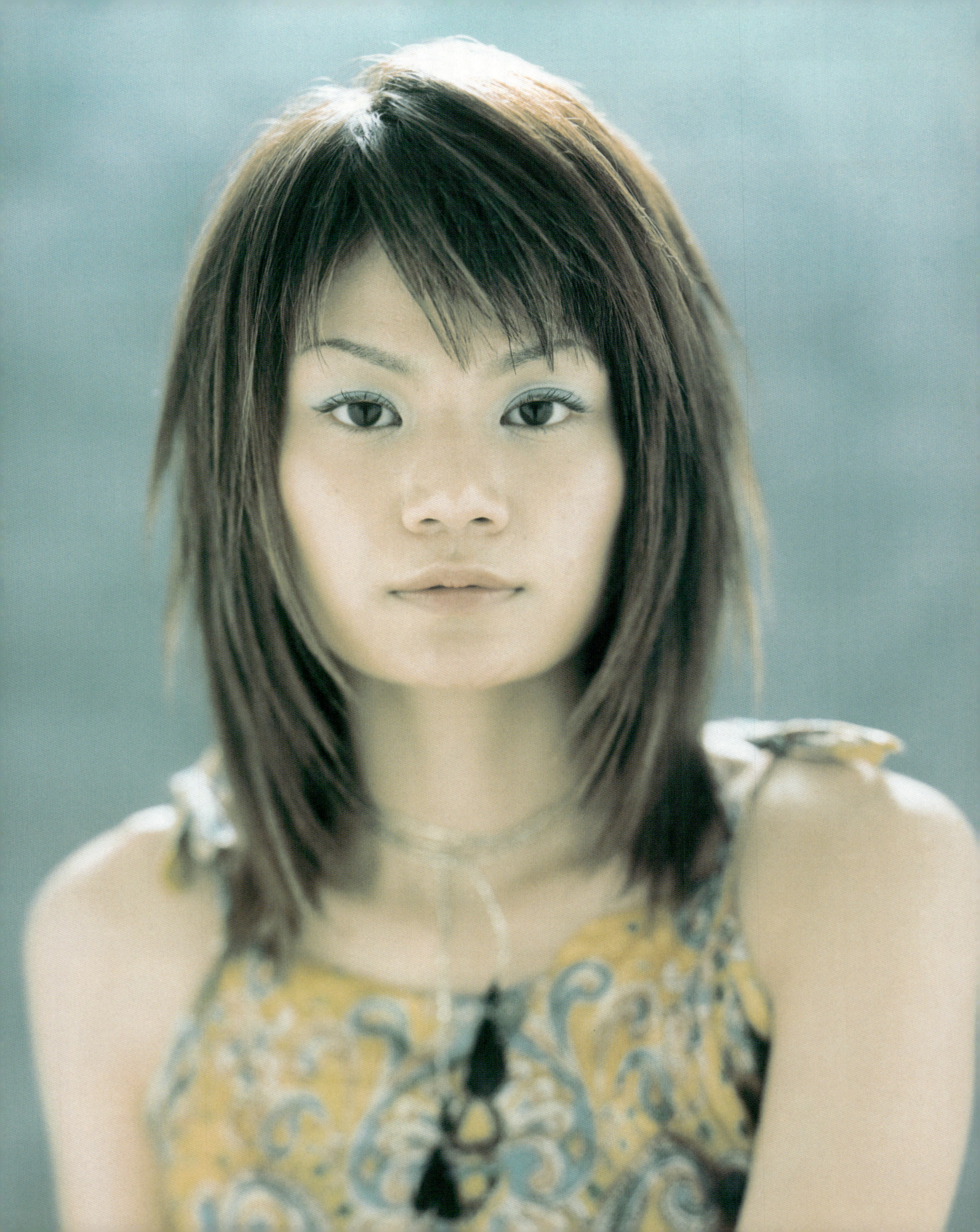

Zone and Section TECHNIQUE 09

ロングレイヤーにアンダーセニングで束感のある動きを与える

DESIGN POINT レイヤーのショートポイントが後方にあり、サイドのアウトラインの後斜角度が浅いため、後方から前方に向かって緩やかに髪が動きやすく、同じロングでもSTYLE02と比較してナチュラルさを感じる。ただ、こうしたベースは重い印象になりやすく、ゾーンによる量感調節を大胆に行なう必要がある。

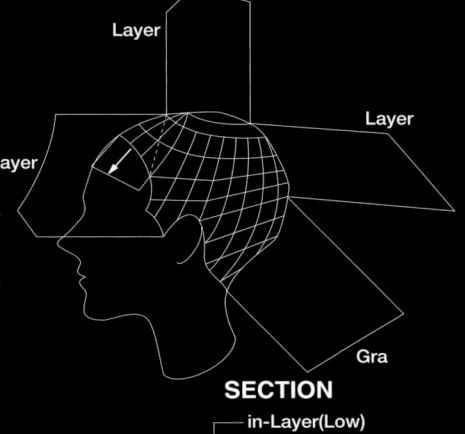

SECTION

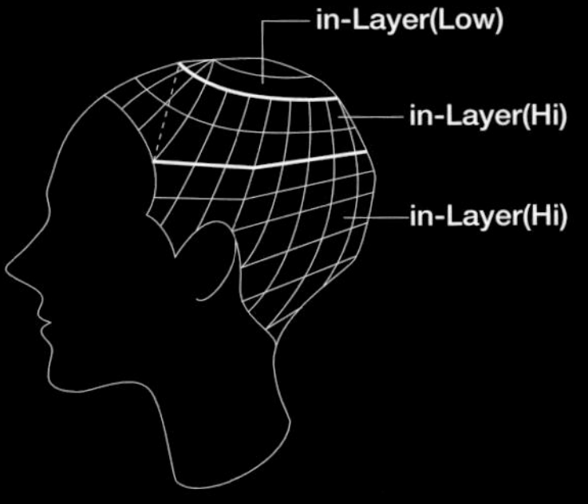

Layer / Layer / Layer / Gra

INNER THINNING

in-Layer(Low)
in-Layer(Hi)
in-Layer(Hi)

形態自体が重たいことと、アウトラインのコーナーが残り気味で量感が出やすいので、使用するインナーレイヤーは深い軌道で行う必要がある。

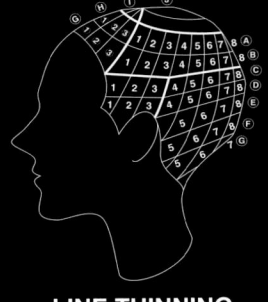

LINE THINNING

スタイルの量感から言って、オーバーゾーン全体にアンダーセニングを行い、空間を強調する必要がある。ハの字座標は束感を表現するにはとてもいいベースであると言える。

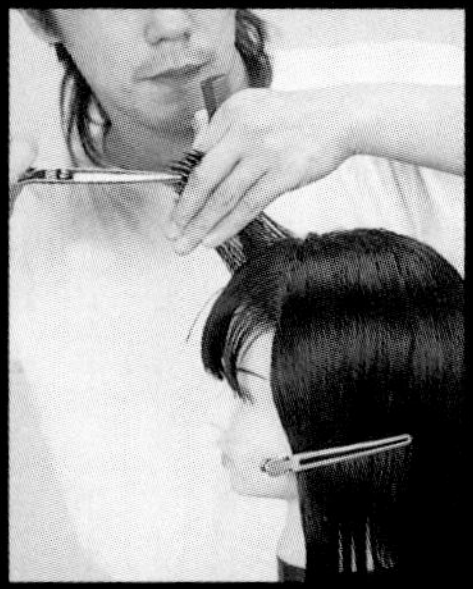

① 前髪をカット。眉にかかるあたりでアウトラインを設定してから縦パネルを引き出して、表面にレイヤーを入れる。

② バックのアウトラインを平行にカットして、そのまま切り進む。

③ サイドのアウトラインをほんの少しだけ前上がりになるようにカット。

④ バックの正中線上にレイヤーガイドをつくり、バック全体を放射状にカット。

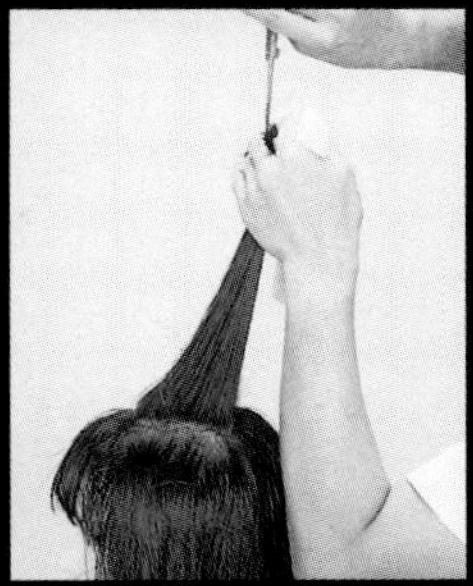

⑤ イア・トゥ・イアより前を④でカットされた長さをガイドにイア・トゥ・イア線に引き寄せカットを行う。

⑥ トップのレイヤーと全体をつなげるように放射状に引き出してカット。レイヤーが下まで入らないようにする。

⑦ フェースラインを引き出してレイヤーカット。その後、イア・トゥ・イアより前の髪を全てフェースラインの長さに引き出してカット。

⑧ インナーセニング。

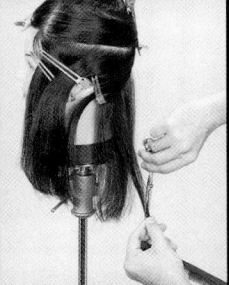

⑨ E F 座標にオーバーセニングとアンダーセニングを行い内巻きに収める。

⑩ C 座標にオーバーセニングを行い、収める。

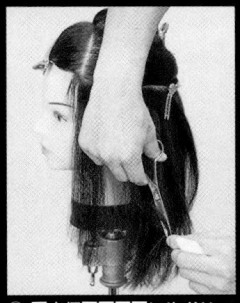

⑪ D 座標 1 2 3 4 にサイドセニングを入れ、前方に動かす。

⑫ A B 座標は、動きを出していくが特定の方向性をつけないように、サイドセニングを毛束の左右均等に行なう。

⑬ I J 座標を⑫よりも浅めにサイドセニング。

⑭ オーバーゾーン全体にアンダーセニングで浮力を与える。

⑮ イア・トゥ・イア後方の座標マスは、アンダーセニングを深めに行う。

⑯ カット終了。

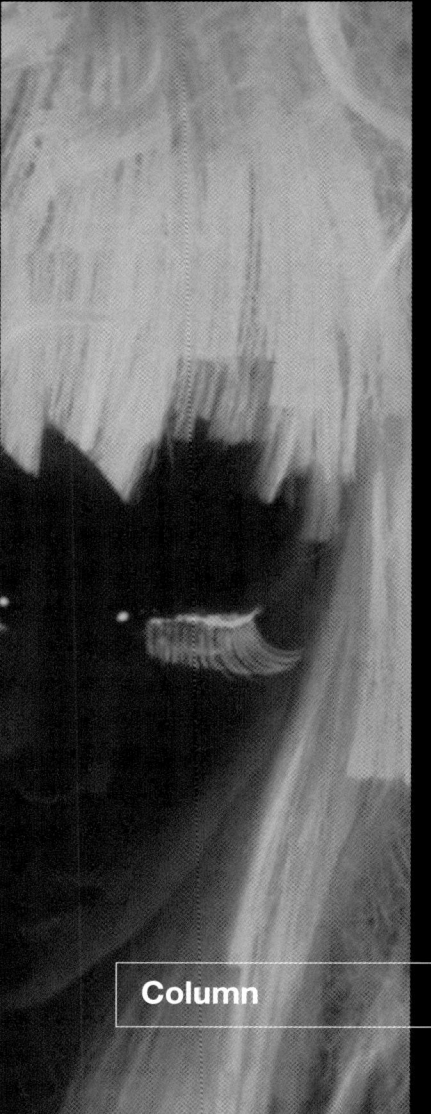

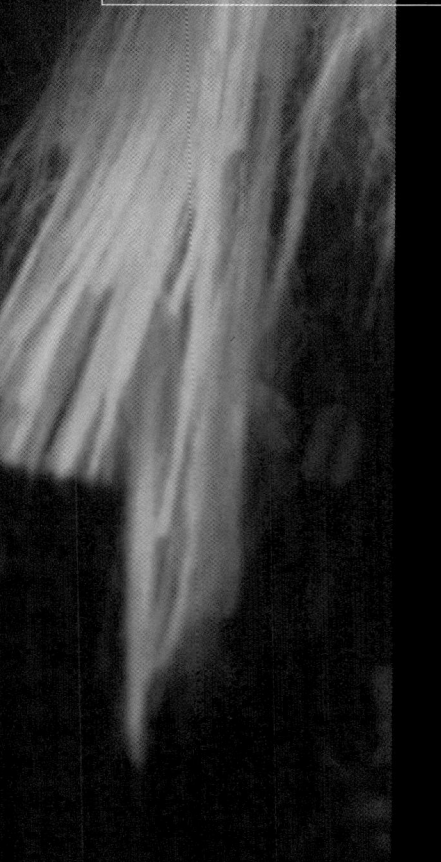

Column

DISCONNECTION .1

人生に転機が何度かあるとすると、自分の中で大きな節目になっているのは、縦パネルグラデーションと2ブロックのデザインとの出会いです。前者は、横のエレベーションでは、どんなに角度をつけても出せないシャープなフォルムに、後者はつなげるカットの方法論では難しかった、高い形の操作性と動きの大きさに衝撃を受けました。当時、自分は一通りのレッスンを終えて技術者になったばかりでしたが、この2つのデザインを見て、「もしかすると、技術の勉強はまだ、終わっていないのかもしれない…、カットには、まだ先があるのかもしれない…」と強く思ったものです。

ほどなくして、ロンドンのアランインターナショナルへカットの勉強に行き、カリキュラムの最後に縦パネルで切るグラデーションとディスコネクションを学びます。今、サロンで日々、追求しているデザインワークの手がかりのようなものをつかんで来るわけです。

ディスコネクションを使って、オリジナリティのあるヘアデザインを提供できるサロン———『Fiber Zoom』をスタートさせた時は、そんな気概に燃えていました。ただ、そうは言ってはみたものの、最初のうちは自分たちの仕事がうまく市場に受け入れられたとは言えず、苦い思いをしてきたことも事実です。

まず、肝心のお客様が集まりません。1日、3〜4人などということもよくありました。だんだん、後輩のスタッフたちも僕らの仕事を眉ツバものでみるようになります。「あの人たち、ディスコネとかナントカ、景気のいいこと言っている割に、お客がさっぱり来ないじゃない」と。これは、まずいということで、傷まないパーマとか、髪に優しいトリートメントとか、付け焼刃でいろいろな手を打ってみます。しかし、そもそも最初の出店目的がそこにないので、さっぱり身が入りません。気がつくと経営は火の車状態で、もう店をたたもうというところまで追い詰められます。

集客に役立ちそうなことは一通りやってみて、みんなで出した結論は、『もう一度、デザインワークの原点に返ろう』というものでした。首の皮一枚の状況で、僕らは最後の賭けに出ることになります。

当時、店舗のあった神戸では、縦パネルでボブを切ったり、ディスコネクションを使ったデザインというものが、ほとんどなかったため、好き嫌いは別にして『Fiber Zoom』でカットしたヘアスタイルというのは、一目瞭然でわかりました。つまり、オリジナルデザインを提案していこうという当初の

サロンコンセプトから、それほどズレた仕事をしたいわけではなかったのです。問題は、それをどう広げていくかという部分でした。

西欧人と日本人では、毛流や髪質といった素材に差があります。骨格自体の特徴も異なるので、同じデザインを切る場合でも、似合うライン取りやウエイトバランスが変わってきます。ここに対する配慮が足りなかったということに気がついて、それからは、毎晩、毎晩、スタッフミーティングです。日本の市場環境や嗜好を分析し、縦パネルで切るデザインやディスコネクションに様々な改良を加えていきました。外来の技術や文化がある地域に根付く時、新しい土地の環境に適合するように何らかの工夫が施される場合があります。僕らが志向していたヘアデザインにも、そんな助走期間が必要だったのだと思います。

とにかくスタッフ全員、寝食を忘れてウィッグに向かいました。その結果、1つのヒット作を生み出すことに成功します。それが、今で言うグラデーション・オン・グラデーションのデザインでした。ベースは縦パネルグラデーションで切られているので、ウエイト位置を高く上げられます。さらに、これを上下でディスコネクトさせることによって、ナチュラルなデザインの中でも、2ブロックの持っていた高い形態操作性を発揮させることが可能になりました。オーバーセクションのデザイン変化にアンダーセクションの形態変化が加わり、デザインのバリエーションが飛躍的に広がりました。過剰な削ぎやスタイリングに頼ることなく、ベースカットだけで、様々なデザインコントロールが可能になったのです。「ボブはボブでもあそこで切られたスタイルはどこか違う…」。ありがたいことに、街中で、お客様が広告塔になってくれました。それまで、閑古鳥が鳴いていたサロンは、急に息を吹き返します。お店が流行ったことはもちろんでしたが、それよりも「オレたちがやってきたことは、間違いじゃなかったんだ」と思えたことが何よりの喜びでした。

「ディスコネクションは一般のサロンユースに馴染まない」。90年代初頭には、そんな意見も多かったような気がします。しかし、実際はその逆でした。機能と機能を複合させる、形態と形態を組み合わせると、別の形と性質を持った新しいデザインが生まれてきます。まだ、数人しかいない小さなサロンで、暗中模索を繰り返しながら、僕らが遭遇したのは、その真実です。

以後、『Fiber Zoom』では、このナチュラル・ディスコネクション（見えないディスコネクション）を、サロンワークで全面的に展開していくことになります。

2SECTION CUT

CHAPTER
05

Zone and Section

2セクションカット

セクション同士をつなげずに
ベースをつくるという選択肢が増えたことで、
グラデーションとレイヤーは大きな機能拡張を果たしている。
1セクションという条件下では、限られていたデザインの幅が
ディスコネクションを用いることで格段に広がってきたのだ。
ベースの分割とグラデーション、レイヤーの形態融合──
2セクションカットの原理を紹介する。

【分化】differentiation
生物の発生過程において、①1つの単純な系または部分から、2つ
以上の性質の異なる系または部分を生ずること、また②その直接
的、間接的な結果として、新しい特性（分化形質）が発現してくる
ことをいう。──大百科事典（平凡社）より。

2セクションの考え方

1SECTION GRADATION

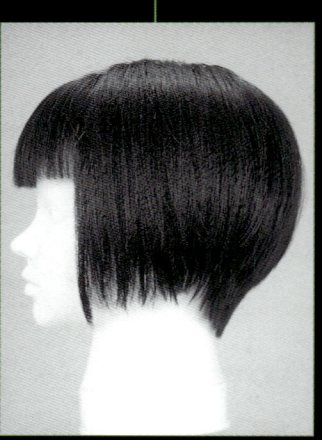

1SECTION LAYER

GRADATION ON GRADATION

LAYER ON GRADATION

GRADATION ON LAYER

LAYER ON LAYER

レイヤーとグラデーションの形態融合

2セクションの最大のメリットとして、デザインの広がりということが指摘できると思います。1つのガイドを起点に全てのパネルをつなげて切る方法論では、実現の難しかったデザイン多くが、2セクションを使うことによって、容易に提案できるようになりました。現在、市場に流通しているスタイルの中にも、そういったものはたくさんあるのです。

2つ目のメリットは、ディスコネクションを行なうことによって髪の堆積が減少しますので、ベースを切った時点で、量感調節機能が働くという点です。2セクションを使えば、1セクションカットに削ぎを加えていく方法より、はるかに少ない量感調節で、狙った形態や質感表現が可能になります。

さらに、上下でセクションを分割させるデザインは、2つのセクションで別の形状を組み合わせることができますので、イメージしたデザインとカットのプロセスを結びつけやすいという利点もあります。つまり、どう切ったら、あのスタイルに近づくのか、デザインの設計が容易になるということです。

方法自体は、ベーシックなレイヤーとグラデーションの組み合わせという、いたってシンプルな原理に基づいています。しかし、セクションを分割させることによって、大きく機能拡張を果たすのです。デザインワークの幅を広げる現代カットの基本アイテムとして、是非、この2セクションを活用してもらいたいと思います。

2セクションデザインの4つの基本形

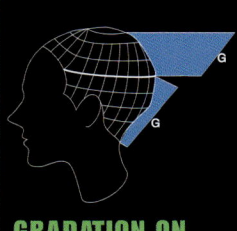

GRADATION ON GRADATION

上下のセクションとも同じカットの形状を持つため、非接続な印象は薄いが、1セクションのグラデーションに比べ、アウトラインを構成する髪の位置が高いため、動きやすく、ハチ周辺の量感も圧倒的に減少している。

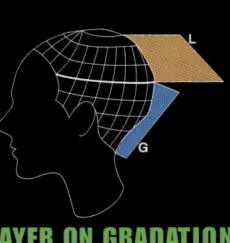

LAYER ON GRADATION

形態変化を目的としたディスコネクションの代表例で、2セクションの中で最も非接続な印象が強い。90年代中期まで、ヘアデザインの体系の中になかったが、特異な形態や個性を感じさせるところから、ストリート系の若者たちを中心に広がった。

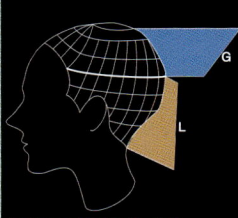

GRADATION ON LAYER

2セクションの中で、この組み合わせは最も新しい形態に属する。通常、上がグラデーション、下がレイヤーの組み合わせは、オーバーセクションに重さが発生してミスバランスになりやすい。適切なゾーン処理ではじめて可能になるスタイルだ。コンサバシーンから火がついて、一気に全国に普及したデザイン。

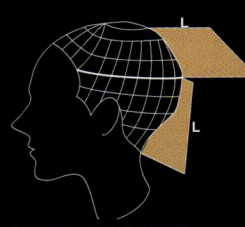

LAYER ON LAYER

2セクションの中で、最もデザインバリエーションが広く、サロンでも使いやすいスタイル。1セクションレイヤーに比べ、無造作な束感を表現させやすいことから、90年代の顧客ニーズに合致し、急速に広まった。

ベースデザインと動きの大きさ

2セクションの分割線(2セクションライン)は、頭のハチ下に設定します。理由の1つめは、ハチ上の髪をオーバーセクション側に置くためです。もし、ハチの部分をアンダーセクションに持ってきてしまうと、ここにボリュームが発生する原因になります。「2セクションで切ったけれど、うまく収まらない」という声の大半は、このセクションラインの取り方に問題があるようです。

2つめの理由として、ハチ下の分割は、上下の堆積バランスを取りやすいということが挙げられます。全ての2セクションに共通して言えることですが、上下のバランス感はオーバーセクションとアンダーセクションの堆積比に大きく左右されます。一般に、ハチの部分は頭の外周線で最も骨格の張り出しが目立ちます。したがって、この部分の量感を減らすことでデザインをタイトに見せることが可能になるのです。

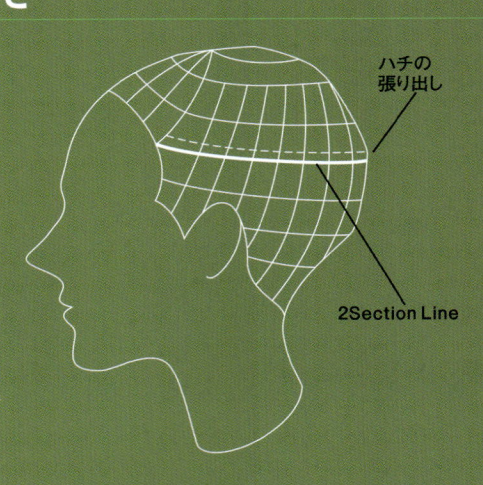

ハチの張り出し / 2Section Line

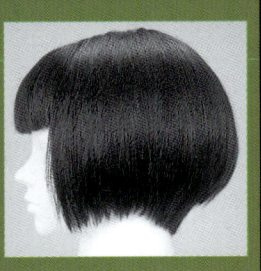

2セクションラインが低いために、上下で髪の堆積バランスが崩れて、重い印象になってしまった例。

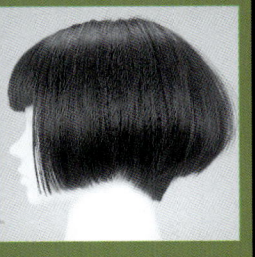

2セクションラインが高い位置(ハチ上)に設定されている例。ハチ上の髪が立ち上がって、オーバーセクションを押し上げてしまっている。

Zone and Section　　#03_2 SECTION CUT

2セクションデザインのバリエーション

GRADATION ON GRADATION

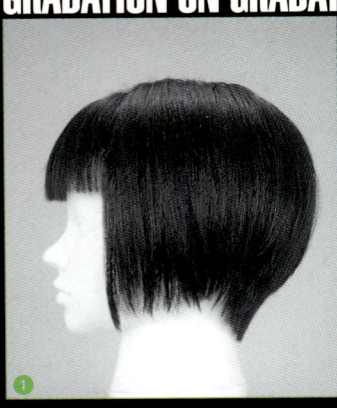

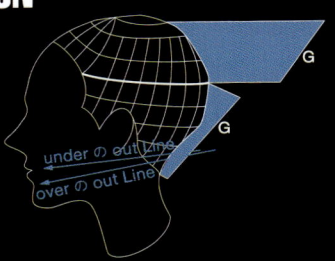

①両セクションとも前下がりのアウトラインで、オーバーセクションのアウトラインがアンダーセクションより長めに設定され、オーバーラップしている。もう少しオーバーセクションの削ぎを減らすと透過性がなくなり、2セクションであることが見えなくなる。

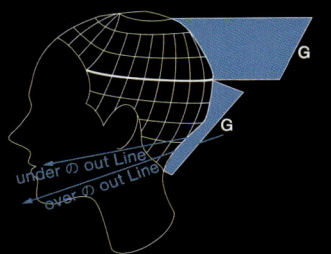

②ライン取りの構成は①と同一だが、傾斜角度がついているため、スタイルがシャープな印象になっている。また、ラインのズレ幅も広くオーバーセクションにラインセニングを多用している関係で、より大きな動きと透過性が表現されている。

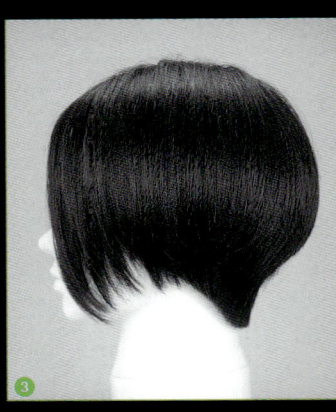

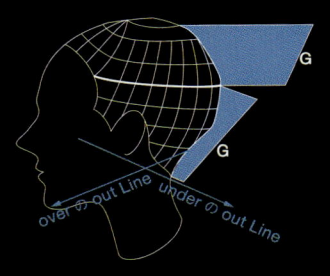

③両セクションのアウトラインが逆転交差しているが、長さのズレ幅が小さく、オーバーセクションのゾーン処理も控えめに行なっていることから、極端なコントラスト、透過性は見られない。

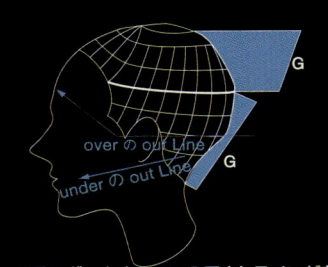

④アンダーセクションのアウトラインが前下がり、オーバーセクションのアウトラインが前髪とつながるように高い位置に設定されている。2セクション特有の量感調節機能が働いているが、今はゾーンの進化で、1セクションで切られることが多い。

LAYER ON GRADATION

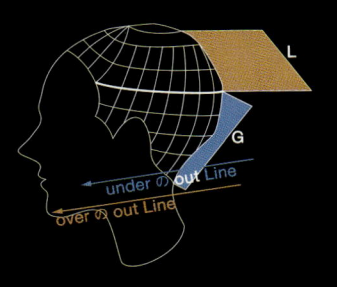

⑤上下のセクションとも前下がりに切られ、アウトラインがオーバーラップしている状態。その結果、オーバーセクションの下にアンダーセクションのグラデーションの形態が透過して見えるデザインになっている。

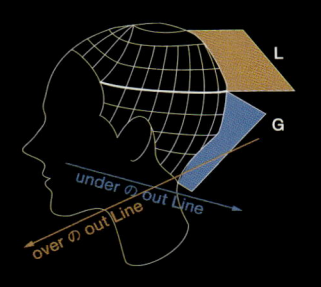

⑥アンダーセクションとオーバーセクションのアウトラインの傾斜が逆なので、⑤と比較するとデザイン的なコントラストが大きく、よりアグレッシブな印象になっている。

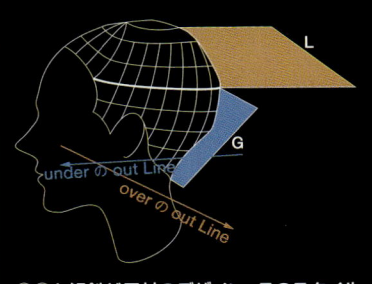

⑦⑥と傾斜が反対のデザイン。このスタイルもアウトラインの逆転交差のため、コントラストが強くなっている。前方はアンダーセクション、後方はオーバーセクションの形態的な印象が強くなっている。

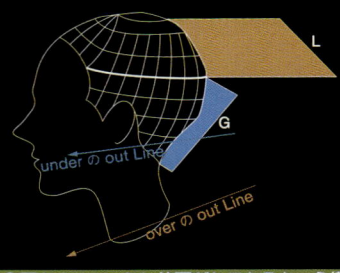

⑧両セクションとも前下がりであるという構造は⑤と同じだが、アウトラインの長さのズレ幅が大きいために、オーバーセクションのレイヤーがベール状になり、強いインパクトを与えるスタイルとなっている。

052 | ZONE AND SECTION

ここでは、2セクションの代表的なデザイン例を挙げています。長さ設定や傾斜角度に変化をつけることで、バリエーションは幾つにも広がりますので、これをベースに展開力をつけていただければと思います。

GRADATION ON LAYER

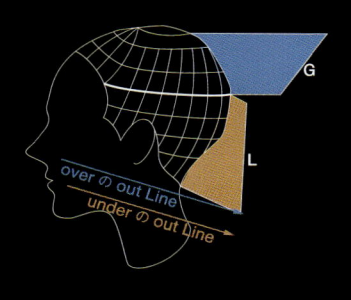

⑨両セクションとも後下がりで構成されているデザイン。素材の問題で日本人にはあまり一般的でなかったローレイヤーカットのイメージが表現されている。

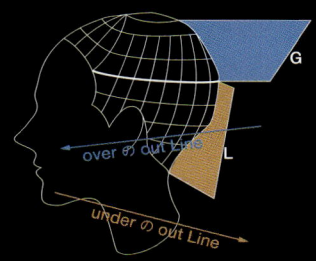

⑩⑨とアンダーのセクションの傾斜は一緒だが、オーバーセクションが前下がりでカットされているために、カジュアルな印象になっている。その雰囲気を生かすため、ゾーン処理によってフェザータッチの質感を出している。

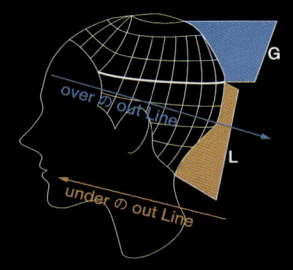

⑪両セクションの傾斜は⑨と同じだが、前髪を短めに設定し、オーバーセクションのアウトラインを高めに設定している。グラデーションにあまり長さがないため、動きはそれほど発生せず、コンパクトに収まった印象になっている。

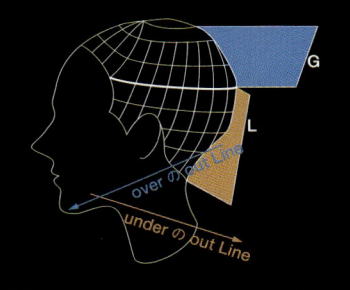

⑫⑩と比べると、オーバーセクションの前髪とラインの急傾斜のために、ボブのコーナーが強調され、シャープな印象を与えている。一方のアンダーセクションは柔らかい印象なので、強いコントラストが表現されている。

LAYER ON LAYER

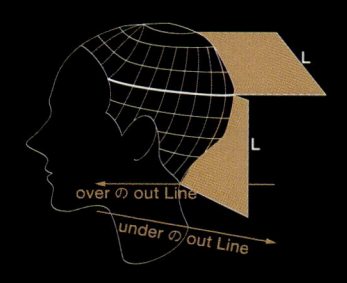

⑬アンダーセクションがやや後下がりで、オーバーセクションが平行。両者のアウトラインのズレ幅が、ごく平均的なレイヤー・オン・レイヤーの形態。

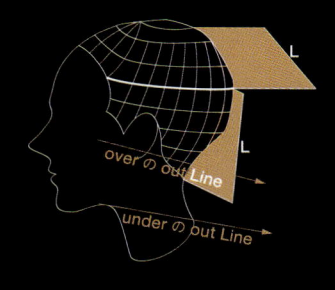

⑭長さのズレ幅は⑬とほぼ同一だが、オーバーセクションが後下がりでカットされているため、カジュアルではあるが、女性らしい印象に仕上っている。

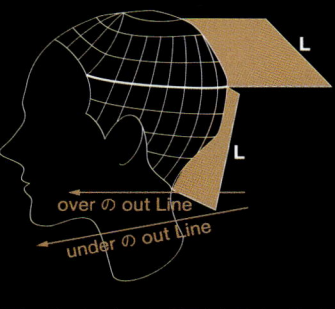

⑮アンダーセクションのアウトラインが、極端な前下がりになっているため、かなりアグレッシブな印象になっている。

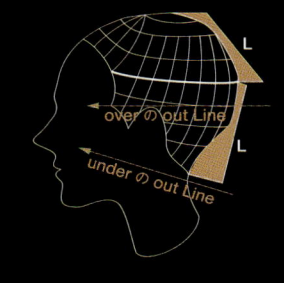

⑯オーバーセクション、アンダーセクションともハイレイヤーでカットされたボーイッシュなショートスタイル。レングスの設定を変えることでさらにデザインの幅を広げることができる。

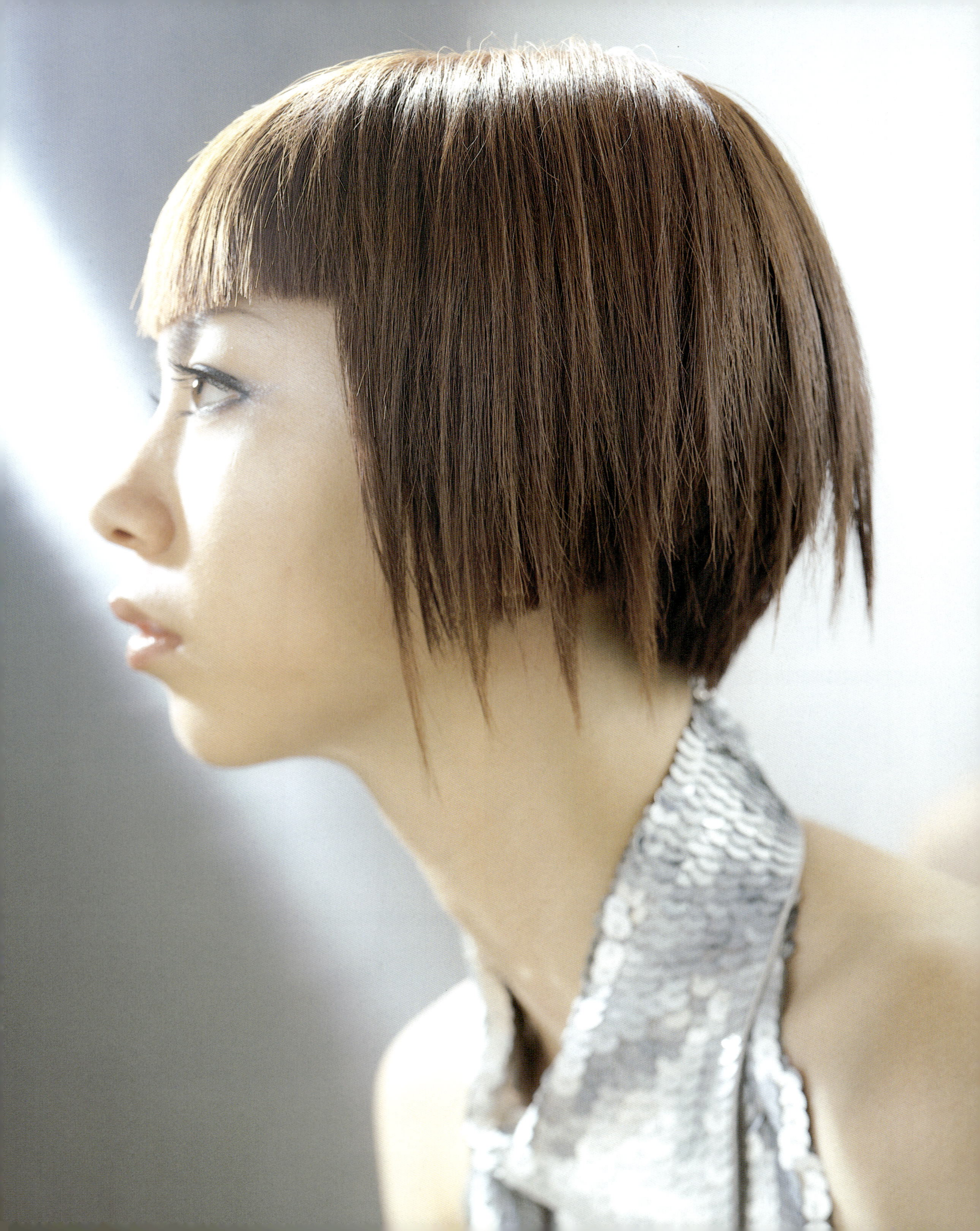

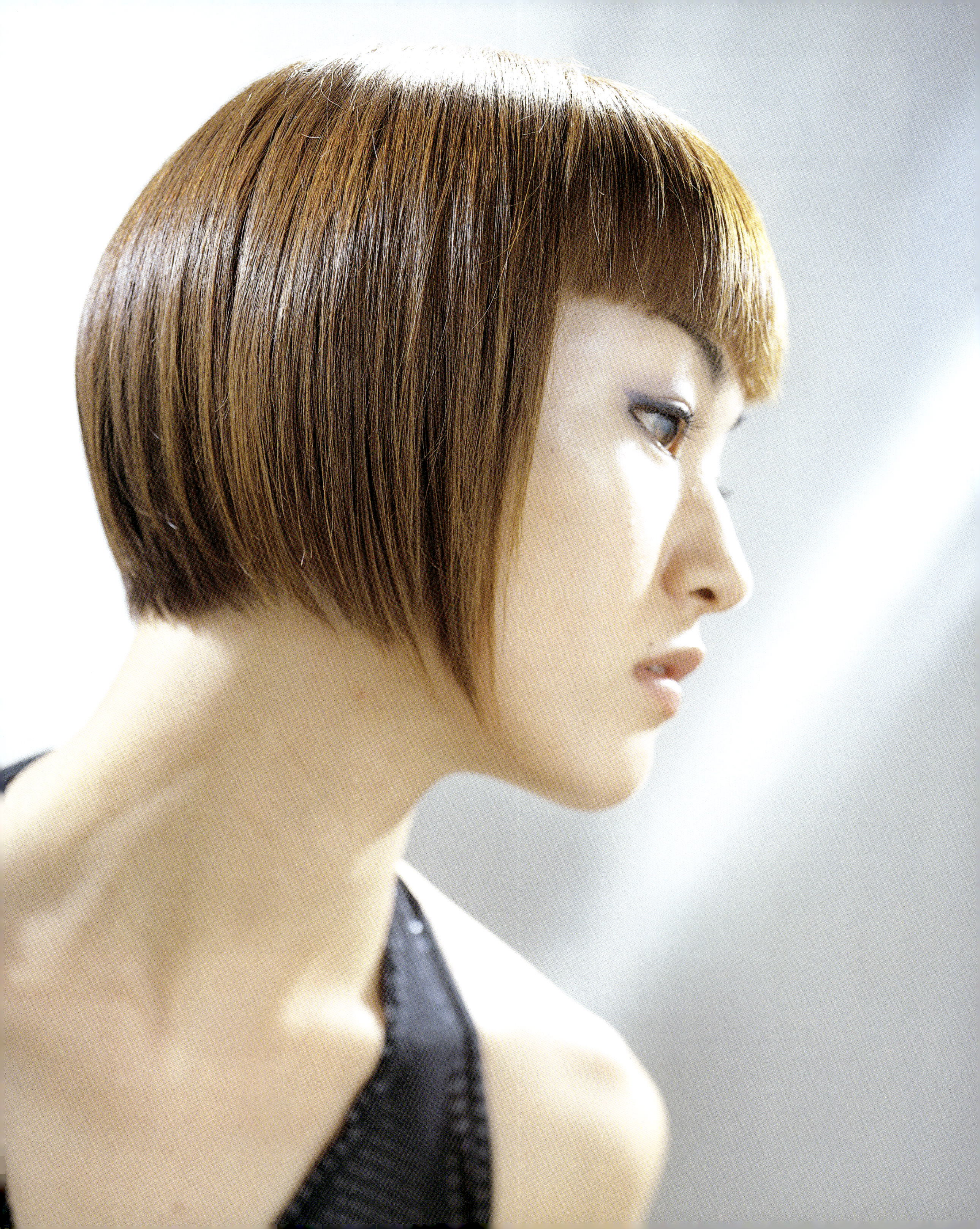

Zone and Section TECHNIQUE 10

オーバーセクションの下にアンダーセクションの形態が透けて見えるグラデーション・オン・グラデーション

DESIGN POINT アンダーセクションとオーバーセクションの長さのズレ幅が大きいことと、オーバーセクションに大胆にインナーセニング、ラインセニングを使用することによって『透過』という現象が発生している。2つの角度の違うボブが重なっている形状をデザインのアクセントとして「見える」ように処理している。

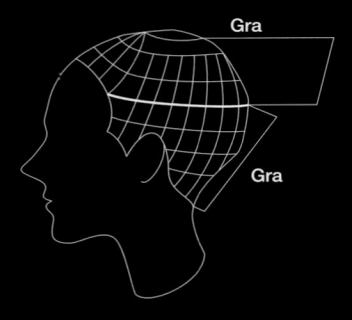

SECTION

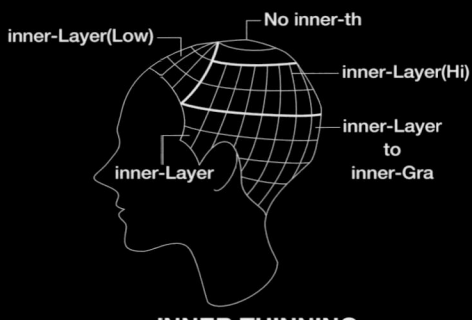

Gra
Gra

INNER THINNING

inner-Layer(Low)
No inner-th
inner-Layer(Hi)
inner-Layer
inner-Layer to inner-Gra

オーバーセクションをよりフラットにするために、AB座標にインナーレイヤーを深めに行っている。面の美しさを損なわないようにIJ座標はインナーセニングを行わない。

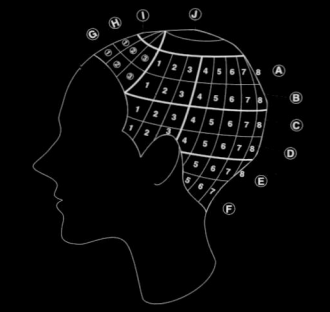

LINE THINNING

AB座標にサイドセニングを均等に、かつ深めに行うことで、シャープな束感が発生して、オーバーセクションの下のアンダーセクションに透過して見える状態になっている。

① アンダーセクション。正中線上にグラデーションのガイドをつくる。
② ①をガイドに縦パネルでカットしていく。 
③ サイドは耳後ろまで引いてカット。 
④ ドライ後、インナーセニング。 
⑤ EF座標が収まるように浅めにオーバーセニング。 
⑥ C座標に深めにオーバーセニングを行う。D座標1234はラインを残すためにラインセニングは行わない。 
⑦ 前髪をノーテンションでカット。ラインが硬くなりすぎないようにポイントカットでカット。 
⑧ オーバーセクションのアウトラインをカット。スタイル11と比較して前傾角度を強くしてアンダーセクションのアウトラインとのズレ幅が大きくなるようにする。 
⑨ 指1本のグラデーションで⑧に合わせて全体をカット。 
⑩ バックの正中線上からグラデーションを軽くしていく。 
⑪ 前方に進むにつれて、徐々に後ろに引き出すように。 
⑫ トップに発生するグラデーションのカドを落す。 
⑬ オーバーセクションをドライ後、インナーセニング。 
⑭ AB座標に、前後均等に深めのサイドセニングを行う。 
⑮ IJ座標は浅めのサイドセニング。さらにオーバーセニングを浅めに入れて収まりをよくする。 
⑯ カット終了。

Zone and Section TECHNIQUE 11

2セクションを量感調節目的で使用した
グラデーション・オン・グラデーション

DESIGN POINT えり足ギリギリの長さの重ためのボブをワンセクションでカットすると、日本人の場合ボリュームが出すぎてしまう。今回は2セクションの効果で適切なボリュームに仕上がっている。見えないディスコネクションの原理をシンプルに使用したスタイル。

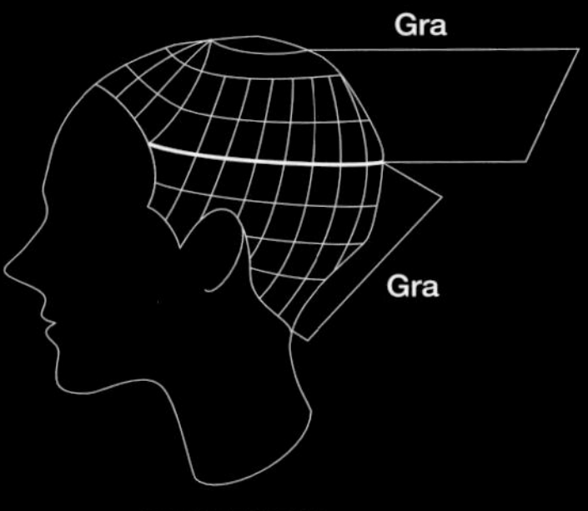

SECTION

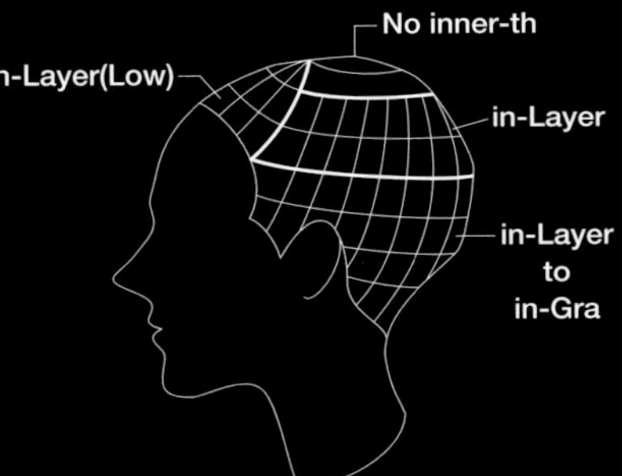

INNER THINNING
アンダーセクションはインナーレイヤー・トゥ・インナーグラデーションでフラットにしながら、アウトラインは締めるようにする。

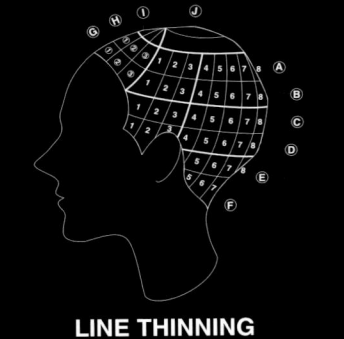

LINE THINNING
面のもつ美しさを保つために、オーバーセクションのラインセニングは収める程度に、控えめに使用している。

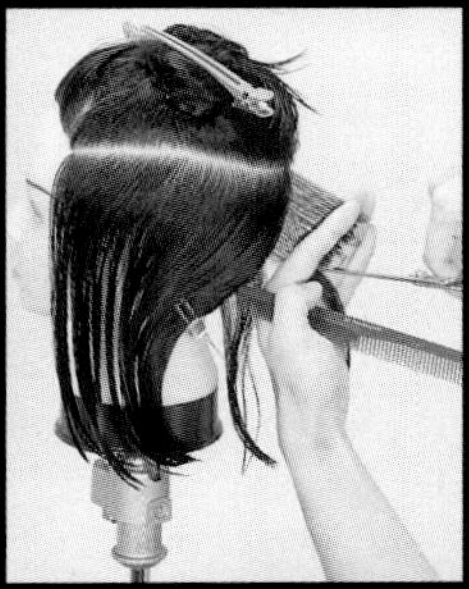

① アンダーセクション。正中線上にグラデーションでガイドをつくる。

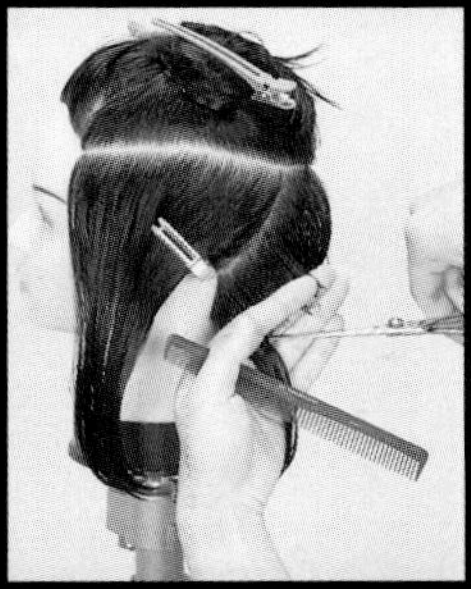

② ①をガイドに縦パネルで耳後ろまでカットしていく。

③ サイドは耳後ろまで引き寄せてカット。

④ ドライ後、アンダーセクションにインナーセニング。

⑤ **E F** 座標をオーバーセニングで収める。

⑥ **C** 座標は⑤よりも深めにオーバーセニングを行う。

⑦ **D** 座標 **1 2 3 4** はサイドセニングをきわめて浅めに入れて、やや前方に動かす。

⑧ 前髪をノーテンションでカット。ラインが硬くなりすぎないように浅めのポイントカットでカット。

⑨ オーバーセクションのアウトラインをカット。指1本のグラデーションで前下がりに。アンダーセクションのアウトラインをオーバーラップする長さでカットする。オーバーセクションはすべて指一本のグラデーションでカット。

⑩ トップに生まれるグラデーションのカドを落す。

⑪ ドライ後、**A B** 座標すべてにインナーセニングを入れる。

⑫ **A B I J** 座標全体にオーバーセニング（アウトカーブ）を浅く入れて、若干軽くしながら収まりやすくする。

⑬ **A B** 座標の **1 2** のみ、サイドセニングを深めに入れて、前方に動きをつける。

⑭ 前髪にインナーレイヤーを浅めに入れる。丸みを抑えてフラット感をプラスする。

⑮ ネープのアウトライン **F** 座標にルーツセニングを入れる。

⑯ カット終了。

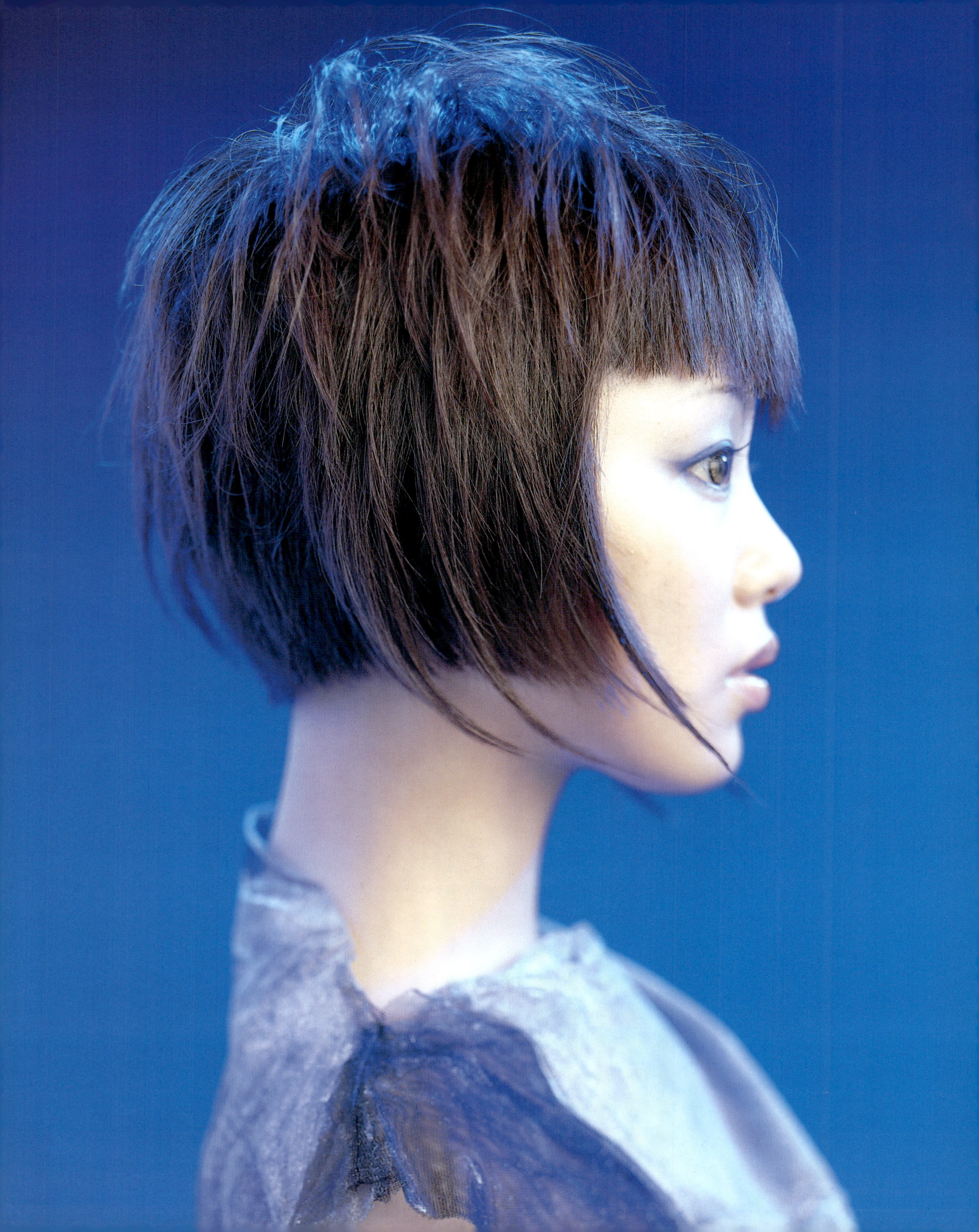

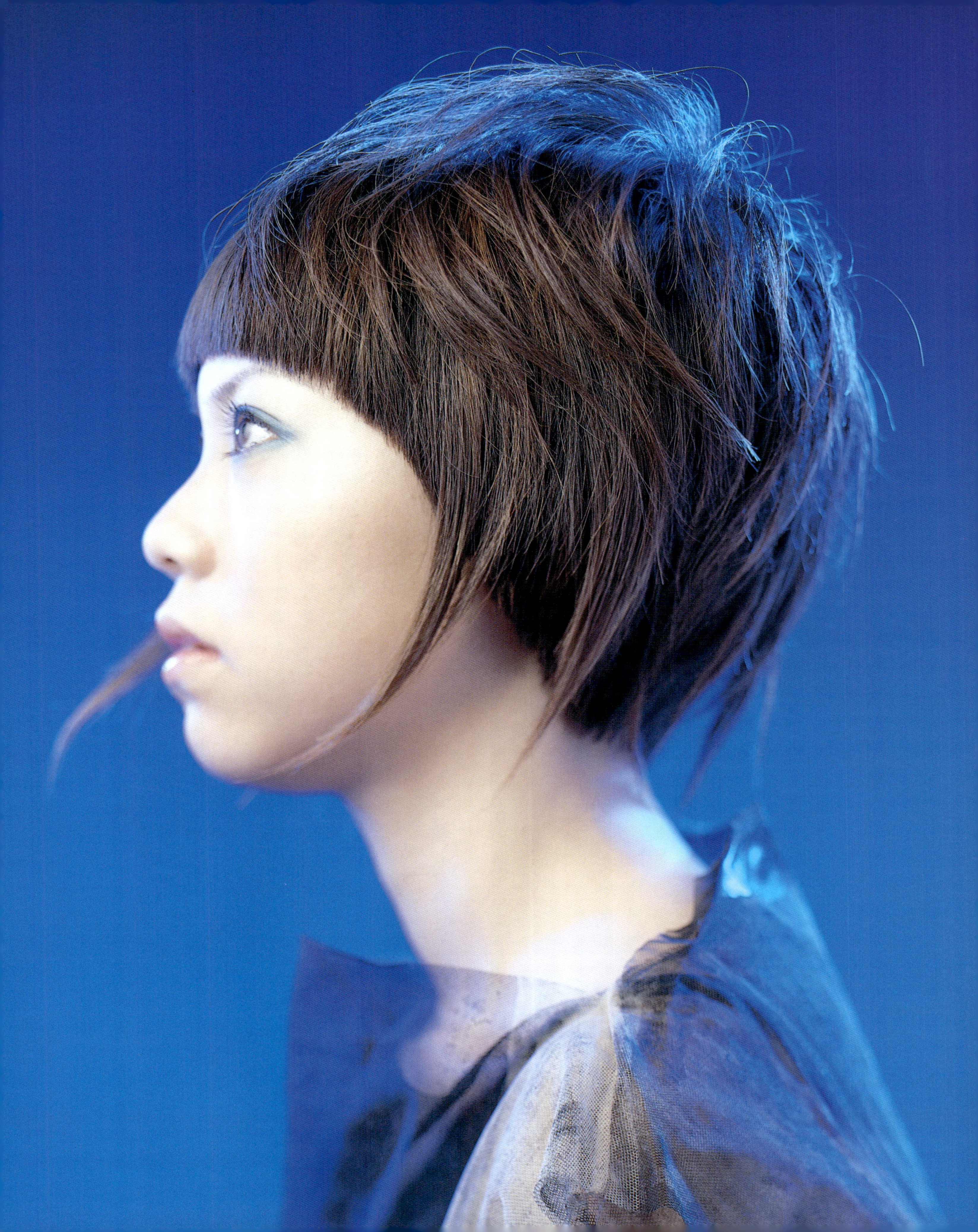

Zone and Section TECHNIQUE 12

角度の違う前下がりのラインを組み合わせた アグレッシヴなスタイル

DESIGN POINT　グラデーション・オン・グラデーションと比較して、オーバーセクションに大きな動きをつくりやすい。レイヤーとグラデーションという異質な切り口を組み合わせることで、つながっていないことが見えやすい。上下それぞれの形態のもつ性質を強調するようにゾーンを使用している。

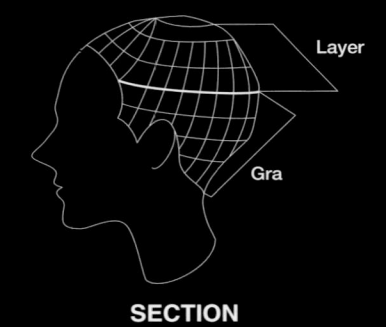

SECTION

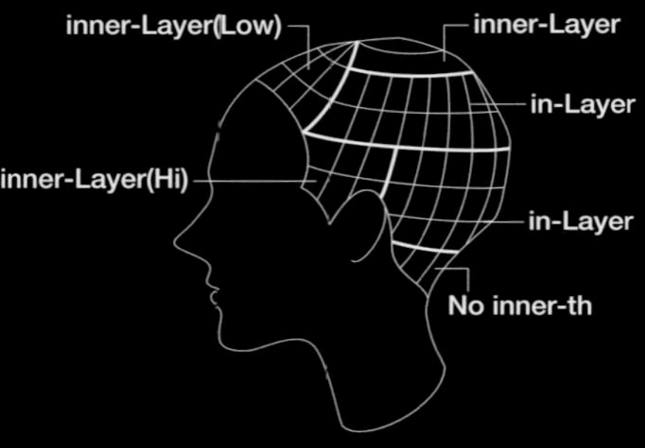

Layer / Gra
inner-Layer(Low) / inner-Layer
inner-Layer(Hi) / in-Layer
in-Layer
No inner-th

INNER THINNING
前方が長いスタイルなので、テンプルゾーンはインナーレイヤーの起点を深めに設定し、前方が重くなりすぎないようにカットしている。

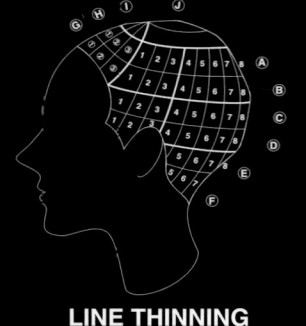

LINE THINNING
アンダーセクションはアウトラインをはっきり残したいので、ラインセニングは控えめに入れている。オーバーセクションはアンダーセクションとは正反対に、大きな動きと透過を発生させるために大胆にラインセニングを入れる。

① アンダーセクションのアウトラインをやや前下がりにカット。

② バックの正中線上にグラデーションのガイドをつくる。

③ ②をガイドに縦パネルで後方に引きながら前方までカット。

④ ドライ後、アンダーセクションにインナーセニングを入れる。

⑤ オーバーセニングでCD座標4～8を量感を減らしながら収める。

⑥ C座標にはやや深めに、D座標にはやや浅めにオーバーセニングを入れる。

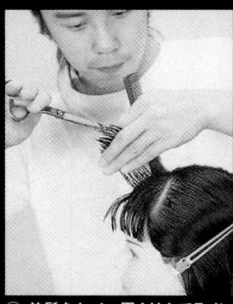

⑦ 前髪をカット。眉より上でラインをつくってから縦でパネルを引き出し、表面にレイヤーを入れる。

⑧ オーバーセクションのアウトラインをカット。アンダーセクションのアウトラインよりも傾斜角度の強い前下がりにカットする。

⑨ トップの正中線上にレイヤーのガイドをつくる。

⑩ サイドは、取れるところまですべて⑨に引き寄せてカット。

⑪ バックも、⑨をガイドに放射状にカット。

⑫ ドライ後、オーバーセクションにインナーセニング。

⑬ AB座標の交点にハイド・セクション（P82参照）をつくり、サイドセニングを深めに入れて前方に動

⑭ H座標をオーバーセニングで収めながら、量感を減らす。

⑮ AIJ座標にアンダーセニングを深めに入れて浮力をつける。

⑯ カット終了。

Zone and Section TECHNIQUE 13

オーバーセクションはアシンメトリーな前下がりのレイヤー、アンダーセクションは重めの後下がりのグラデーションでカットされたレイヤー・オン・グラデーション。

DESIGN POINT

スタイル12と比較すると、オーバーセクションとアンダーセクションの角度の設定が正反対になっていることでコントラストがさらに強調されている。このようにレイヤー・オン・グラデーションのパターンは2セクションの形態コントロールによるアグレッシブな表現がもっとも行いやすい。

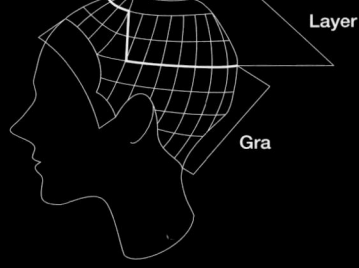

SECTION

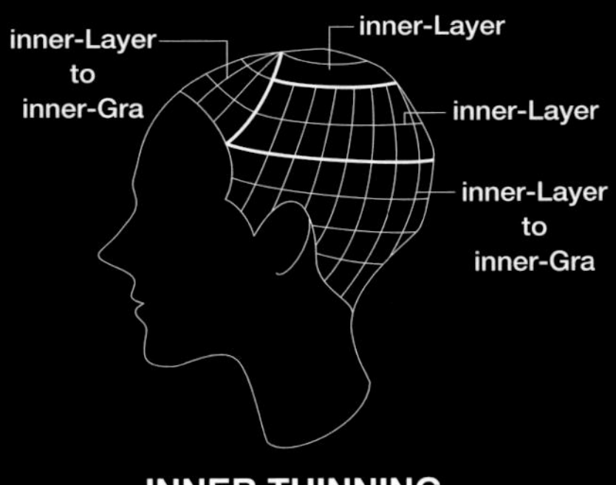

Layer
Gra

INNER THINNING

inner-Layer to inner-Gra
inner-Layer
inner-Layer
inner-Layer to inner-Gra

アンダーセクションはアウトラインの締まりが欲しいので、インナーレイヤー・トゥ・インナーグラデーションを使用している。

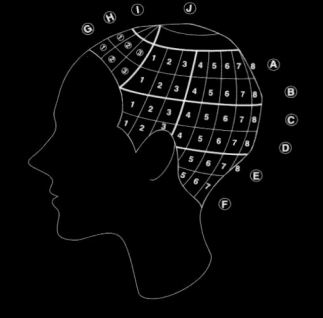

LINE THINNING

上下のセクションの動きと質感の性質が大きく異なるスタイルでは、つなぎの部分のソギをうまく処理することが重要。このスタイルではH座標がつなぎの役割をしている。

① アンダーセクション。フェースライン上を引き出しグラデーションでカット。

② 徐々にパネルを起こしながら、バックの正中線まで切り進む。

③ 再度、正中線上からバック全体を放射状にグラデーションでカットし、バックに締まりをつくる。

④ ドライ後、アンダーセクションにインナーセニングを入れる。

⑤ 浅めにオーバーセニングを入れ、E F 座標を収める。

⑥ C 4 ～ 8 座標にやや深めにオーバーセニングを入れる。

⑦ テンプルゾーンは、C 1 2 3 のみオーバーセニングを入れる。D 1 2 3 は重いラインを残すためラインセニングは入れない。

⑧ フロントをアンダーセクションとつなげるようにラウンド状にカット。

⑨ オーバーセクションのアウトラインを前下がりにカット。そのまま指1本のグラデーションで上まで切り進む。

⑩ トップの正中線上にレイヤーのガイドをつくる。

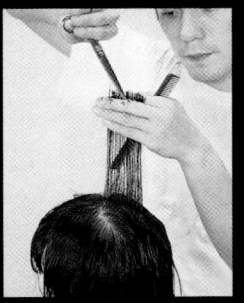

⑪ サイドは取れるところまですべて⑩に引き寄せてカット。バックは放射状にレイヤーでカット。

⑫ オーバーセクションはドライ後にインナーセニング。

⑬ A B 座標にサイドセニングを深めに入れて前方への動きをつくる。

⑭ H 座標に浅めのオーバーセニングと、左右均等のサイドセニングを入れて、フロントの表情が重くなりすぎないようにする。

⑮ I J A 座標にアンダーセニングを大胆に入れて、大きな浮力をつくる。

⑯ カット終了。

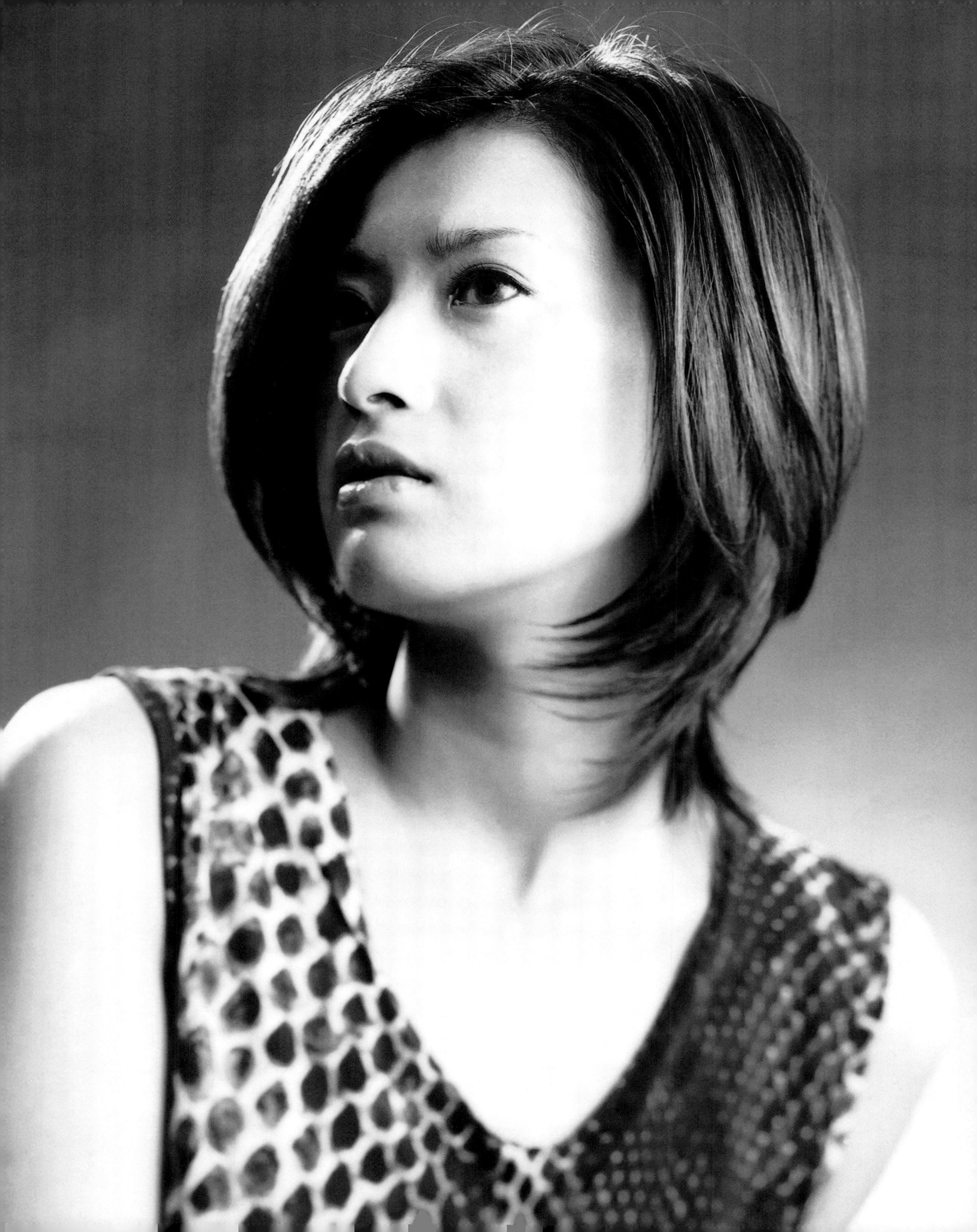

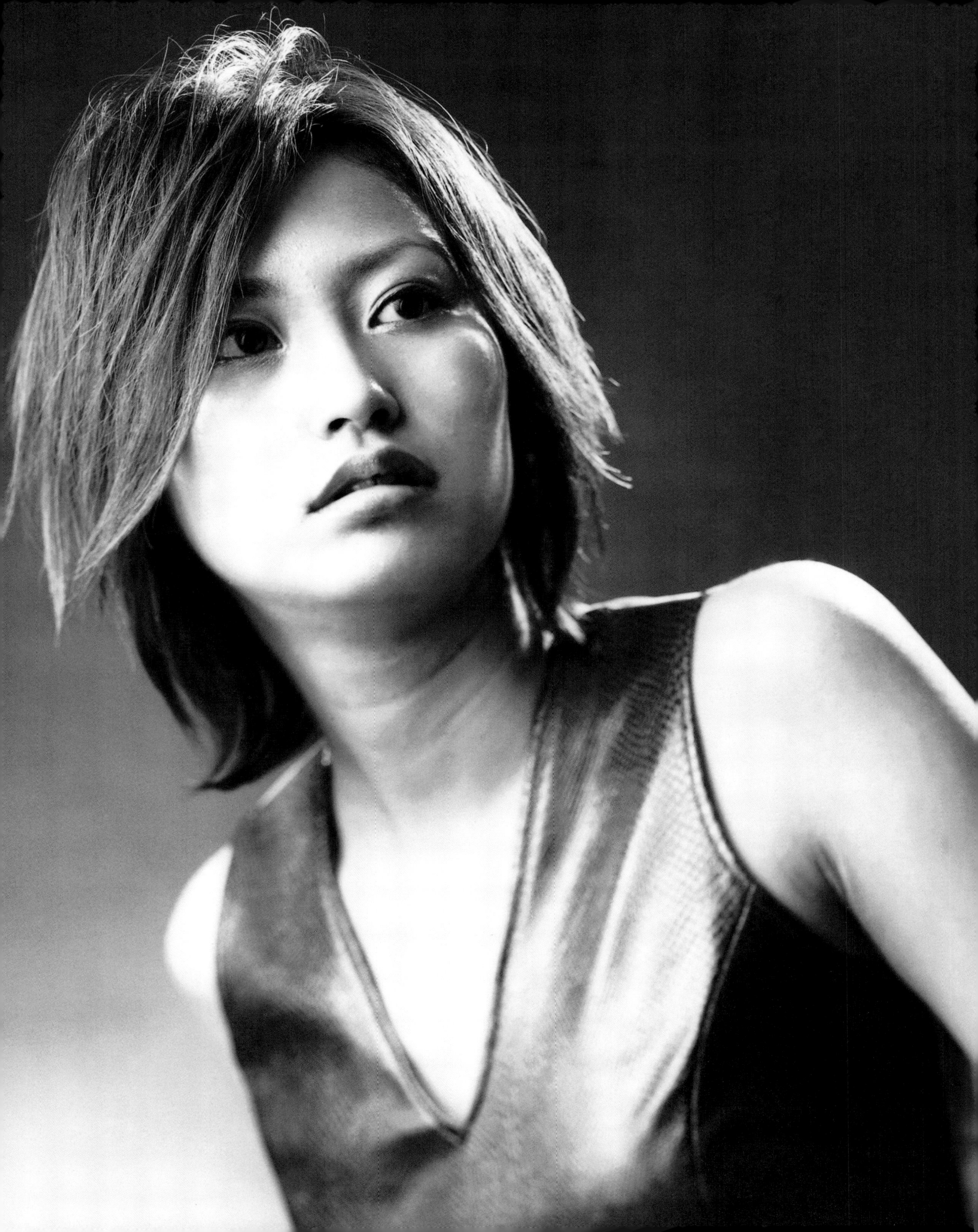

Zone and Section TECHNIQUE 14

リバース・グラデーションの重ための形態と女性らしい髪の動きに、レイヤーでカットされた軽いアウトラインを組み合わせる。

DESIGN POINT トップは長めで女らしく、アウトラインは不揃いで無造作に。エレガント派の女性に人気のパターン。2セクションでカットするだけではトップの量感が重くなりやすいので、ゾーンによる A 座標の量感調節が必要になってくる

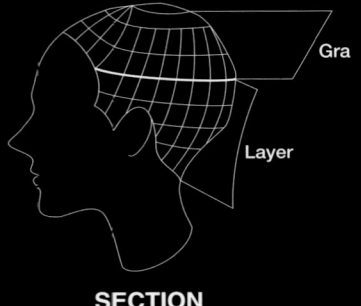

SECTION

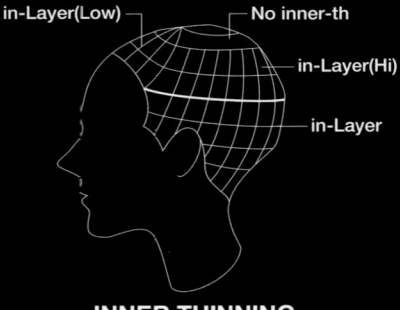

Gra
Layer

INNER THINNING

in-Layer(Low)
No inner-th
in-Layer(Hi)
in-Layer

この形態パターンは A 座標の量感を減らすことがポイントなので、オーバーセクションのインナーレイヤーの起点はかなり深めに設定する。

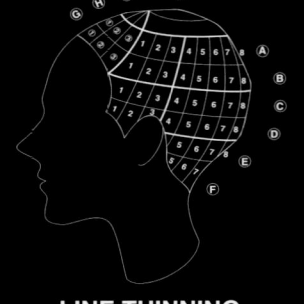

LINE THINNING

オーバーセクションの形態がリバースに動く性質を持っているので、それを助けるようにラインセニングを使用している。

① アンダーセクションのアウトラインを前上がりにカット。

② バックの正中線上からレイヤーカット。縦パネルで切り進む。

③ 三つ襟から前はラインがえぐれないように後方に大きく引き寄せてカット。

④ さらに前方からレイヤーを入れていく。

⑤ ドライ後、アンダーセクションにインナーセニングを入れる。

⑥ C 2〜8、D 4〜8 は、オーバーセクションを深めに入れて収めながら量感を減らす。

⑦ E F 座標すべて、D 1 2 3、C 1 はサイドセニングを浅めに入れて、前方に向かって動かす。

⑧ オーバーセクションはフロントからグラデーションカット。

⑨ ⑧をガイドに、パネルを徐々に起こしながら後方に切り進む。

⑩ 再度、バックの正中線上から放射状にグラデーションカット。バックに生まれる重さを取り除く。

⑪ トップに少しだけレイヤーを入れて、グラデーションの重さをやや軽くする。

⑫ ドライ後、オーバーセクションにインナーセニング。

⑬ A B 座標にサイドセニングを深めに入れて、後方に向かって動かす。

⑭ H I J 座標にアンダーセニングで浮力を与える。

⑮ H I J 座標に A B 座標と馴染ませるようにサイドセニングを浅めに入れる。

⑯ カット終了。

… Zone and Section TECHNIQUE 15

ナチュラル&カジュアルがコンセプトのグラデーション・オン・レイヤー

DESIGN POINT

14と比較して、オーバーセクションが前下がりであること、使用したラインセニングが滑らせながら行われていること、アンダーセニングによる浮力の処理が大胆にされていることで、グラデーション・オン・レイヤーの女性らしい形態に、カジュアルで無造作な印象がプラスされている。

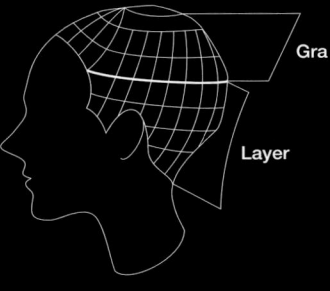

SECTION

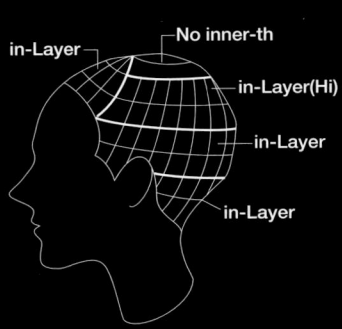

INNER THINNING

14と比較すると、このスタイルはオーバーセクションの量感がスタイルラインセニングによって大きく減っているので、アンダーセクションはダブルインナーレイヤーで上下のバランスを保っている。

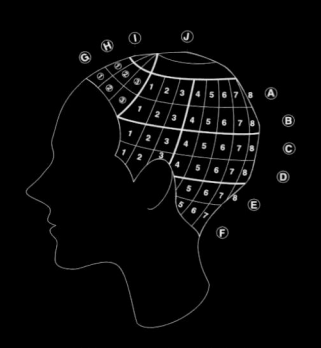

LINE THINNING

G座標は毛先にハネをつくるため、オーバーセニングでインカーブにしている。オーバーセクションは全体的にハサミを滑らせながら作業することで、ややがさついた質感を出している。

① アンダーセクションのアウトラインを前上がりにカット。

② バックの正中線上からレイヤーのガイドをつくる。

③ ②をガイドに、後方に引き出しながらレイヤーカット。前方まで切り進む。

④ さらにフェースラインからレイヤーカット。

⑤ ドライ後、アンダーセクションにインナーセニング。

⑥ E F 座標を浅めのサイドセニングで前方に動かす。

⑦ C 2〜8, D 4〜8 をオーバーセニングで収める。

⑧ C 1, D 1 2 3 を浅めのサイドセニングで前方に動かす。

⑨ オーバーセクションのアウトラインを指1本のグラデーションで前下がりにカットする。

⑩ バックから放射状にグラデーションカット。グラデーションを軽くしていく。

⑪ 前方に進むにしたがって、後方に大きく引き出してカット。

⑫ トップにごくわずかにレイヤーを入れる。

⑬ オーバーセクションはドライ後にインナーセニングを入れる。

⑭ A B 座標にハサミを滑らせながら浅めのサイドセニングを入れて、前方に動かすとともに質感を出していく。

⑮ A B H I J 座標にハサミを滑らせながらアンダーセニングを入れて、浮力とともに質感をつくる。

⑯ カット終了。

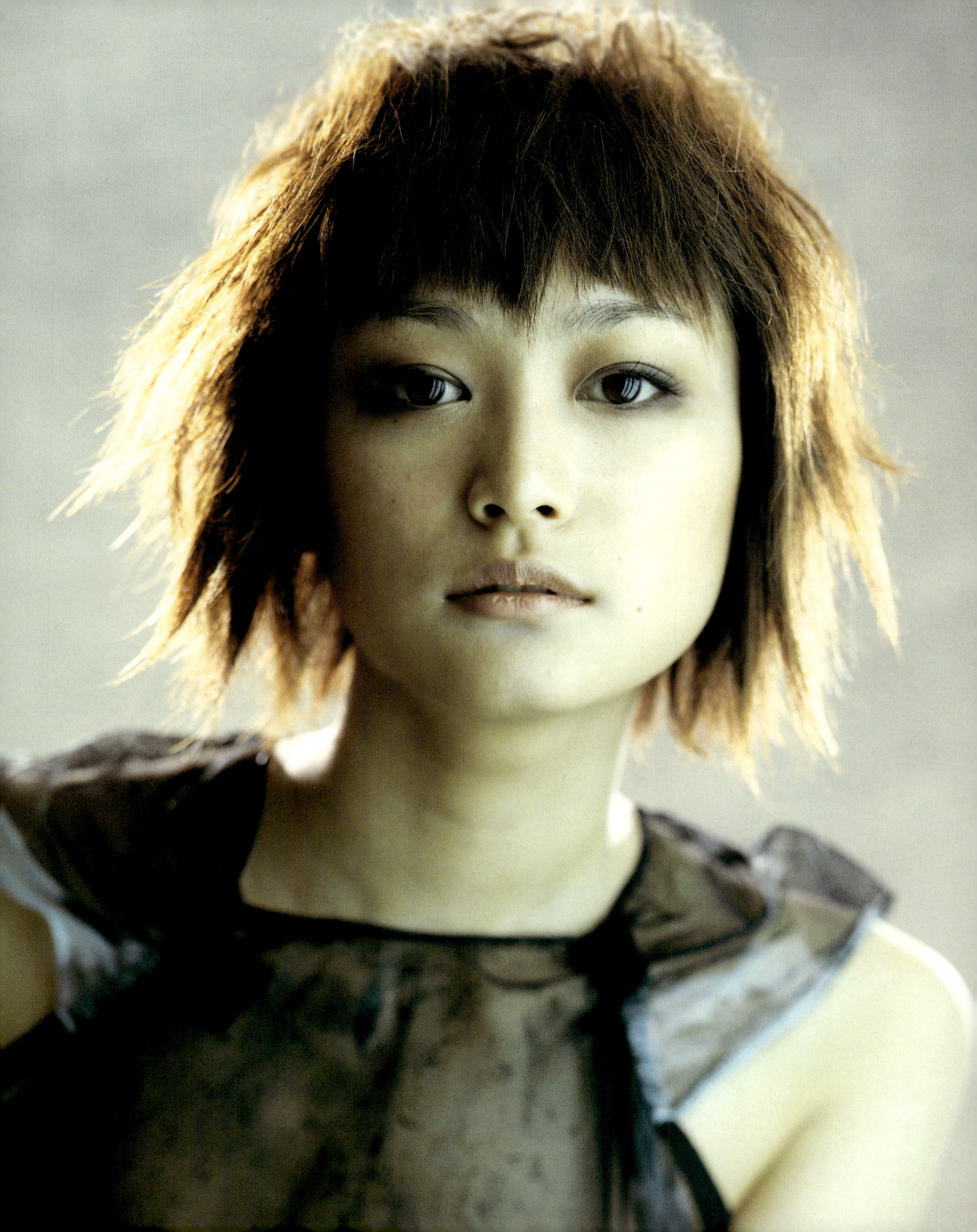

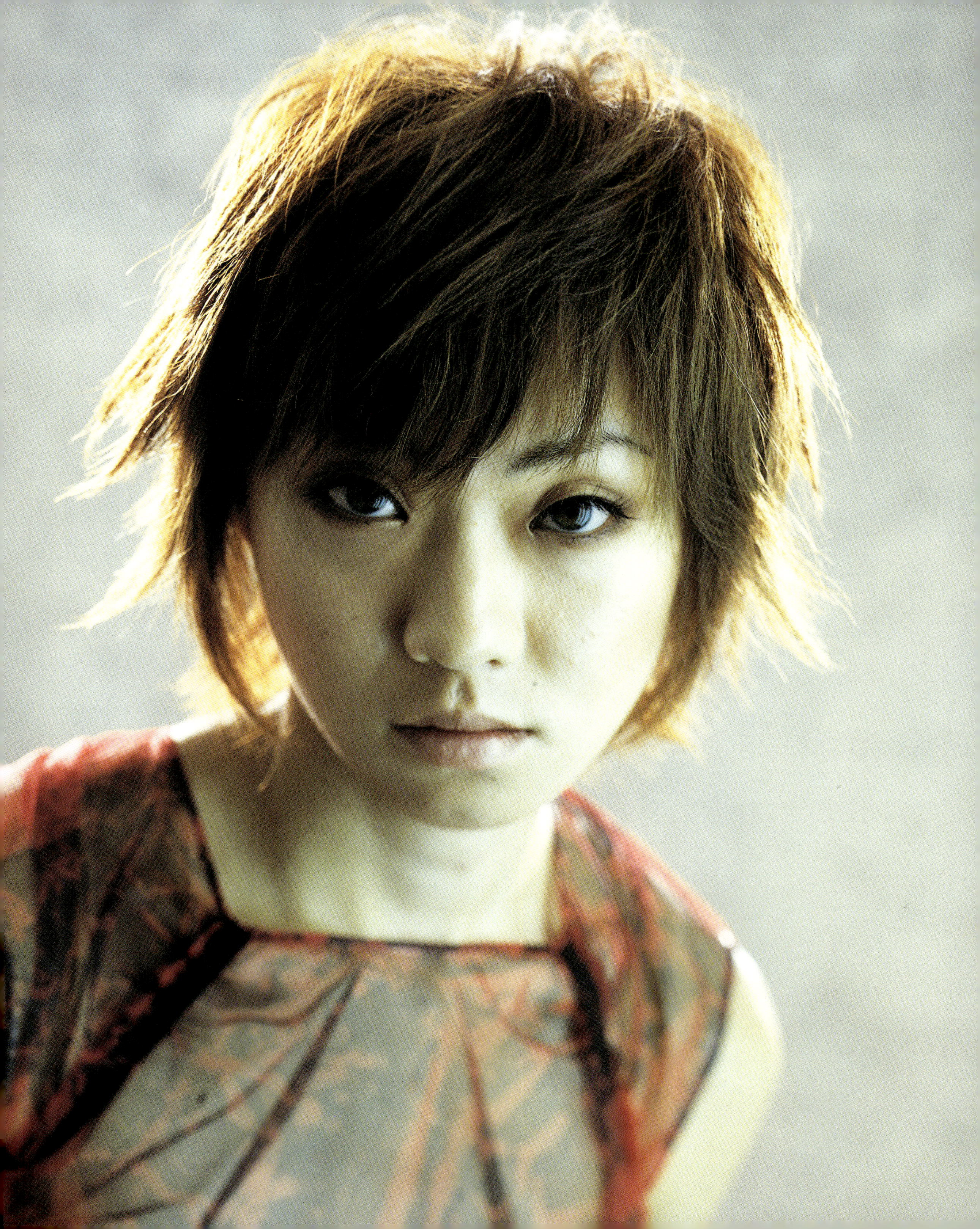

Zone and Section TECHNIQUE 16

オーバーセクションとアンダーセクションのアウトラインの長さが重なるレイヤー・オン・レイヤー

DESIGN POINT アンダーセクションとオーバーセクションのアウトラインの長さが重なっているため、ボブっぽさを感じさせる。よりラフで無造作なデザイン表現がレイヤー・オン・レイヤーのデザインの持ち味。

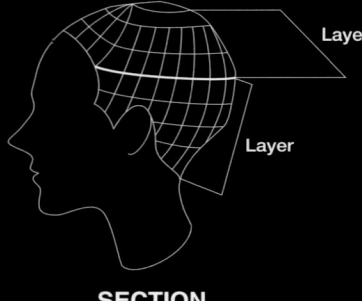

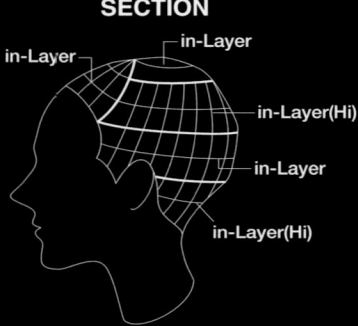

SECTION

Layer / Layer / in-Layer / in-Layer / in-Layer(Hi) / in-Layer / in-Layer(Hi)

INNER THINNING
オーバーセクションとアンダーセクションのアウトラインの長さの設定があまり変わらないために、重さを感じやすい形態なので、インナーレイヤーディスコネクト（P23、103参照）を深めに、大胆に使っている。

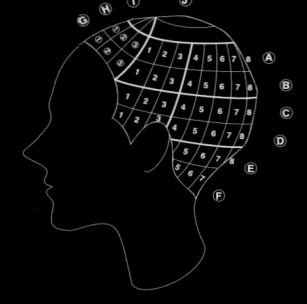

LINE THINNING
レイヤー・オン・レイヤーの最大の持ち味であるラフな無造作感を引き出すことに重点を置いている。サイドセニングに方向性を与えていないのも、作為的な印象を出さないため。

① アンダーセクションのアウトラインをやや前下がりにカット。ポイントカットは深めにする。

② バックの正中線上にレイヤーのガイドをつくる。

③ ②をガイドに、縦パネルで切り進む。

④ 耳から前は、耳後ろに引き出してカット。

⑤ ドライ後、アンダーセクションにインナーセニング。

⑥ D4〜8にアンダーセニングで浮力を与える。隣接するE4〜8、C2〜8はオーバーセニングで収める。

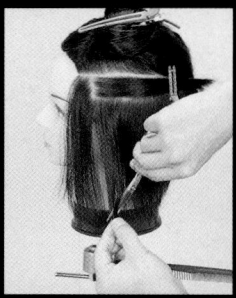

⑦ D123に深めのサイドセニングを左右均等に入れる。

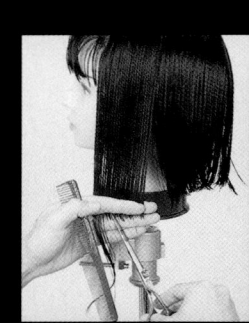

⑧ オーバーセクションのアウトラインを前下がりにカット。

⑨ バックの正中線上にレイヤーガイドをつくり、バック全体を放射状にレイヤーカット。

⑩ イア・トゥ・イアより前はイア・トゥ・イアに引き寄せてレイヤーカット。トップの髪が前方に動きやすくなる。

⑪ ドライ後、オーバーセクションにインナーセニングを入れる。

⑫ B座標にハイドセクション（P82参照）をつくる。

⑬ AB座標に深めのサイドセニングを左右均等に入れる。

⑭ IJA座標にアンダーセニングを深めに入れて、大きな浮力を与える。

⑮ オーバーセクションのラインセニングはラフな質感を表現するためにハサミを大胆に滑らせながら入れていく。

⑯ カット終了。

Zone and Section TECHNIQUE 17

オーバーセクションのアウトラインがアンダーセクションのアウトラインよりも高い位置に設定されたレイヤー・オン・レイヤー

DESIGN POINT

スタイル16と比較してオーバーセクションのアウトラインがアンダーセクションのアウトラインよりもかなり高い位置に設定されているため、レイヤーらしい形態になっている。ゾーンによる無造作な動きと質感表現がレイヤー・オン・レイヤーにはよく似合うが、大胆にそいでいくだけに、規則性を大切にしないと再現性やデザイン形態そのものを失ってしまうので注意が必要。

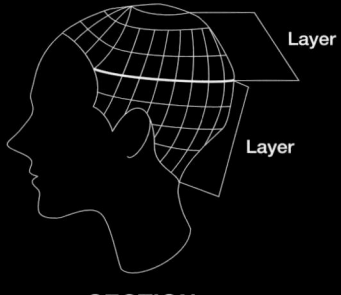

SECTION

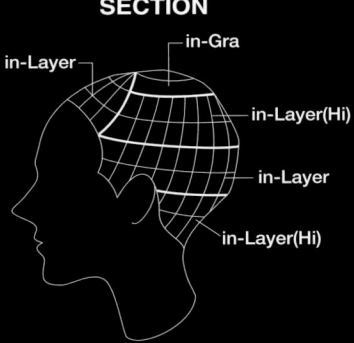

in-Layer
in-Gra
in-Layer(Hi)
in-Layer
in-Layer(Hi)

INNER THINNING

ラフな束感を助長するためにインナーセニングはピッチの幅を通常よりもやや広めに。そして抜き取る空間もやや大きめに設定されている。

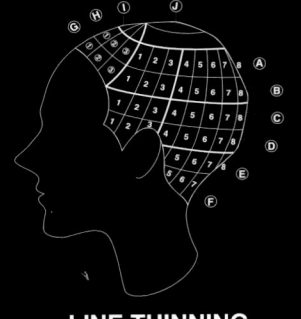

LINE THINNING

レイヤー・オン・レイヤーのコンセプトを引き出すために、見えるゾーンはハサミを滑らせながらラインセニングを入れていく。スタイル的に見えないゾーン、C2〜8、D5〜8は、ハサミを滑らせると収まりが悪くなるので「切る」ようにする。

① アンダーセクションのアウトラインを前上がりにカットする。

② バックの正中線上からレイヤーのガイドをつくり、縦パネルで切り進む。

③ 三つ襟から前は大きく後方に引き出してカット。

④ フェースラインからレイヤーを入れていく。

⑤ ドライ後、アンダーセクションにインナーセニング。

⑥ E座標、C2〜8をオーバーセニングで収めながら量感を減らす。

⑦ D5〜8にアンダーセニングを入れ、束っぽい動きをつくる。

⑧ F座標、D1〜4にサイドセニングを入れて、前方への動きをつくる。

⑨ オーバーセクションのアウトラインをやや前下がりにカットする。

⑩ トップの正中線上にレイヤーガイドをつくる。

⑪ サイドはすべて⑩に引き寄せてカット。

⑫ バックの正中線上に⑩とつながるようにレイヤーガイドをつくり、バック放射状にレイヤーカット。

⑬ オーバーセクションをインナーセニング。

⑭ AB座標にサイドセニングを深めに、かつ左右均等に入れる。B1 2はハネをつくるため、オーバーセニングをインカーブでプラスする。

⑮ IJAB にアンダーセニングを入れ、浮力を与える。

⑯ カット終了。

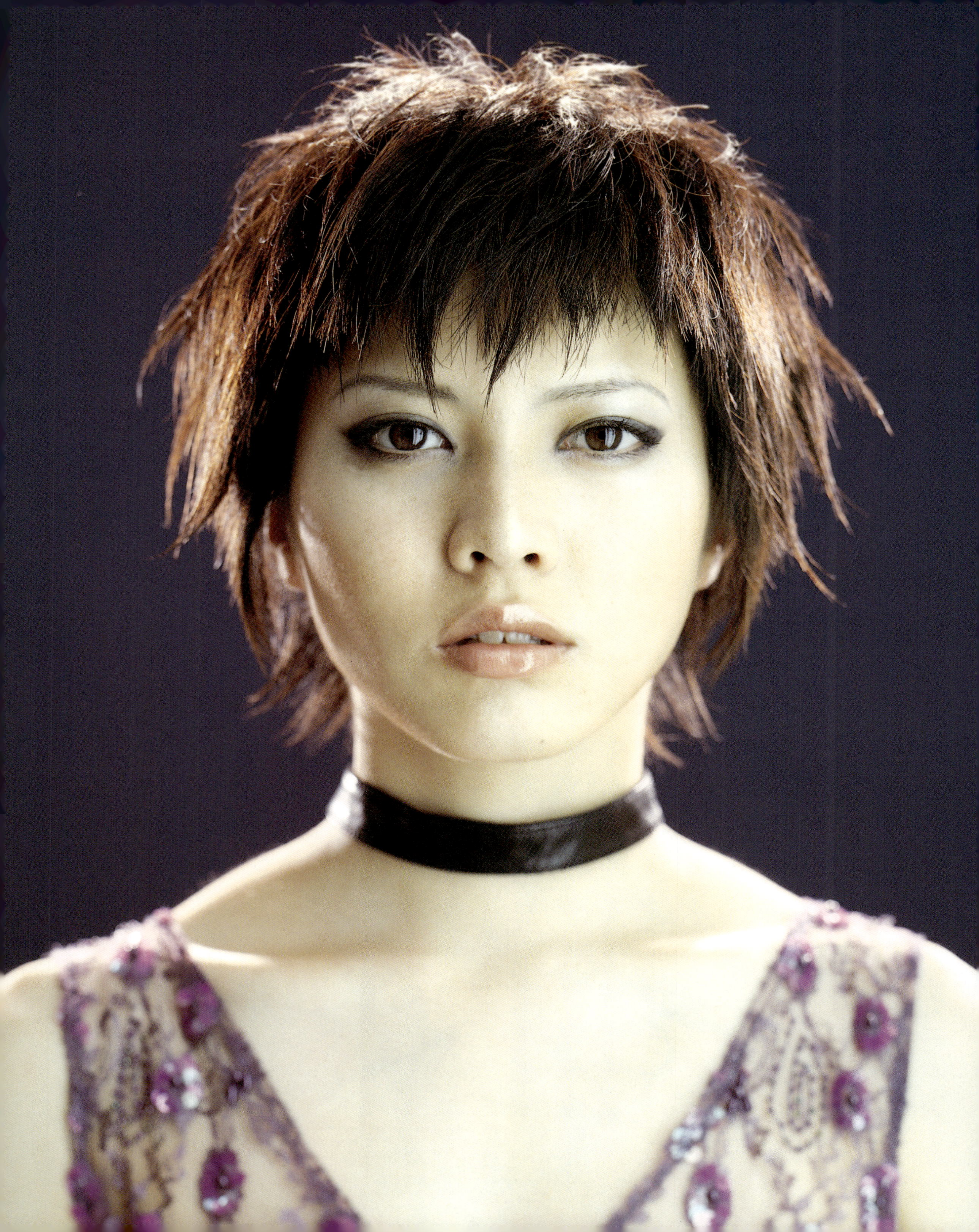

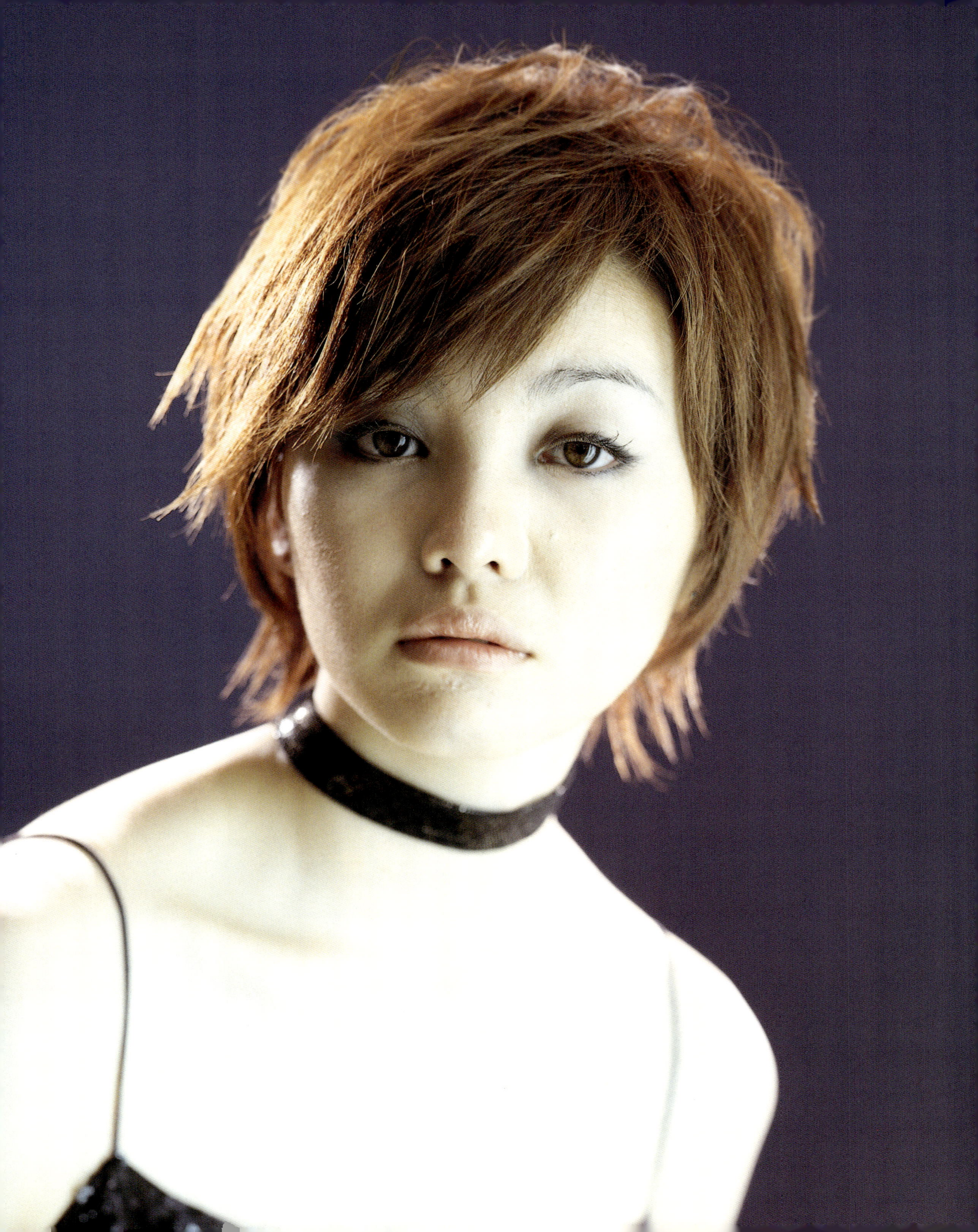

Zone and Section TECHNIQUE 18.19

オーバーセクションのレイヤーの重さで印象を変える

DESIGN POINT スタイル18は、オーバーセクションにハイレイヤーを入れ、アンダーセニングで浮力をつけて、パンキッシュなイメージを狙った。一方のスタイル19は、オーバーセクションがローレイヤーで、落ち着いた雰囲気を表現。アンダーセクションの形態は同じだが、上のレイヤーの形状によって変化をつけている。P76のCASE-4の対比を参照のこと。

STYLE 18

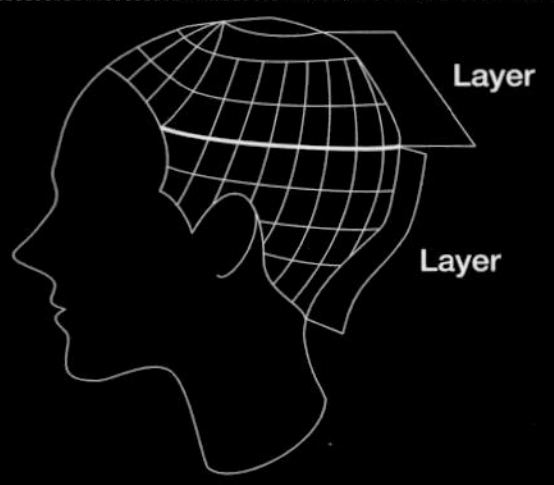

SECTION
- in-Gra
- in-Layer
- in-Layer(Hi)
- in-Layer(Hi)
- in-Layer

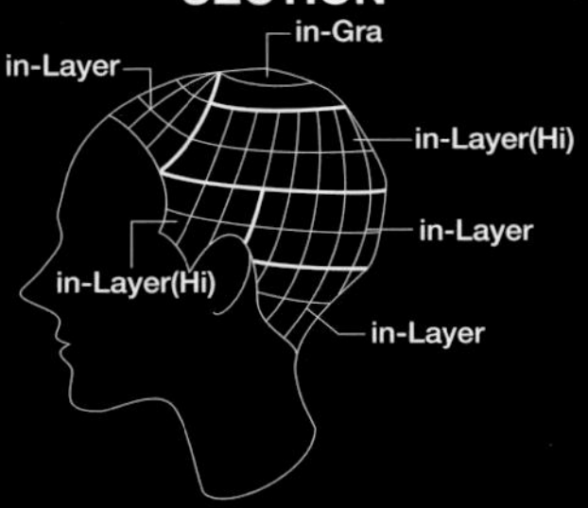

THINNING
より大きな動きを与えるために、インナーセニングの直径はやや大きめに処理している。また、ラインセニングに関しては、毛束に強い浮力を与えるため、アンダーセニングを深めに行っている。

STYLE 19

SECTION
- in-Gra
- in-Layer
- in-Layer(Hi)
- in-Layer(Hi)
- in-Layer

THINNING
オーバーセクションのガイドが後方になるので、前方への動きがあり、それを補うためにA B 座標に深めのサイドセニングを入れている。G H 座標 3 はハネさせるように深めのオーバーセニング（インカーブ）。

STYLE 18

① アンダーセクション。バックの正中線から縦パネルのレイヤーで前方まで切り進んでいく。

② ドライ後、アンダーセクションにインナーセニング。

③ アンダーセクションのラインセニング。E F 座標はオーバーセニング（スライシング）。D 座標の 1 2 3 4 はサイドセニング（左右均等）。

④ オーバーセクションのアウトラインをカット。

⑤ トップにガイドをつくり、オーバーセクション全体にレイヤーを入れる。この場合、ハイレイヤーでカットしているが、スタイル19は、ここがローレイヤーになっている。

⑥ A B 座標、アンダーセニング、サイドセニングで浮力と前後の動きを与える。

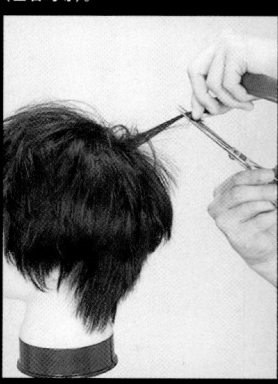

⑦ I J 座標にもアンダーセニング、サイドセニングを入れるが、A B 座標よりやや浅めに行うこと。

⑧ カット終了。

オーバー、アンダーのラインの角度に変化をつけたレイヤーの対比

DESIGN POINT | スタイル20、21ともに長さのズレ幅は同一。スタイル20では、オーバー、アンダーの角度が、平行なのに対し、スタイル21は後ろ下がりになっている（P76を参照）。前者はカジュアルなイメージを求めやすいライン設定と言える。

STYLE 20

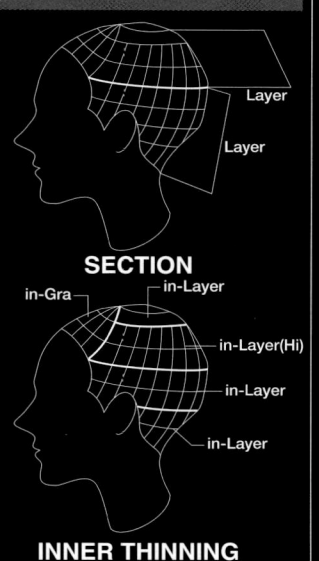

SECTION

INNER THINNING

フロントゾーンはやや丸みを持たせたいので、インナーグラデーションを入れている。ラインセニングは、無造作な質感を出すために、全てスライドカット。

STYLE 21

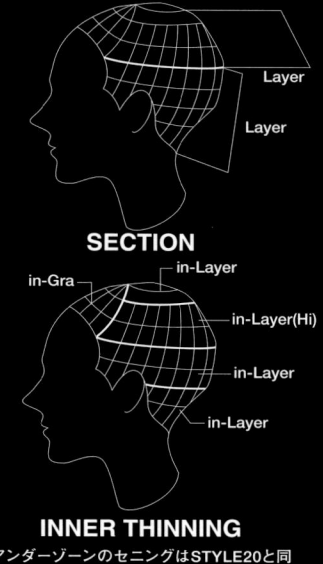

SECTION

INNER THINNING

アンダーゾーンのセニングはSTYLE20と同様。ベースに前上がりの傾斜があるので、サイドセニングをA B座標に深めに行なって、リバースへの動きを助長している。

STYLE 20

① アンダーセクションのアウトラインを平行にカット。ラインをはっきりだしたくないので、ポイントカットはやや深めに行う。

② バックの正中線にレイヤーのガイドをつくり、縦パネルで前方まで切り進む。

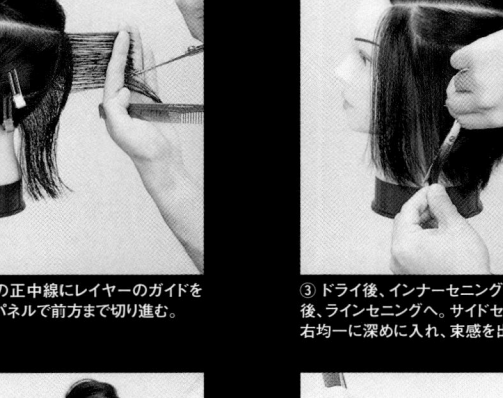

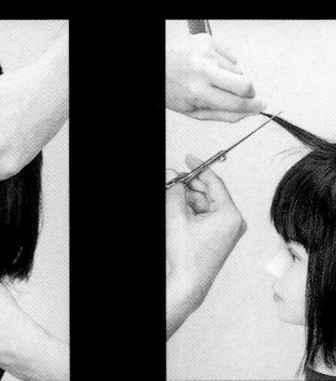

③ ドライ後、インナーセニングを行なった後、ラインセニングへ。サイドセニングを左右均一に深めに入れ、束感を出していく。

④ オーバーセクションのアウトラインをカット。イア・トゥ・イアから後方は平行に、前方はやや前上がりになるように切る。

⑤ オーバーセクション全体にレイヤーを入れていく。

⑥ ドライしてインナーセニング後、H I J A座標に左右均等にサイドセニングを入れる。

⑦ H I J A座標にアンダーセニングを入れ、浮力をつける。

⑧ カット終了。

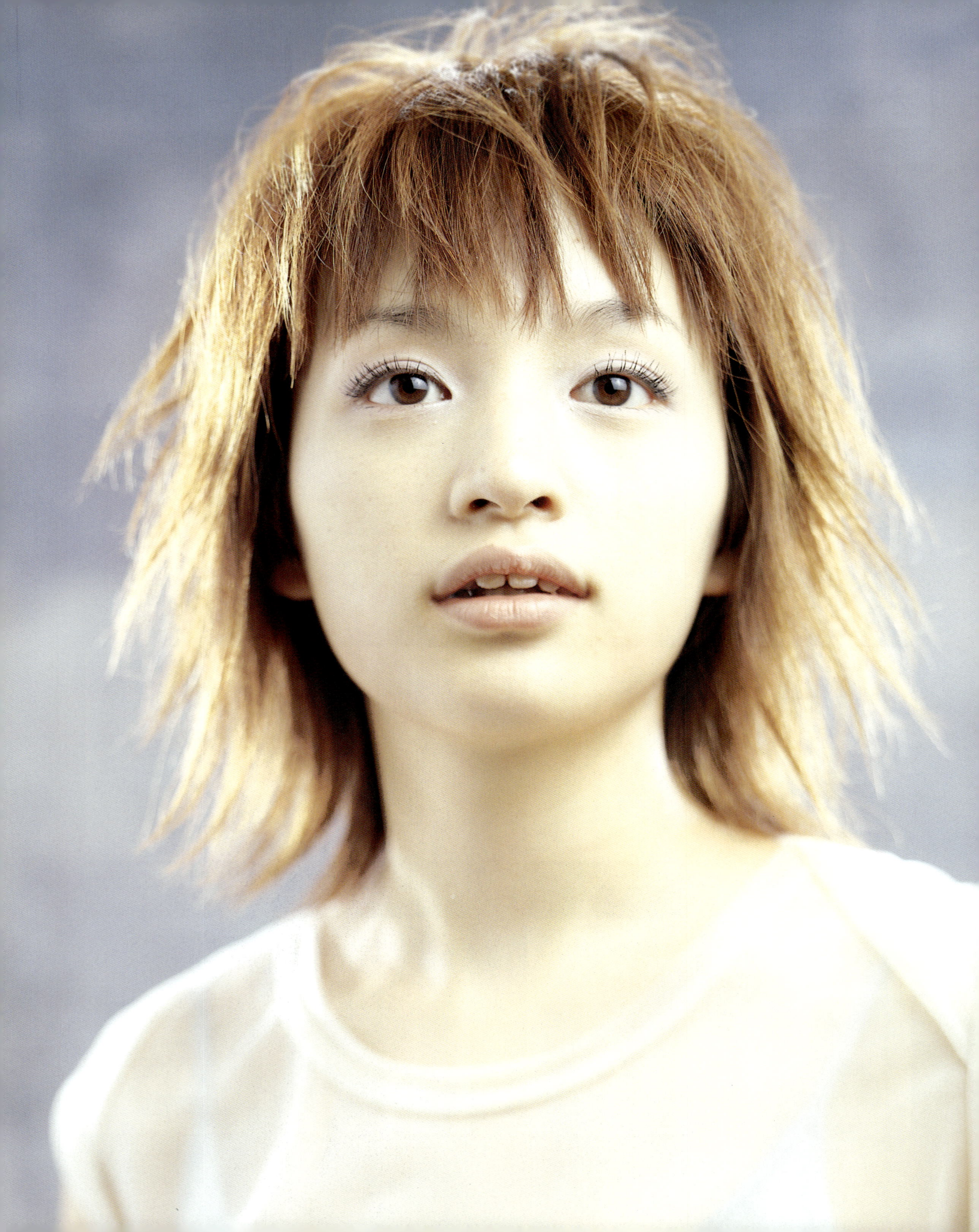

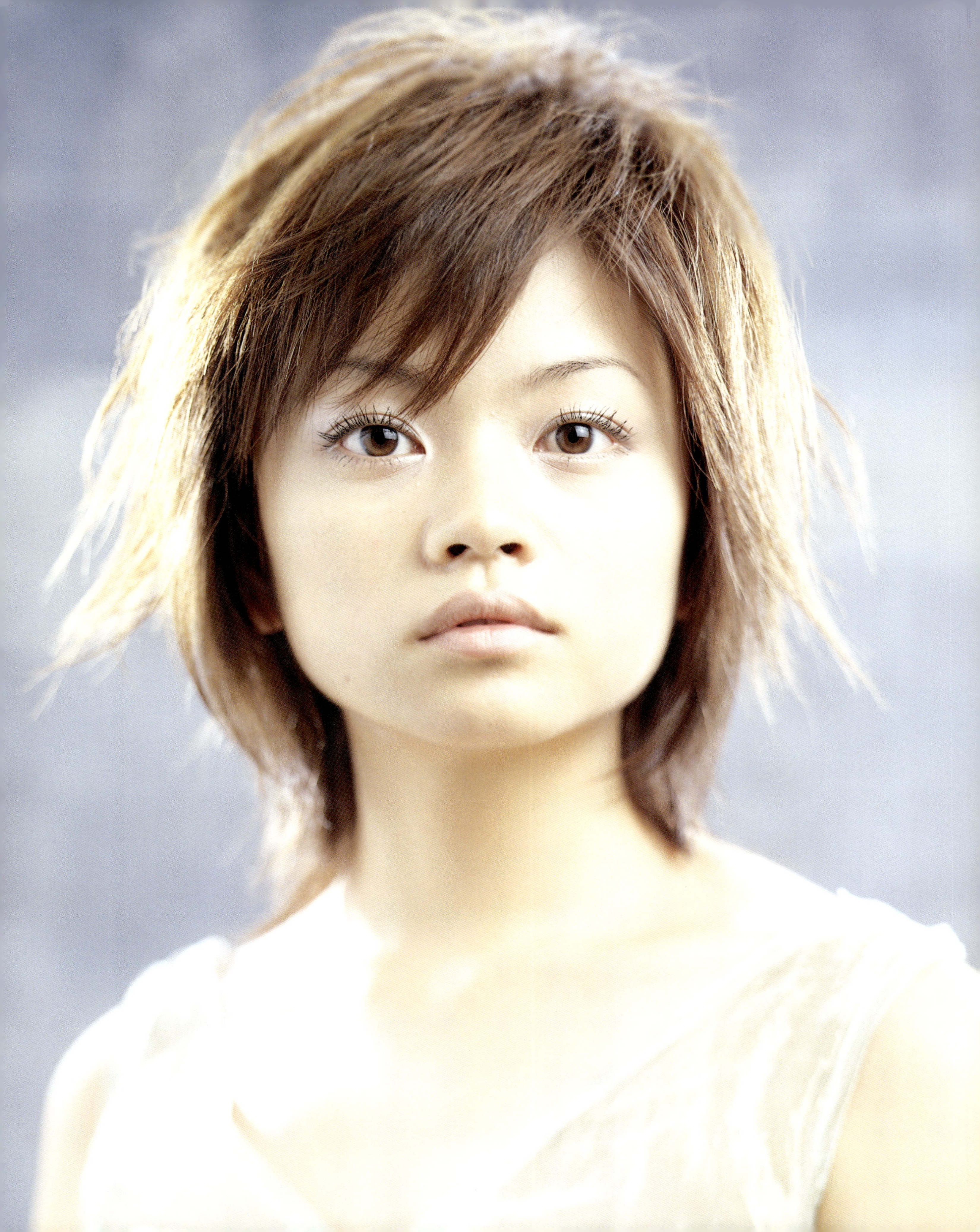

レイヤー・オン・レイヤーのデザイン展開

レイヤー・オン・レイヤーのスタイルは、サロンでのニーズも高く、幅広い提案力をつけておきたいデザインアイテムの1つです。ここでは、長さのズレ幅、アンダーセクションのアウトラインの傾斜角度、オーバーセクションの角度やレイヤーの形状などを変えることで、スタイルのバリエーションを幾つか展開していきます。こうした手法で形やイメージに変化をつけていくとこが可能になるわけですが、組み合わせの相性や素材とのフィット感など、自分なりの使いこなしが大切になってきます。他の2セクションも、同様なアプローチが可能ですので、形態コントロールのベーシックパターンとして参考にしてください。

CASE-1 アンダーセクションとオーバーセクションのアウトラインのズレ幅でのデザイン変化

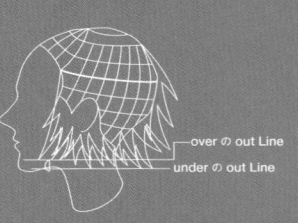

アンダーセクションとオーバーセクションのアウトラインがほぼ同一線上で重なっているので、レイヤー・オン・レイヤーの構成でありながらボブの印象が生まれる。この2セクションでボブの定義が広がったと言える。

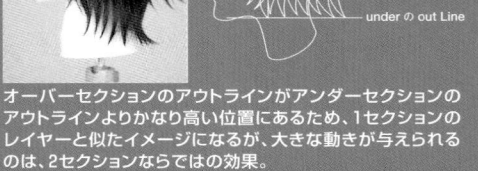

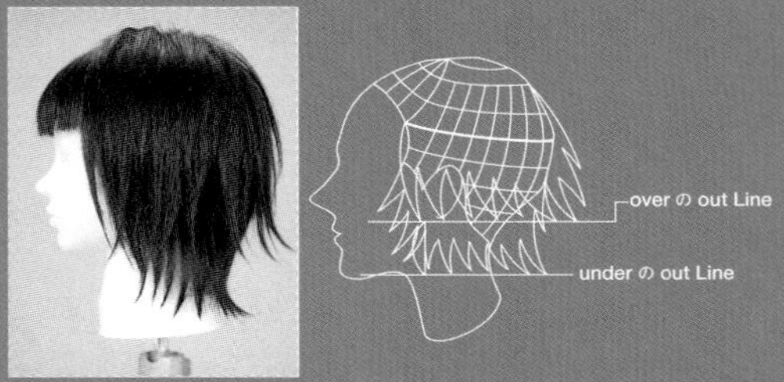

オーバーセクションのアウトラインがアンダーセクションのアウトラインよりかなり高い位置にあるため、1セクションのレイヤーと似たイメージになるが、大きな動きが与えられるのは、2セクションならではの効果。

オーバーセクションのアウトラインがアンダーセクションのアウトラインがオーバーラップしているため、アンダーセクションの形態が透けて見える『透過』が発生し、アグレッシブな印象になっている。

CASE-2 アンダーセクションの傾斜角度と長さを固定し、オーバーセクションの角度を変化させる

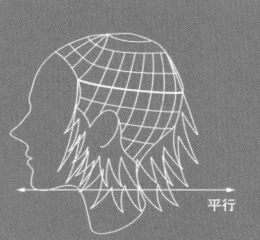

オーバーセクションの角度が平行なので、ナチュラルでカジュアルな印象になっている。動きに方向性がないため、髪は放射状に落ちる。

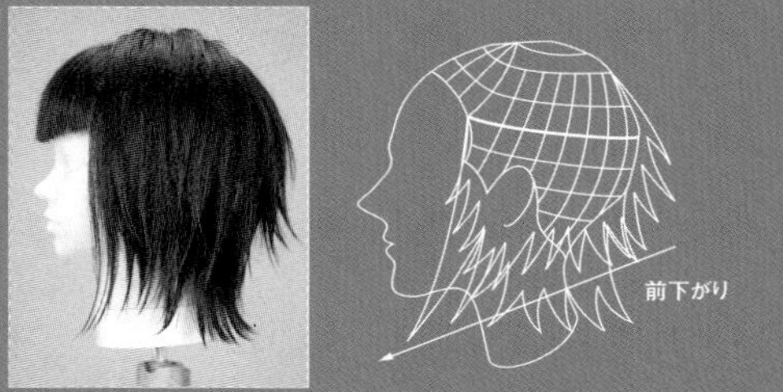

オーバーセクションの角度が前下がりなので、平行なデザインよりもアグレッシブな印象となる。アウトラインが交錯している点も、デザインのイメージを強めている。

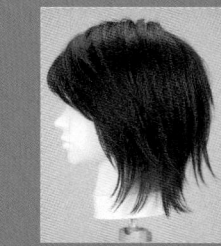

オーバーセクションが後ろ下がり。上下のセクションとも後ろ下がりなので、より女性らしい印象となる。髪の動きはリバースに向かう。

CASE-3 オーバーセクションの長さと傾斜角度を固定。アンダーセクションの傾斜角度を変化。

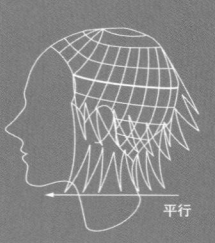

アンダーセクションのアウトラインが平行になっているので。カジュアルでナチュラルな印象を与える。

アンダーセクションのアウトラインが前下がり。アグレッシブな印象になる。

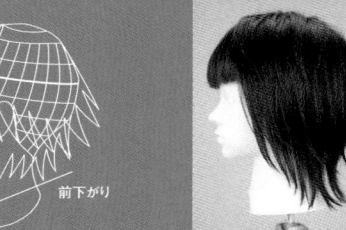

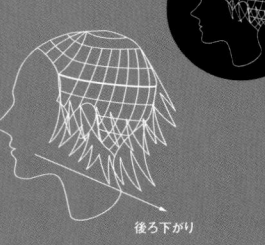

アンダーセクションのアウトラインが後ろ上がり。女性らしい印象のスタイルに。

CASE-4 アンダーセクションの形態を固定し、オーバーセクションのレイヤーの重みを変化させる

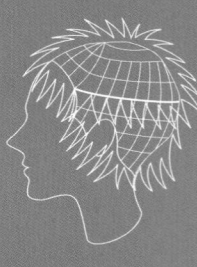

オーバーセクションがハイレイヤー。パンキッシュでボーイッシュなイメージを与える。オーバーセクションにハイレイヤーを設定するデザインは90年代中期に流行ったが、現在ではメンズのスタイルとして定番化。

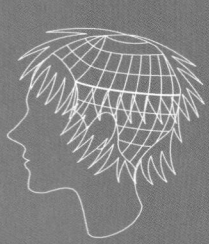

オーバーセクションがローレイヤー。カジュアルかつ女性らしいイメージになる。(オーバーセクションが)ハイレイヤーのスタイルより、トップが長いため、動きの幅が大きく、女性の支持率が高い。

Zone and Section

MULTI SECTION
マルチセクション

CHAPTER 04

新しいヘアデザインを追求する過程で生まれてきたカットテクニック、ディスコネクション。
これまで特殊な技術領域にあったこの手法が、
近年、一般のデザインワークにも大きな影響を及ぼし始めている。
1つは市場が多様な表現を求め出し、
それに応じる格好で、形態をコントロールする方法論が注目されてきたこと。
2つめは、目に見えない快適性や再現性の高さが、
デザインのクオリティの中でウエイトを増してきたという背景だ。
複数のセクション分割がもたらす多様なデザインの可能性を探っていく。

生命は、地球の歴史の始まりに、単細胞生物から誕生した。以来、長い時間の中で様々な変化を経験しながら、環境への適合を図るべく、複数の細胞を持った多彩な形体が生み出されてくる。約5億年前、生物の世界はカンブリア爆発と呼ばれる突発的な生物進化の時を迎える。この時期に多くの異なるタイプの生物が誕生し、数々のボディ・プラン(生物の体の基本構造)が出現したことが知られている。このボディ・プランは、多くの生物の形態的な基本モデルとして使われ、今日の生き物の形体にも色濃く残っている。絶滅種も含めて、現在生存している生物の形態の起源は、全てこの時代の多様化したモデルに求められるのである。

多重分割（マルチ）セクションによるデザイン

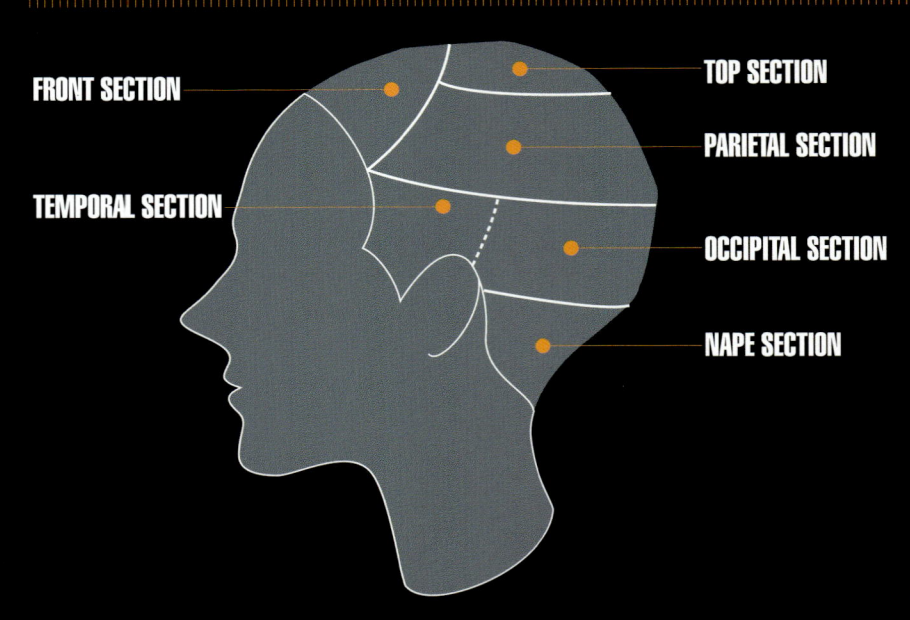

FRONT SECTION
TOP SECTION
PARIETAL SECTION
TEMPORAL SECTION
OCCIPITAL SECTION
NAPE SECTION

ベーシックカットにゾーンのテクニックや2セクションが加わることで、サロンにおけるデザイン提案力はかなり増してくるはずです。ここまでが、基礎段階とすると、この先は応用編という位置付けになるかと思われます。

Chapter04では、2つ以上の分割線を持つデザイン（3セクション以上のもの）を取り上げます。また、質感操作や動きの補助、ディテールの処理などに有効な、特殊セクションやゾーンの手法も紹介します。

3セクション以上のディスコネクションを、マルチ（多重）セクションと呼びます。これは、分割された幾つかのセクションごとにカットの性質を変化させ、それを複合してデザインを構築する方法だと言えます。ベースは、独自の形態を持った複数のセクションの組み合わせによって成立するので、デザインコントロールに極めて高い操作性を発揮します。さらに分割数が増える分、セクションの特性であったり、素材の状態に合わせた対応が可能となりますので、再現性にも非常に優れています。

ディスコネクションの機能と形態

GRADATION

VISIBLE DISCONNECTION

NATURAL DISCONNECTION

これまで、ディスコネクションは、極端なデザインをつくる時に用いるカットの手法であるという受け取られ方が一般的でした。しかし、それはこのカットのある一面だけを誇張した見方であると思います。

確かに、ディスコネクションが、西欧で発案された当初は一般のスタイルとはかけ離れたイメージでした。明らかに極端なデザインが志向されていました。自分自身の仕事を振り返ってみても、形の変化の面白さから、ディスコネクションの追求が始まっています。しかし、形態操作を繰り返すうちに、この技術の持つ別のメリットに気づくわけです。

セクションを分割させてカットを行うと、その間に大きな空間が発生します。通常の1セクションカットと比較すると、ベースカットの段階で大きな量感調節機能が働くということです。つまり、ディスコネクションとは、形態の変化を行ないやすくする技術であるとともに、それが併せ持つ量感調節機能によって、動きや軽さの表現、見えない部分での再現性アップにも非常に有効な手法であることがわかってきたのです。もちろん、ディスコネクションは、分割によってデザインポイントを強調したり、インパクトの強い表現にも向いています。しかし、現在、ニーズの高い軽い質感を持ったナチュラルなデザインのクオリティアップにも欠かせない技術なのです。

LAYER

VISIBLE DISCONNECTION

NATURAL DISCONNECTION

ハチ以外の2セクション分割

ハチ下のラインでディスコネクトするデザイン以外の2セクション分割を見ていきます。スタイルとしては、これらの2セクションが単独で成立することは稀で、1つのデザインの中で他パートのセクション分割と併用されることがほとんどです。ただし、ここでは、各パートの分割がどのようなデザイン効果をもたらすのか理解するといいう意味合いも含めて、敢えて単独の分割例を紹介しています。一般にフロント、トップの2セクションは、デザイン的なアクセントを求める時に有効です。ネープの分割は（レイヤーは除く）、襟足の処理やウエイトを締める目的で、昔から良く使われていたディスコネクションです。

GRADATION

01  — 1SECTION GRDATION BASE CUT
1セクションの縦パネルボブにゾーン処理を加えたベースカット。

02 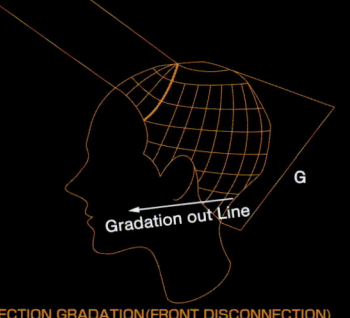 — 2SECTION GRADATION (FRONT DISCONNECTION)
フロント部分に動きを与え、前下がりのサイドラインに斜度をつけてシャープな印象に。ヨーロッパではよく使われる分割で、使いやすいディスコネクションの1つ。

03  — 2SECTION GRADATION (TOP DISCONNECTION)
トップセクションを短く設定してディスコネクト。トップに立ち上がりと動きが出る。このままでは不完全だがハチ下の2セクション分割と複合させることで現実的なスタイルになる。

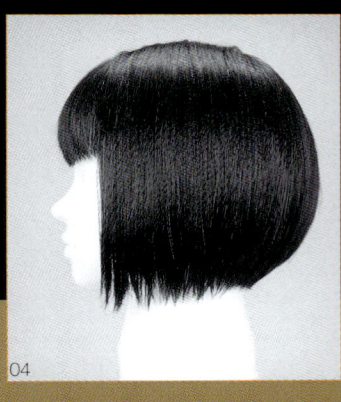

04 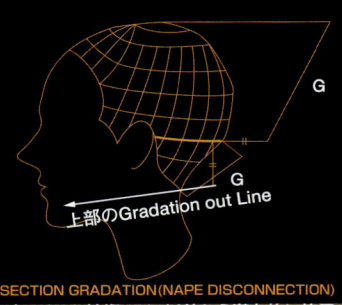 — 2SECTION GRADATION (NAPE DISCONNECTION)
日本のカット技術では、以前から潜在的に使用されていたディスコネクション。アウトラインが立ち上がりやすい日本人には適したセクショニングだと言える。

LAYER

05 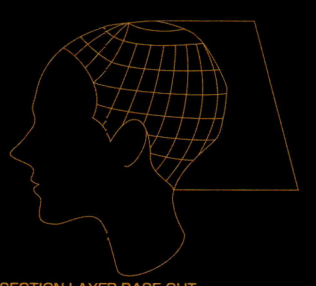 — 1SECTION LAYER BASE CUT
前方が短く、後方にいくにつれ長くなっていく、1セクションでカットされたスタンダードなレイヤースタイル。

06  — 2SECTION LAYER (FRONT DISCONNECTION)
フロント部分にボブのテイストを表現するデザインに有効。フロントにラインセニングを多用してバックとのコントラストを弱めれば、サロンスタイルとしても提案できる。

07 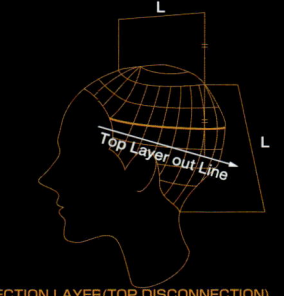 — 2SECTION LAYER (TOP DISCONNECTION)
03では、トップを短めにディスコネクトしたが、ここでは長めに残し、分割が見えにくくなっている。トップがディスコネクトされ、より大きな髪の動きが与えられる。

08 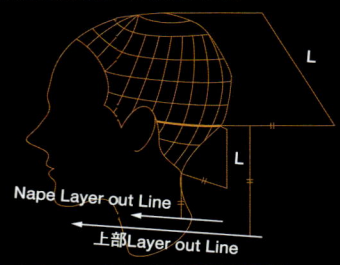 — 2SECTION LAYER (NAPE DISCONNECTION)
レイヤーでネープの2セクションが単独で用いられるケースはほとんどない。上のほうが重く見えてしまうためだが、ハチのラインの量感が軽くなるとこの分割が生きてくる。P80-11と比較のこと。

Zone and Section #04 Multi-SECTION

3セクションと縦分割

ここでは、3セクションの事例を見ていきます。原理的には、ハチ下の2セクションラインの分割に、P79で見た他パートのディスネコクションが加わるだけなので、組み合わせの相性さえ押さえてしまうと、比較的簡単にマスターできます。ハチ周辺の髪の量感が調節されると、使用できる分割パート例が増える点が特徴的です。この3セクションをステップとして、狙ったデザインによって、多重分割の構成を組み立てていただければと思います。

横座標でのディスコネクションが、量感調節の機能が高いのに対し、縦の分割は、形態自体を大きく変えていく性質の強い分割だと言えます。前後のデザインの印象差で強いコントラストを求める時、また、部分的なディスコネクトでフリンジなどをつくり、極端な装飾性をデザインに与えたい時などに有効です。見えるディスコクションの中でも、インパクトの強いデザインテイストを表現します。

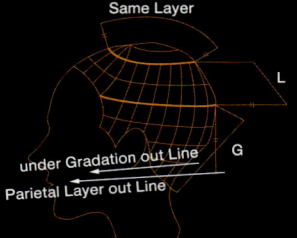

09 3SECTION GRADATION (TOP DISCONNECTION+2SECTION LINE)
03のトップのディスコネクションにハチ下の2セクション分割を加えたスタイル。オーバーセクションがトップとパリエタルに分割されるため、大きな動きが発生し、スタイルに躍動感が生まれる。

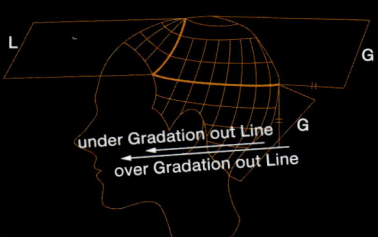

10 3SECTION GRADATION (FRONT DISCONNECTION+2SECTION LINE)
02のフロント分割にハチ下の2セクションを加えたディスコネクション。フロント部分の動きにオーバーセクションの動きが加わり、より軽い表現になる。

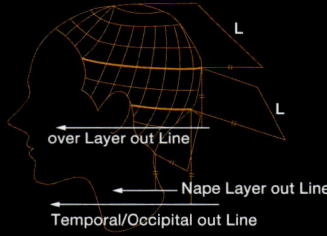

11 3SECTION LAYER (NAPE DISCONNECTION+2SECTION LINE)
08のネープ分割にハチ下の2セクションを加えたもの。スクエアボブに似たイメージのレイヤースタイルになる。08は上下のウエイトバランスに問題があったが、ハチ下の分割が加わって量感比が良くなっている。

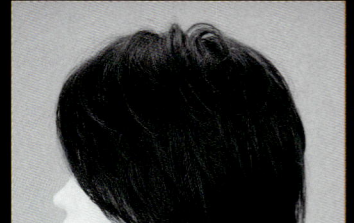

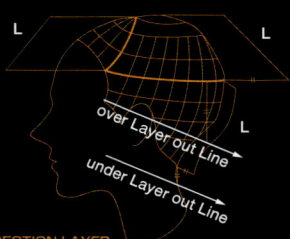

12 3SECTION LAYER (NAPE DISCONNECTION+2SECTION LINE)
アンダーセクションを後下がりに、フロントを前下がりに、トップ+パリエタルを後下がりに設定。セクションライン周辺の量感が減り、それぞれのセクション形態の持つイメージがミックスされたスタイルになっている。

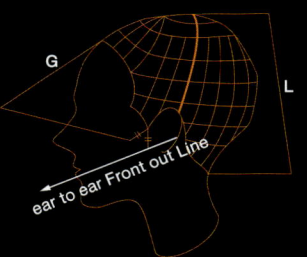

13 VERTICAL 2SECTION (GRADATION+LAYER)
イア・トゥ・イアから前を前下がりのグラデーションに、後方を後下がりのレイヤーにカット。グラデーションとレイヤーという正反対の性質を組み合わせ、強いコントラストを出している。

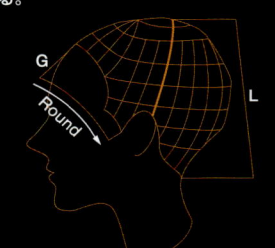

14 VERTICAL 2SECTION (ROUND GRADATION+LAYER)
13とイア・トゥ・イアの後ろのデザインは同じで、前方は後下がりのグラデーション。簡単にインパクトのあるデザインができるがこの分割例は、量感調節としてはほとんど作用しないディスコネクション。

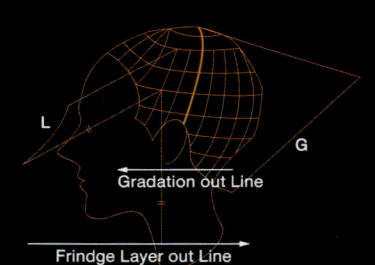

15 VERTICAL 2SECTION (LAYER+GRADATION)
縦に狭い空間をディスコネクトした場合、フリンジとして使用することが多い。このようなディスコネクションは量感調節の機能はなく、デザインの装飾として使用される。

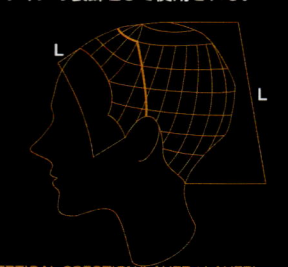

16 VERTICAL 2SECTION (LAYER+LAYER)
耳から前のフェースラインをディスコネクト。これはデザイン的に見える状態だが、フェースラインから耳後ろまでの面積が広い素材に対しての量感調節として、見えないように使用することも多い。

マルチセクションのデザイン事例

ハチ下以外の2セクション分割、3セクション、縦のディスコネクションとそれぞれの特徴を見てきたところで、最後にマルチ（多重分割）セクションのデザイン事例を挙げておきます。分割数が増えると、複雑な印象も受けますが、ハチ下の2セクションをベースにして、他パートの分割を幾つか組み合わせる、縦分割でアクセントをつけていくなどのステップを踏んでいるに過ぎません。つまり、ディスコネクションとは分割の基本さえ理解できていれば、形態操作や量感調節といった目的に合ったセクショニングを自分で組み立てていけるデザインアイテムなのです。これを使いこなして、スタイルの展開力をつけていただければと思います。

GRADATION

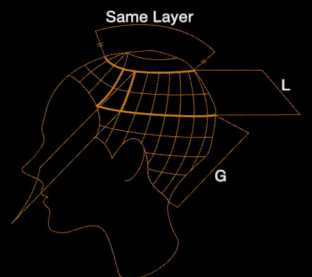

4SECTION GRADATION
09のパリエタルセクションに縦のセクションを加えてフリンジをつけた。AB-1はもともと動きやすい位置なので、その作用も計算してフリンジセクションをつくっている。

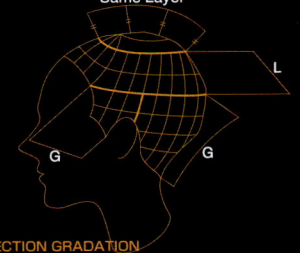

4SECTION GRADATION
トップに短いレイヤーを入れたハチ下の2セクションのアンダーセクションを縦に分割。耳上、正中線付近が短く、耳前と耳後ろに長さが残るデザインは、イア・トゥ・イアのディスコネクトによってのみ可能。

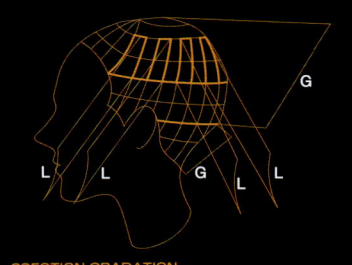

6SECTION GRADATION
パリエタルセクションの1357にフリンジセクションを設定している。P52のレイヤー・オン・グラデーション⑧と比べてベール部分がクリアで、ベースのボブの形態がはっきり見える。

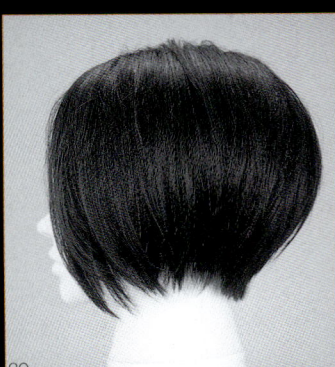

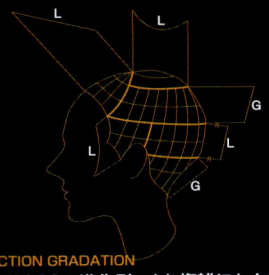

6SECTION GRADATION
スタイル10の進化形。より複雑にセクションを分割することで量感調節のポイントが増え、全体に動きが出て、10よりも自然な感じに仕上っている。ナチュラルなディスコネクションの代表例。

LAYER

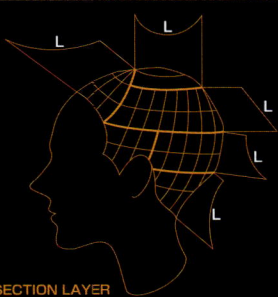

5SECTION LAYER
5セクションで切り口はすべてレイヤーカット。セクション間のズレ幅をあまり取っていないので非接続な印象がない。量感調節と動きに効果的なテクニックでナチュラル系のニーズに対応。

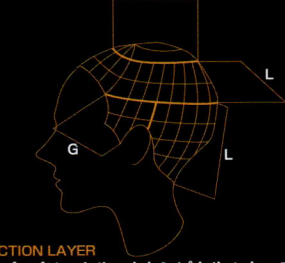

4SECTION LAYER
トップ、パリエタル、オキシピタル＋ネープは見えないディスコネクション。テンプルのグラデーションがコントラストを生む。見えないセクション分割で量感調節、見えるディスコネクションをデザインポイントにした例。

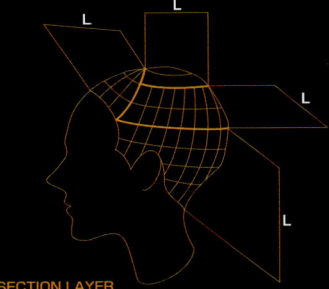

4SECTION LAYER
4つのセクションに分割し、つながらないようにレイヤーカット。従来のロングレイヤーと外見は同じだが、量感の減少、動きの発生、再現性の向上が見られる。

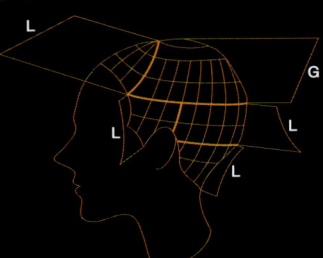

5SECTION LAYER BOB
5セクションに分割しグラデーションとレイヤーを組み合わせた、ナチュラルなデザイン。グラデーションとレイヤー、両方のイメージを持つスタイル。1セクションでこの形態を出すのは不可能に近い。

特殊なゾーン・セクション

ディテールの表現やクセ、毛流、骨格の起伏など素材の条件に対応するための特殊なテクニックを見ていきます。

HIDE SECTION	セクションは大きく空間を削ってベースの形態を作り出し、ゾーンは細かいソギで、量感の調節や動きを創出する。両者の中間的な領域に属するのが、ハイドセクション。主にラインセニングによる「動き」の効果を補助するために用いる。
ROOTS THINNING	髪を根元から間引いていくセニングのテクニック

HIDE SECTION

ハイドセクションは、一見するとセニング後の毛束の形状に似ているが、これが独立して存在するケースはない。動きや質感表現の効果を一層強く求める時に用いる、隠し味的な技術だと言える。削り取る空間体積がソギよりも大きいので、量感を減少させる能力も高いが、過剰に使用すると形態破損につながったり、動きの美しさを損なったりするので規則的に位置を限定して用いること。

1 サイドセニングとハイドセクション

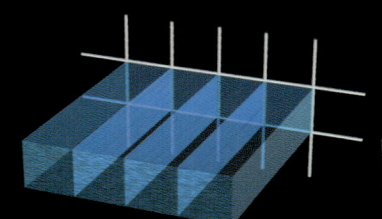

カット前の状態

最初にハイドセクションを入れる毛束を取り出す。ラインセニングで用いる座標線をまたぐ箇所がハイドセクションの位置で、毛束の分量は通常のラインセニングの1/3程度が目安。

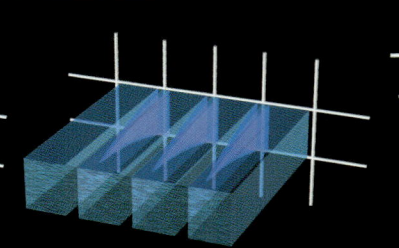

くくり出した毛束を刀の刃先状にカットしていく。

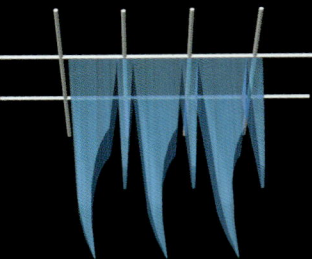

両サイドの毛束にラインセニングを入れて終了。

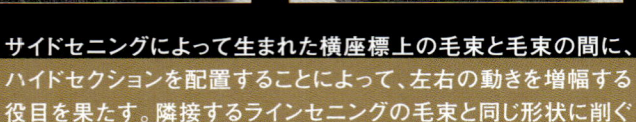

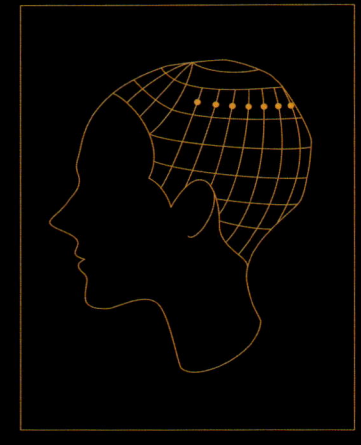

サイドセニングによって生まれた横座標上の毛束と毛束の間に、ハイドセクションを配置することによって、左右の動きを増幅する役目を果たす。隣接するラインセニングの毛束と同じ形状に削ぐことで、再現性と動きの美しさが得られる。注意点としては、ハイドセクションが立ち上がらないように処理すること。例えば、ハイドセクションにアンダーセニングを使用してはならない。

2 アンダーセニングとハイドセクション

毛束の浮力の増幅

アンダーセニングのみの状態

アンダーセニングにハイドセクションを加えて浮力を強化した状態

ハイドセクションを使った時の質感

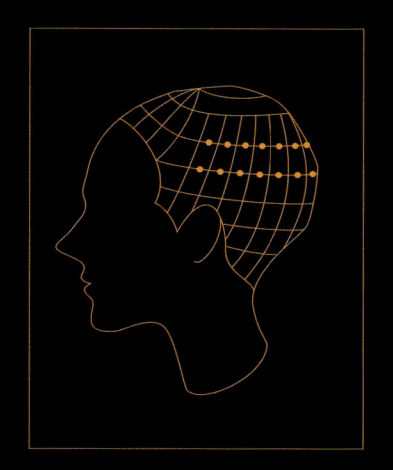

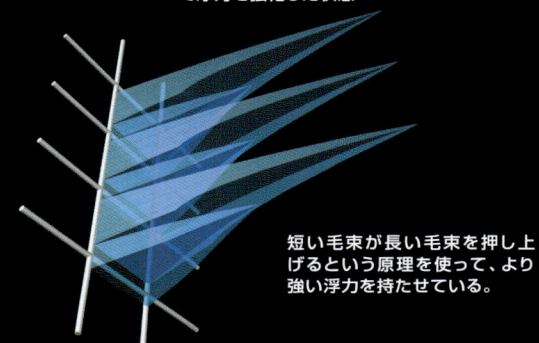

短い毛束が長い毛束を押し上げるという原理を使って、より強い浮力を持たせている。

アンダーセニングによって生まれた毛束の浮力を大きくするためのテクニック。主にミディアム・ショートからショートスタイルに用い、ロングで使う事例はほとんどない。このハイドセクションは、上にある毛束の支えとして機能するよう、立ち上がる長さ設定を行うこと。カットは、アンダースライシングを用いる。また、必ず毛束の下に配置して、表面に出てこないように注意する。

3 オーバーセニングとハイドセクション

毛束の収まり

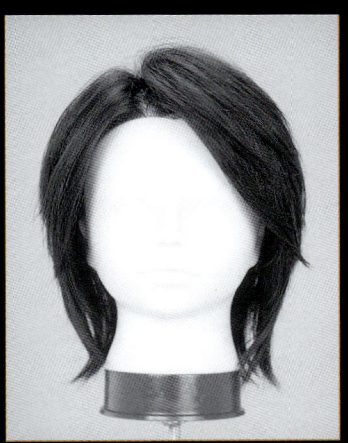

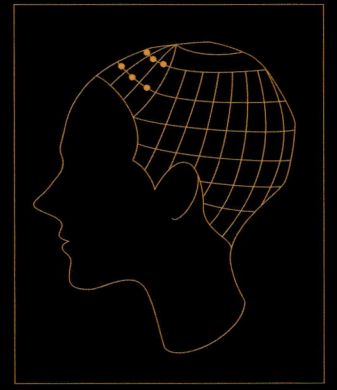

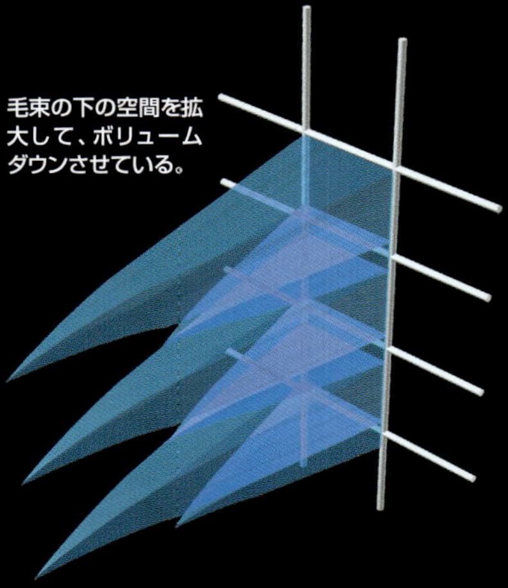

毛束の下の空間を拡大して、ボリュームダウンさせている。

オーバーセニング+ハイドセクションの質感

オーバーセニングとハイドセクションを使って収めた毛束

オーバーセニングとアンダーセニングによって生まれた毛束の収まりを、さらに補助するために用いるハイドセクション。②のアンダーセクションと併用するものと位置設定は同じだが、②が浮力を与えるために立ち上がる長さでカットを行うのに対し、このハイドセクションは収まる長さでカットすることが重要。後述の根本から間引くルーツセニング（P84）と機能は類似しているが、場所的にルーツセニングが使えないゾーン（トップ、フロント）で、これを使用するケースが多い。ハイドセクションのスライシングの方向は、オーバースライシングのみとし、アンダースライシングは行わない（動きがうまれないようにするため）。

ルーツセニング

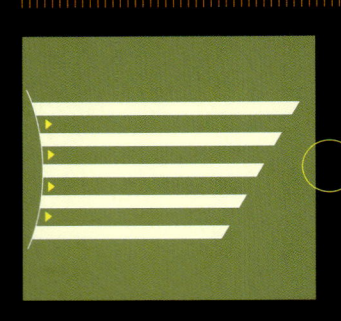

髪を根元から間引くことにより、量感を減らしていくセニング。張り出しが極端な部分の骨格補正や強い毛流の部分矯正などに有効。量感調節機能は非常に高いと言えるが、伸びると短い毛が立ってくるのでオーバーゾーンやレングス設定の長いゾーンでの使用には向かない。本書では、インナーセニングのようにウィービング状に間引いていくやり方やワンポイントで使っていくもの、根元からスライドさせて削ぐ方法などを使っている。

ぼんのくぼの張り出し

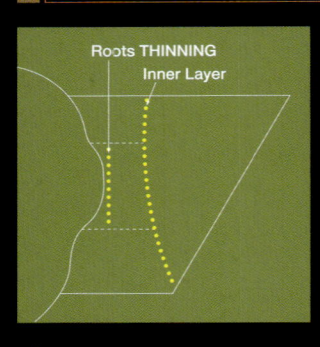

ぼんのくぼの張り出し（CD座標78に相当）の補正をインナーレイヤーとルーツセニングを併用して行なった事例。張り出しがそれほどではない場合なら、座標56に浅めのインナーレイヤーを使い、座標87に深いインナーレイヤーを入れることでも対応ができる。

ネープの処理

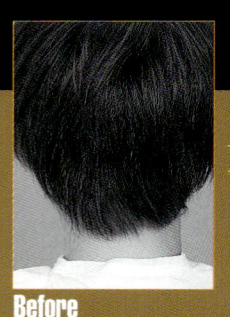

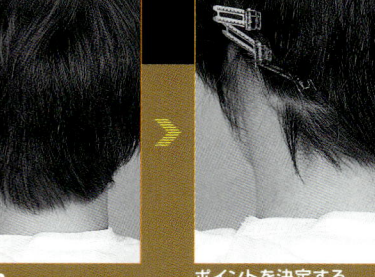

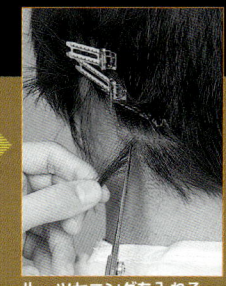

周囲の髪と方向性が著しく異なり、上部の髪を押し上げている髪を根元からカットする。この際、気をつけたいのは、方向性の違う髪を全て落とさないこと。伸びる途中で、そこがボリュームを生み出す原因になる。現状でどの部分が一番、障害になっているのかを見極め、ピンポイントで使っていくことが原則。

方向性をつける

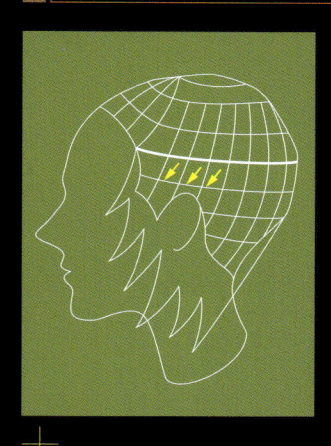

Before → 根元からスライドカットする。 → After

このゾーンには前方に向かって動こうとする毛流れがある。それをさらに強調して方向性をつけたいような時に、ルーツセニングを使うケースがある。ここでは、毛を完全に抜き取るのではなく、後方斜上から前方斜下に向かって根元からスライドカットを入れていく。

逆らった毛流を落とす

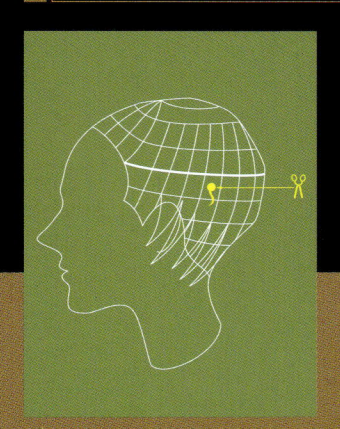

Before → スライドカットで削ぎ落とす → After

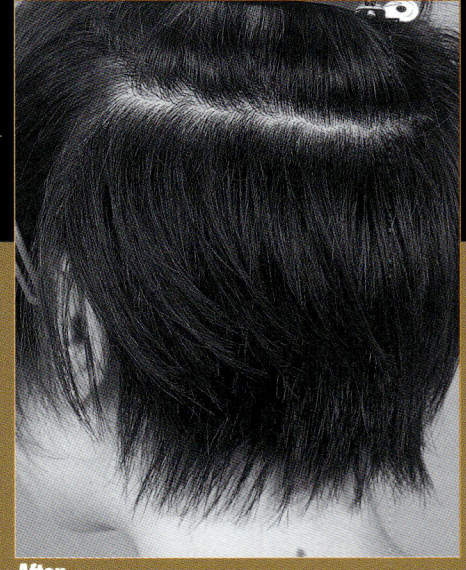

極端に周囲の毛流に逆らった髪があるために、そのゾーンが収まらない時、ピンポイントで根元から削ぎ落とすセニング。この場合、位置的に高い場所にあるので、周囲の髪と馴染むように、根元を起点にスライドカットで削ぎ落としている。

ゾーン&セクションを使った骨格補正

Case-1　ぜっぺきへの対応

ZONEによる補正

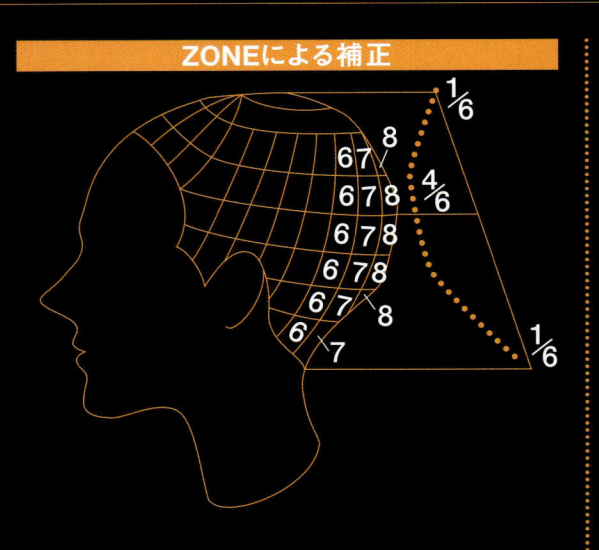

SECTIONによる補正

目指す形

ぜっぺきは、平坦な箇所（座標IA7 8周辺）にボリュームを出し、座標BCDをフラットに収めるカットが基本となる。インナーセニングによる補正は座標IJAB678を、インナーグラデーションで削いで、その他のゾーンにインナーレイヤーを持ってくるやり方が一般的。セクションでの補正なら、IJAB678をディスコネクトし、図のようにレイヤー＋グラデーションを配置すればよい。

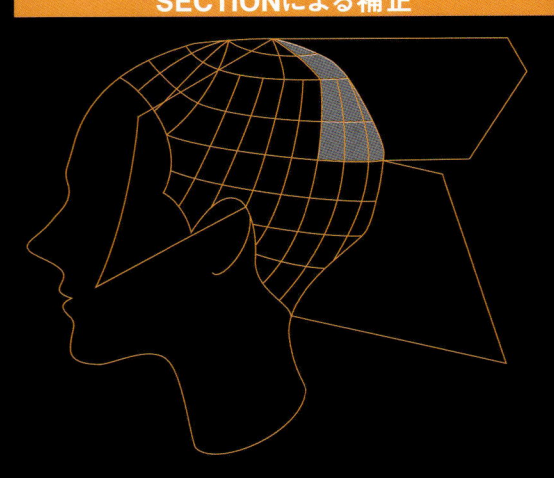

Case-2　左右の非対称（左が張り出しているケース）

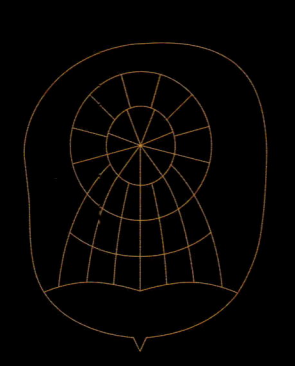

ZONEによる補正

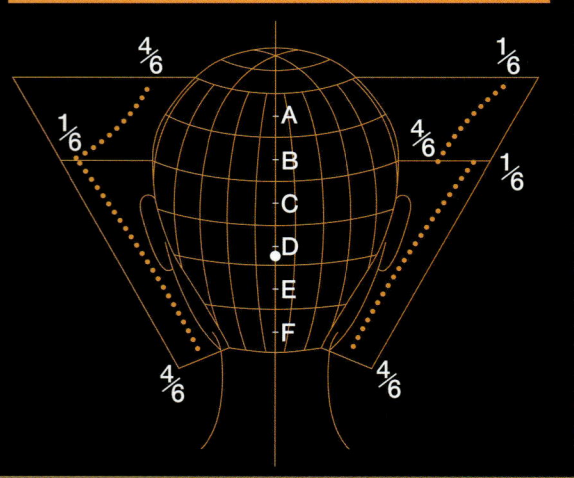

SECTIONによる補正

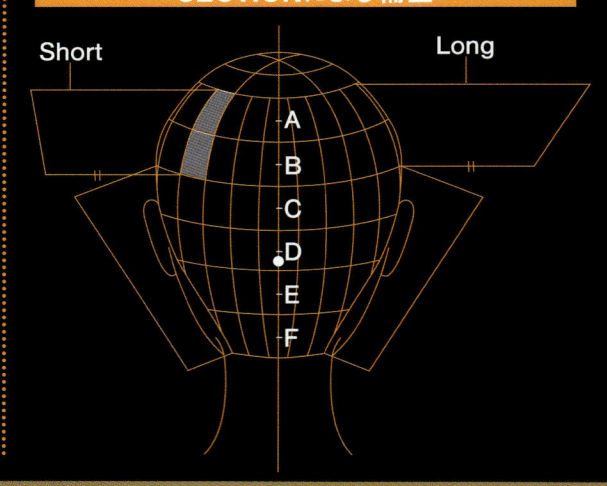

目指す形

頭の外周線は、バリエタルゾーンにあるので、この部分の非対称を処理する場合、このゾーンで処理していくことを考える。つまりアンダーセクション（ゾーン）の形態やゾーン処理は原則的に同じになる。極端な湾曲でなければ、インナーセニングによる補正でいく。へこみのあるほうにインナーグラデーションを使ってウエイトを残し、逆サイドはインナーレイヤーでフラットにする。ディスコネクションを使う場合は、B座標の長さは揃えてA座標の長さのズレで補正する。張り出しの一番強い部分（この場合AB座標の5）にガイドを持ってくると効果が高い。

骨格補正は、基本的にゾーンでもセクションでも行うことができます。ゾーンは削ぎによって生まれる細かい空間の集合によって、繊細な補正機能が働きます。対するセクションは、分割線周辺の空間堆積が減少し、大きな補正を必要とするケースに向いています。両者の性質をよく理解した上で、適切な技法を選択していくことが大切です。

Case-3　耳からフェイスラインまでの距離が長い

ZONEによる補正

SECTIONによる補正

目指す形

この場合、耳から前方の量感を減らすため、テンプルゾーンCD34を全体よりも深めにインナーレイヤーを行なう。セクションを使用する場合、CD12をディスコネクトし全体より短めに長さを設定してレイヤーカットする。

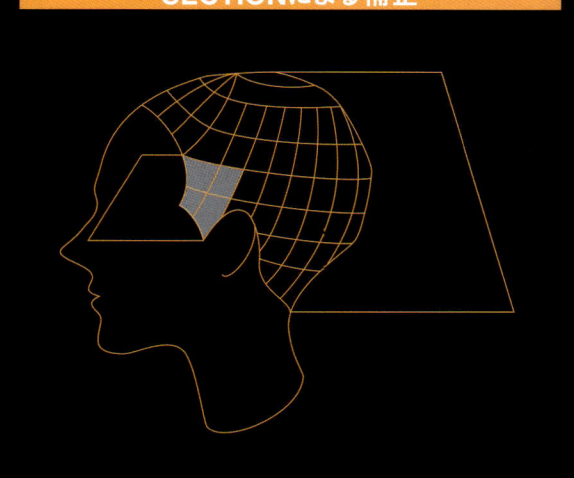

Case-4　耳後方の張り出し

ZONEによる補正

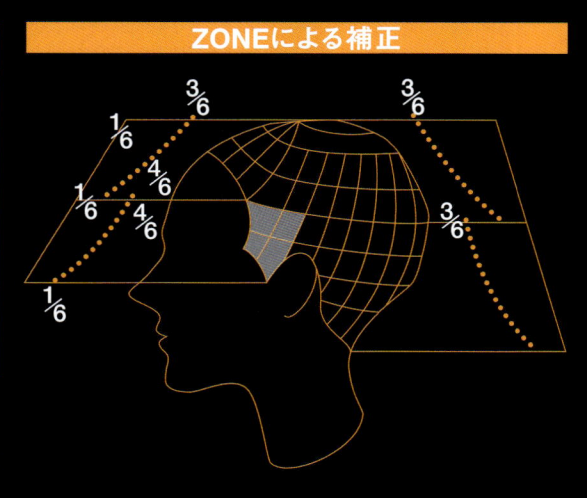

SECTIONによる補正

Inner Layer
+
ROOTS THINNING

目指す形

ゾーン処理でいく場合、インナーセニングと骨格の張り出しが強い箇所（CD座標45）にのみルーツセニングを入れてボリュームを落とす。セクションを使うなら同じCD座標の45をディスコネクトし、そこのみレイヤーで形状をフラットに抑える。

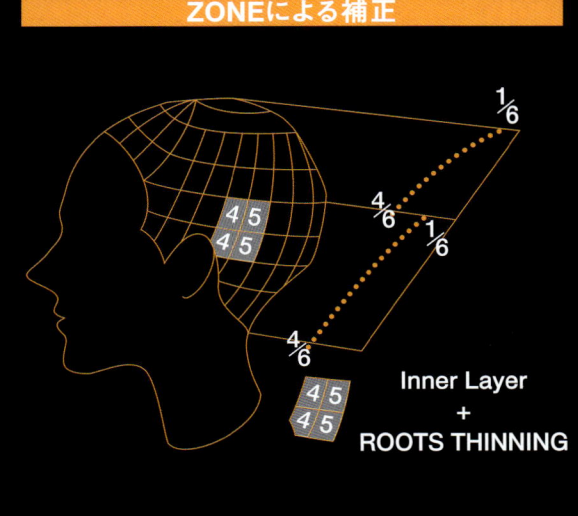

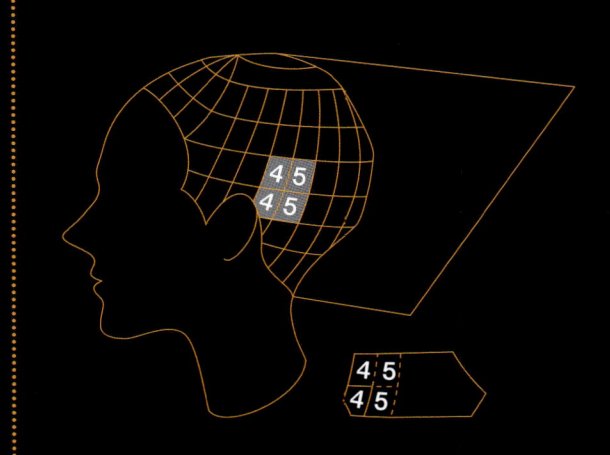

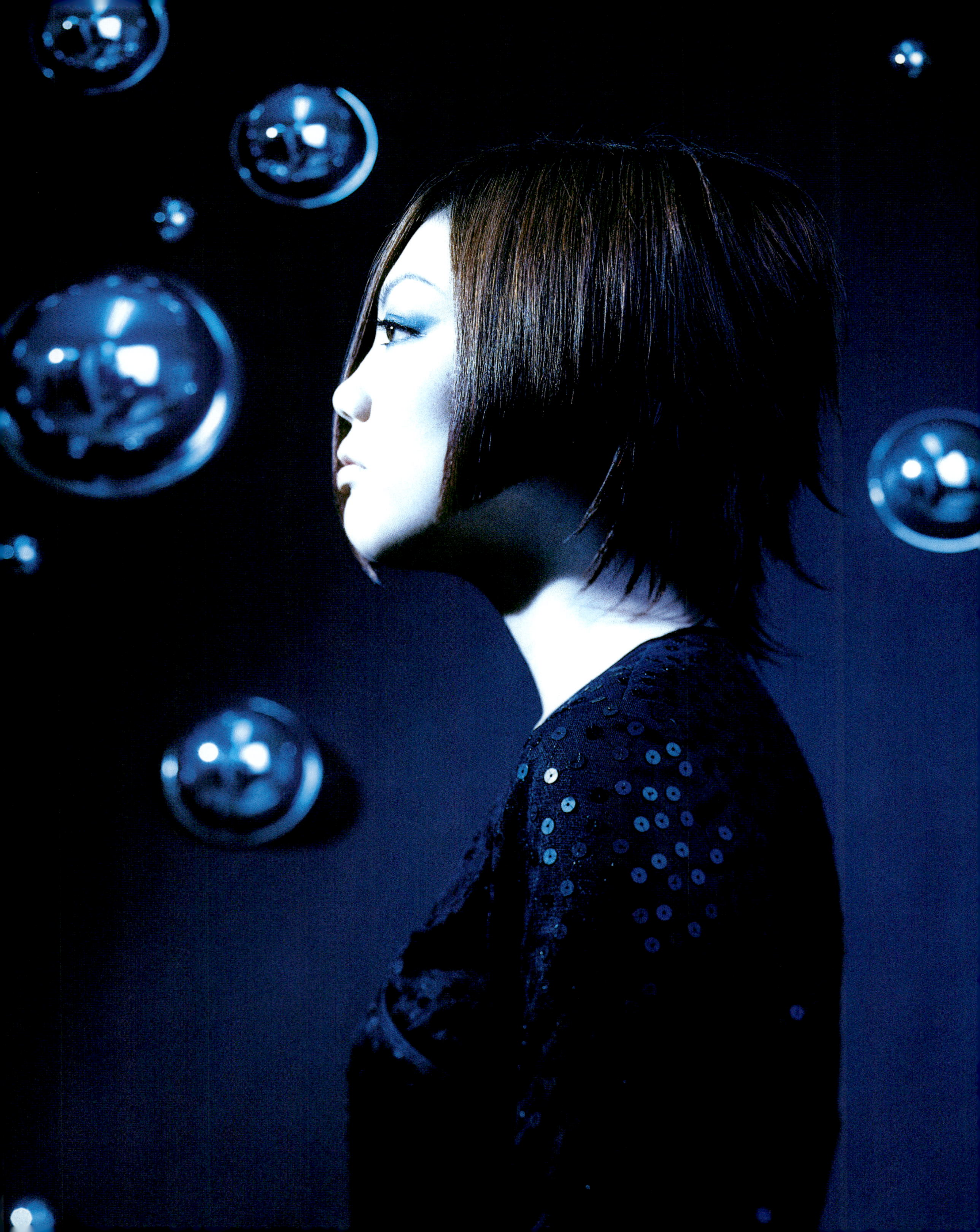

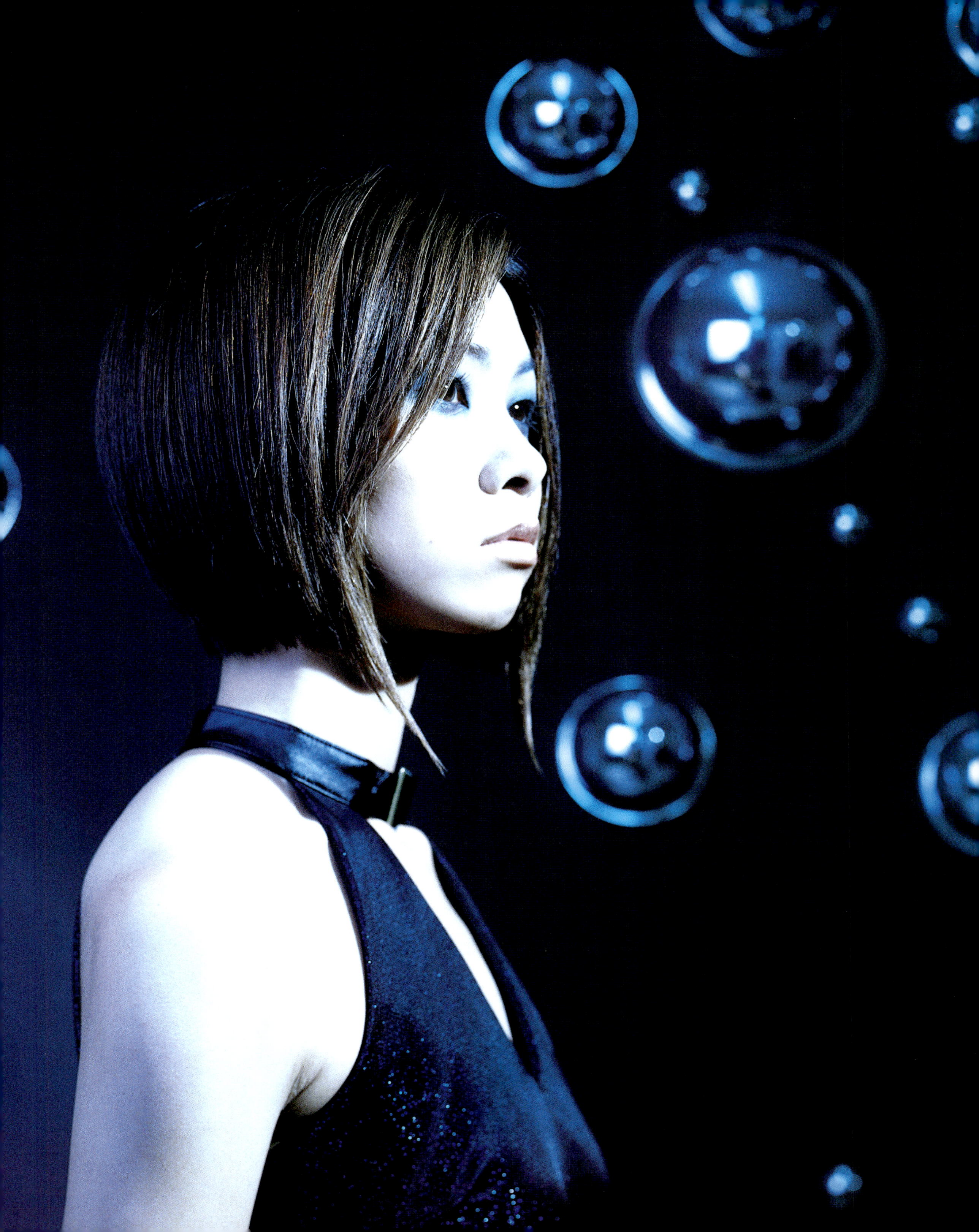

Zone and Section TECHNIQUE 22

イア・トゥ・イアでディスコネクトすることで生まれる前後のコントラストで、スタイルに個性を与えた縦の2セクション。

DESIGN POINT

イア・トゥ・イアのディスコネクトはアグレッシブなデザインづくりを容易にするパターン。ハチの2セクションのように量感調節の目的と併用されることはほとんどなく、デザイン的形態変化がその目的のほとんどを占める。コントラストをより強調するために、あえてゾーンの処理のアプローチを前後で変えているが、営業ベースでもう少しナチュラル感が欲しいのであれば、前後のゾーン処理の共通点を多くすればよい。

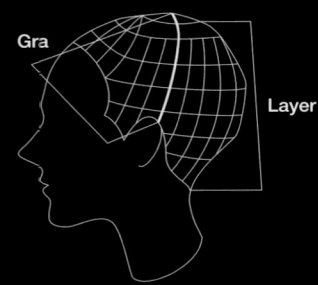

SECTION

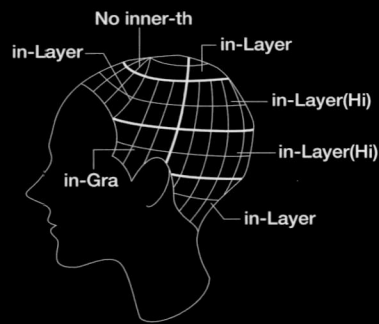

- Gra
- Layer
- No inner-th
- in-Layer
- in-Layer
- in-Layer(Hi)
- in-Layer(Hi)
- in-Gra
- in-Layer

INNER THINNING

ⅠJ座標前方は面にツヤを与えるためにインナーセニングは入れていない。

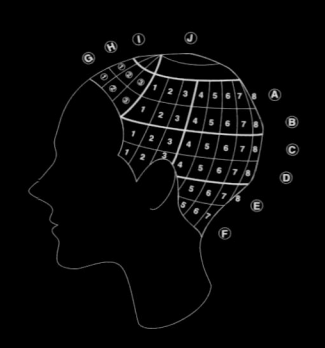

LINE THINNING

デザイン的に前後のの質感と動きにはっきりとしたコントラストを出したいので、イア・トゥ・イアを境に、はっきりとアプローチを変えている。

---

① イア・トゥ・イアでディスコネクト。前はグラデーションに、後方はレイヤーにカット。

② 前方のセクションのアウトラインを指1本のグラデーションでカット。

③ 指1本のグラデーションで上まで切り進む。

④ 縦パネルでグラデーションを軽くしていく。

⑤ トップをコンケーブ上にレイヤーカット。

⑥ ドライ後、前方のセクションをインナーセニング。

⑦ GH座標のみ、ラインセニング、サイドセニングを浅めに入れる。

⑧ 後方のセクションのアウトラインを平行にカット。

⑨ トップからレイヤーを入れていく。

⑩ 徐々にパネルを下げながら、アウトラインまでレイヤーをつないでいく。

⑪ ⑧以降はすべてポイントカットは深めに。

⑫ 後方のセクションをドライ後にインナーセニング。

⑬ CDEF座標をインカーブ状にオーバーセニングを入れてハネをつくる。とくにCB座標は深めに入れて同時に量感を減らす。

⑭ ABIJ座標は⑬と一転して、アンダーセニングで浮力を与えていく。CB座標は、シャープ感を残すためあまりハサミをすべらせない。

⑮ ⅠJ座標はAB座標よりも質感が欲しいためハサミをやや滑らせる。

⑯ カット終了。

Zone and Section **TECHNIQUE 23**

フロントセクションを分割した
ハチ以外の2セクション

DESIGN POINT このパターンは量感調節の目的ではなく、デザイン性を重視してフロントの2セクションを使用している。営業ベースで考えてもう少しナチュラルにしたい場合は、バックのグラデーションをハチのラインで2セクションに分割して、全体に3セクションにするという方法もある。

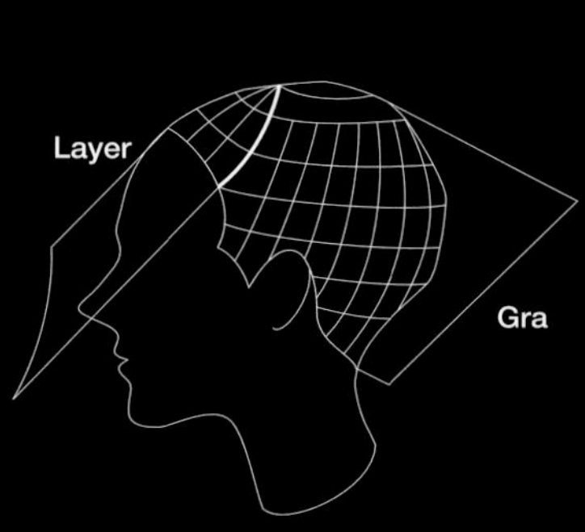

SECTION

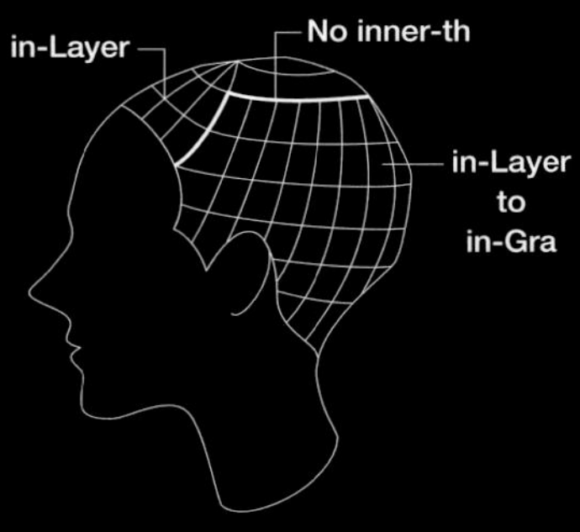

Layer / Gra
in-Layer / No inner-th
in-Layer to in-Gra

INNER THINNING

バック側のグラデーションは、あえてツヤのある面の表現を狙っているため、I J 座標にはインナーセニングを入れていない。

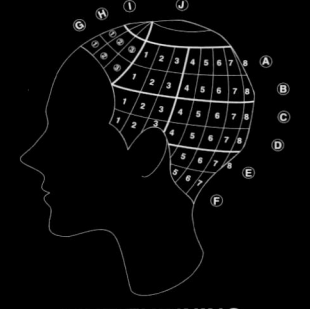

LINE THINNING

バック側のグラデーションはあえて重い形態の持ち味を生かすために、毛先の処理はポイントカットのみでラインセニングは一切入れていない。

① フロントはレイヤーで、それ以外のセクションは重めのグラデーションでカットする。

② ネープの部分の正中線上を引き出し、縦パネルでグラデーションカット。

③ ネープ全体を②をガイドにカット。

④ ③でカットしたいちばん上の長さをガイドに、横パネルでやや前下がりにカットしていく。

⑤ 全体を指1本のグラデーションでカット。

⑥ バックの正中線上から放射状にパネルを展開、バック全体のグラデーションに少しだけ締まりをプラスする。

⑦ ドライ後、インナーセニング。

⑧ フロントセクションのアウトラインを前下がりにレザーでカット。

⑨ フェースラインの正中線上にレイヤーのショートポイントをつくる。

⑩ ⑨とアウトラインの長さをカーブ状につないでいく。

⑪ トップにレイヤーのガイドをつくる。あまり短くすると後方のグラデーションとなじまなくなるので注意。

⑫ ⑪にすべて引き寄せてカット。

⑬ ドライ後にインナーセニングを入れる。

⑭ G12はサイドセニングで後方に動かす。GH3はフリンジとして長さを残す座標なので、サイドセニングで前方に動かす。

⑮ I H12のみアンダーセニングを入れて、浮力を若干与える。

⑯ カット終了。

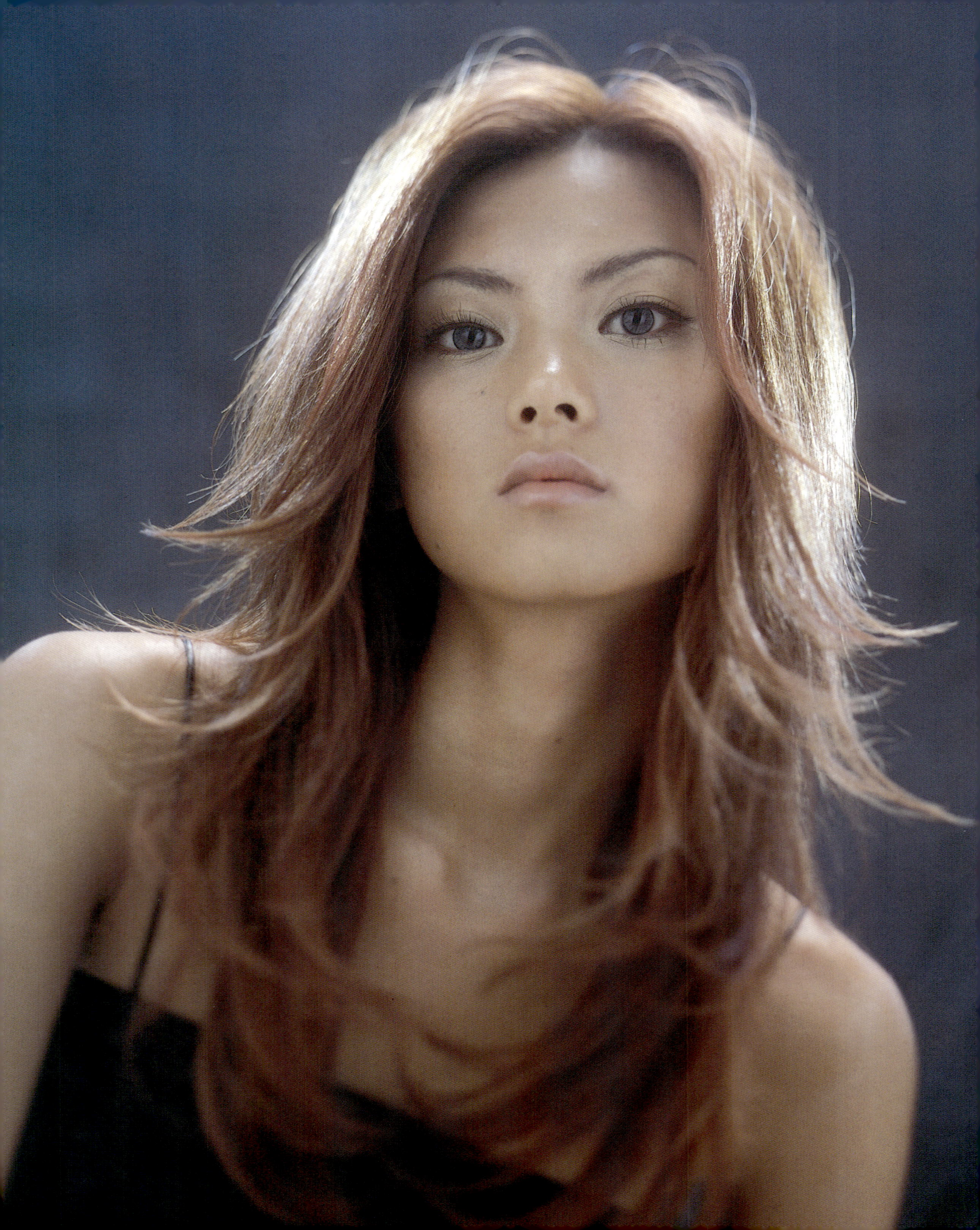

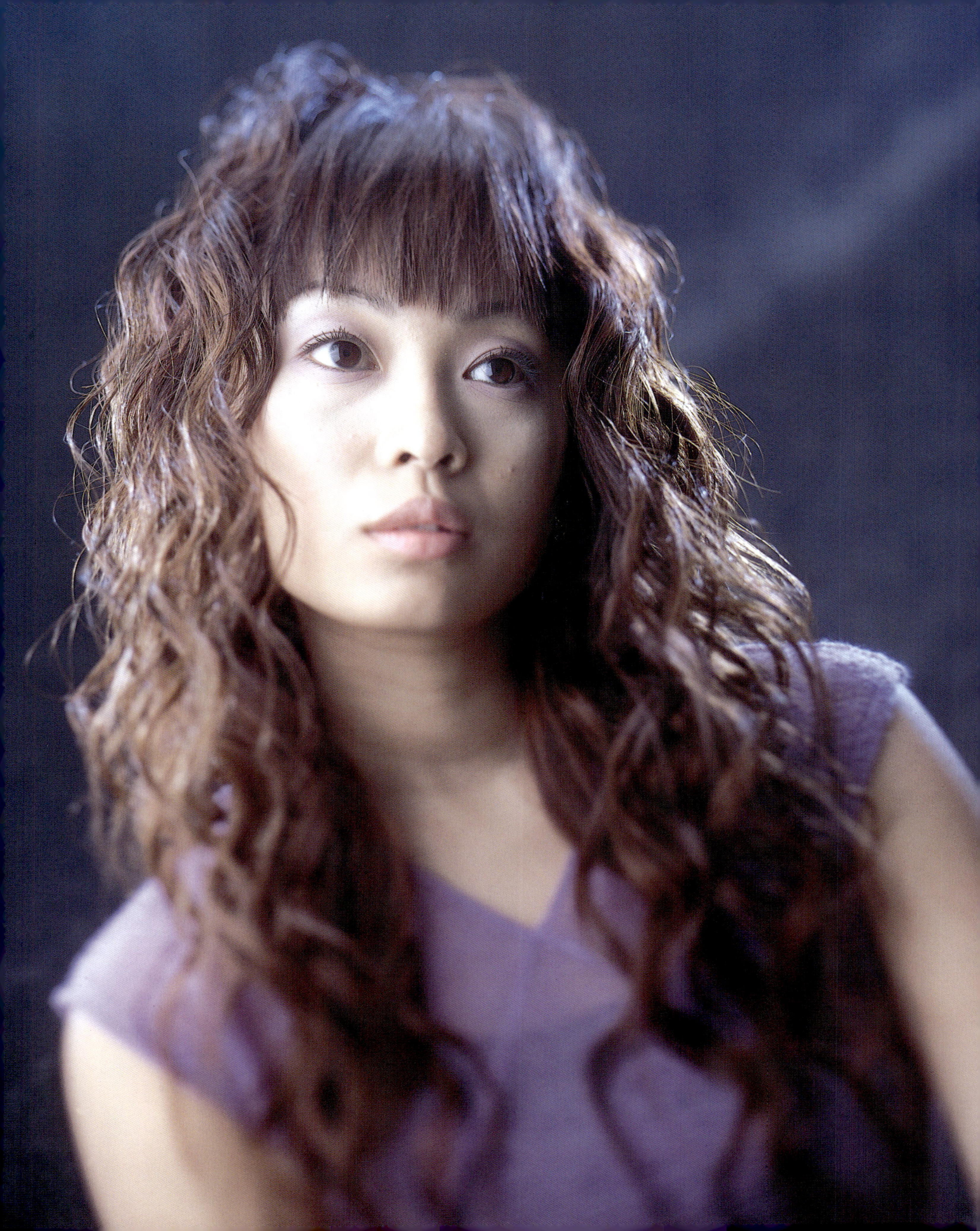

Zone and Section TECHNIQUE 24
4セクションでカットされた ロングレイヤースタイル。

DESIGN POINT　デザインの最終的なイメージは人気のロングレイヤーだが、多重セクションの効果で的確な量感調節と軽い髪の動きがうまれている。かつてのロングレイヤーと比べると、ゾーンとセクションによって再現性が圧倒的に向上している。常に変わらず支持されるスタイルだけに、デザインの持ち味は保ちながら、見えない部分に現代的な処理を加えた例。

SECTION

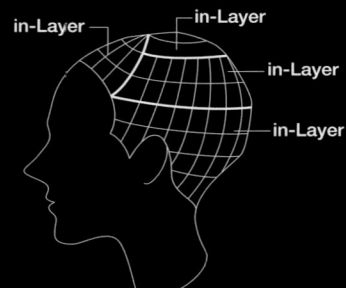

INNER THINNING
セクションにより座標線上に量感調節がなされているため、インナーセニングはやや控えめに。インナーセニングが過剰に入ってしまうと束が薄くなりすぎてしまい、デザインのテイストが損なわれる。

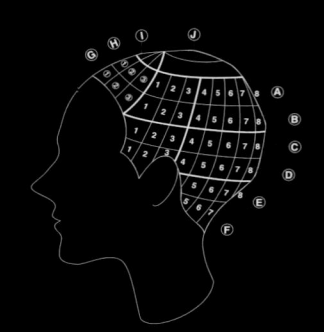

LINE THINNING
ロングのスタイルなので、トップセクションのアンダーセニングをあまり深く入れすぎると、このスタイルの女性らしさが損なわれる恐れがあるので、注意が必要。セクションですでに量感調節と動きは生まれているので、浅めのアンダーセニングで充分。

① フロント、トップ、パリエタル、アンダーセクションのすべてをディスコネクトさせてレイヤーでカット。

② アンダーセクションのアウトラインをやや前上がりにカット。

③ フェースラインを前方に引き出し、レイヤーカット。

④ サイドはすべて③の位置に引き出してカット。

⑤ バックは④でカットした耳後ろの長さをガイドに、オンベースで正中線まで切り進む。

⑥ ドライ後、アンダーセクションにインナーセニング。

⑦ オーバーセクションをカット。フェースラインをレイヤーカットするが、このとき、このパネルのいちばん下の長さと③でカットしたパネルのいちばん上の長さが繋がらないように注意。

⑧ サイドをすべて⑦の位置に引き出してカット。その後アンダーセクションと同じ要領でカット。

⑨ フロントセクションをカット。フェースラインをレイヤーにカット。その後すべてフェースラインの長さに引き寄せてカット。このとき、このパネルのいちばん下の長さと⑦⑧でカットしたパリエタルセクションのレイヤーの一番上の長さがつながらないように注意。

⑩ 正中線状に前方が長くなるようにレイヤーガイドをつくる。すべてこのガイドに引き寄せてカット。

⑪ トップセクションをカット。正中線上にレイヤーガイドをつくる。イア・トゥ・イアより前はすべて正中線に引き寄せる。バックは正中線上の長さをガイドに放射状にカット。

⑫ ⑩でカットしたフロントセクションのレイヤーのショートポイントと、⑧でカットしたパリエタルセクションのレイヤーのA座標上の長さと、トップセクションがつながらないようにカット。

⑬ ドライ後、オーバーセクション(フロント、トップ、パリエタルセクション)にインナーセニングを入れたあと、ラインセニング。B座標は動きのポイントなのでサイドセニングを深めに入れて後方に動かす。A座標は後方に動かしつつオーバーセニングをプラスして収めながら量感を減らす。

⑭ GH座標はインカーブ状にオーバーセニングを入れてハネをつくる。

⑮ IJ座標はアンダーセニングで浮力を与えた後、サイドセニングを浅めに入れて後方に動かす。

⑯ カット終了。

Zone and Section TECHNIQUE 25

4セクションでカットされた ロングレイヤーウエーブスタイル。

DESIGN POINT

ウエーブスタイルのベースにも多重セクションは大変有効。ゾーンとセクションのために設定された座標は、そのままロッドの配置に流用できる。今回は詳しく触れていないが、パーマと完全にシンクロできることもふまえて今回の座標は設定されている。とくにワインディングはアシスタントが作業することが多いだけに、位置の確認と認識が重要になる。ゾーンとセクションで量感調節が理論化されているため、ダメージも少なくなる。

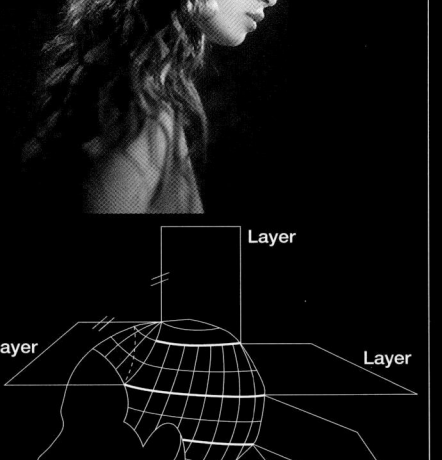

SECTION
Layer / Layer / Layer / Layer / Layer
in-Layer(Low) / in-Layer(Low) / in-Layer(Hi) / in-Layer(Hi) / in-Layer

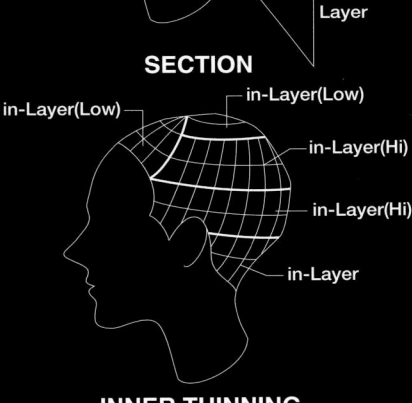

INNER THINNING
短いインナーの直径が大きくなりすぎると、ポイントの長さにもパーマが掛かってしまう。すると予想外のボリュームが生まれてしまうので、直径は大きくなり過ぎないように注意。

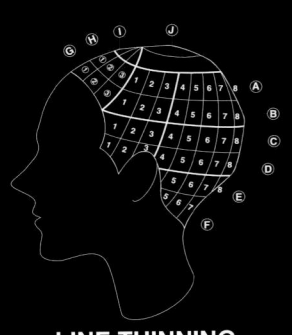

LINE THINNING
マス目の間に生まれる隙間はそのままロッド配置の境界線にもなっている。あまりスライドを強くするとパーマをかけることで、ダメージにつながってしまう。今回のようにリッジをはっきり見せる場合はあまり滑らせないように注意する。

① トップ、バリエタル、テンプル＋オキシピタル、ネープの4セクションをディスコネクトさせたレイヤーカット。

② ネープセクションのアウトラインを平行にカット。

③ 正中線上に縦にパネルを引き出し、カーブ状にレイヤーカット。正中線をガイドにネープセクションをすべてカット。

④ テンプル＋オキシピタルのアウトラインをやや前上がりにカット。このときに必ずネープセクションのアウトラインよりも上方に長さを設定するように。

⑤ テンプル＋オキシピタルセクション。フェースラインをレイヤーカット。

⑥ サイドはすべて⑤の位置に引き寄せてカット。

⑦ バックは⑥でカットされた耳後ろの長さをガイドに、オンベースで正中線まで切り進む。

⑧ テンプル＋オキシピタル、ネープセクションのベースカット後、ドライしてインナーセニング。

⑨ ラインセニング、サイドセニングを左右均等に入れ、前後の動きをつける。ⒸⒺ座標にはオーバーセニングをプラスして、収めながら量感を減らす。

⑩ バリエタルセクションのカット。フェースラインを前方に引き出してレイヤーカット。

⑪ サイドをすべて⑩の位置に引き寄せてカット。⑦と同じ要領でバックをカットしていく。

⑫ トップセクションのカット。バリエタルセクションとつながらないようにレイヤーの長さを設定する。

⑬ ドライしてインナーセニングを行い、ラインセニング、サイドセニングを前後均等に入れる。ⒶⒷ座標は

⑭ Ⓘ Ⓙ座標にアンダーセニングで浮力を、Ⓐ座標にオーバーセニングで収まりを与える。

⑮ ワインディング。

⑯ 仕上り。

Zone and Section　#04 Multi-SECTION

フロント、トップの座標と毛流対応

これまで見てきた座標図では、フロントとトップの部分が空欄になっていました。このエリアは、素材のクセであったり、毛流の影響を一番受けやすい場所であると言えます。また、狙ったデザインによって、トップとフロントはパートの取り方も異なってきます。したがって、この部分に関しては、そのデザインに合った座標を幾つか想定することができます。

毛流対応の考え方
毛流に対して、どのようなカットを施していくかは、大きく次の2つのアプローチを考えることができます。

1.毛流補正[座標主導のカット]
ベースの形に合わせて毛流を補正していくテクニック。座標を使って毛流の強さを消していくのが基本的な考え方。形態を優先させるカットになるので、形の印象をはっきりと出したい場合に有効。

スタンダードなカット
（座標を使った
形態優先のカット）

セルセクション
（座標変換を伴う質感優先のカット）

フリーハンドカット
（座標を用いない、
感覚優先のカット）

2.セルセクション[毛流主導のカット]
毛流の方向性を利用して、髪の動きやベースの形をコントロールする方法。毛流に沿って座標変換を起こすため、フリーハンド的な要素が強いカットとなる。動きや質感表現が優先されるので、形の印象は座標主導のカットに比べると弱くなる性質がある。スタンダードなスタイルを切る際は、ゾーンを限定して使用すること。

動きや空気感をどう表現するか

従来のベーシックカットでは、設計図のようなものを頭に描きながら、パネル展開を行っていくという方法が一般的でした。まず、形ありきで、カットのプロセスは、そのイメージに近づいていくための手段であると言えるでしょう。ところが、90年あたりを境とし、ヘアスタイルには形以外の要素が強く求められるようになります。動きや軽さ、空気感といった主に質感表現に関わるものがそれです。単なる流行と言うよりも、もっと深いレベルで人間を取り巻くある種の環境が変わり、好まれるデザインの性質が変化してきたようにも思われます。

ただし、ヘアデザインを前提にした場合、形と空気感というものは、実は相反する性格を持っています。形のしっかりとしたものは、動きにくいという性質があります。反対に動きをつければつけるほど、形として印象は弱くなります。動きという異質な要素を、1つのデザインの中で形とどう共存させていくか？こういった問題意識が、ゾーン・アンド・セクションの生まれた背景にはあります。つまり形態を操作するセクションと量感のコントロールで動きや質感表現に関わるゾーンという技術がお互いに結びつくことによって、相反する要素をデザインに取り込み表現の幅を広げていくわけです。このプロセスは細胞融合によって、新しい環境に適合しようとする生命の戦略に似ています。

形と動きを両立させる標準的なプランは、毛流を矯正するというデザインの考え方です。初めに想定した形があって、素材の状態をそれに合わせていく方法論です。座標を用いて、毛流の流れを弱め、セニングで軽さを出していくアプローチです。

そしてもう1つが、座標設定を毛流に合わせて変化させるセルセクションです。この技術は、素材が本来持っている動きや質感を優先させますので、形をコントロールする力が弱まります。この方法を極限まで突き詰めると、レイヤーやグラデーションという人工的な形態が完全に消え去り、自然界の草木のように人の手が入っていない有機的なデザインが姿を現します。

庭師のつくる造園美もあれば天然の動植物にも固有の美しさがあります。今すぐ商業ベースには乗らないかもしれませんが、素材の特徴を活かすカットは、今後のデザインワークを考えると、自然美を人工の造形にどう取りこんでいくかという、大変、興味深いテーマを含んでいるように思います。

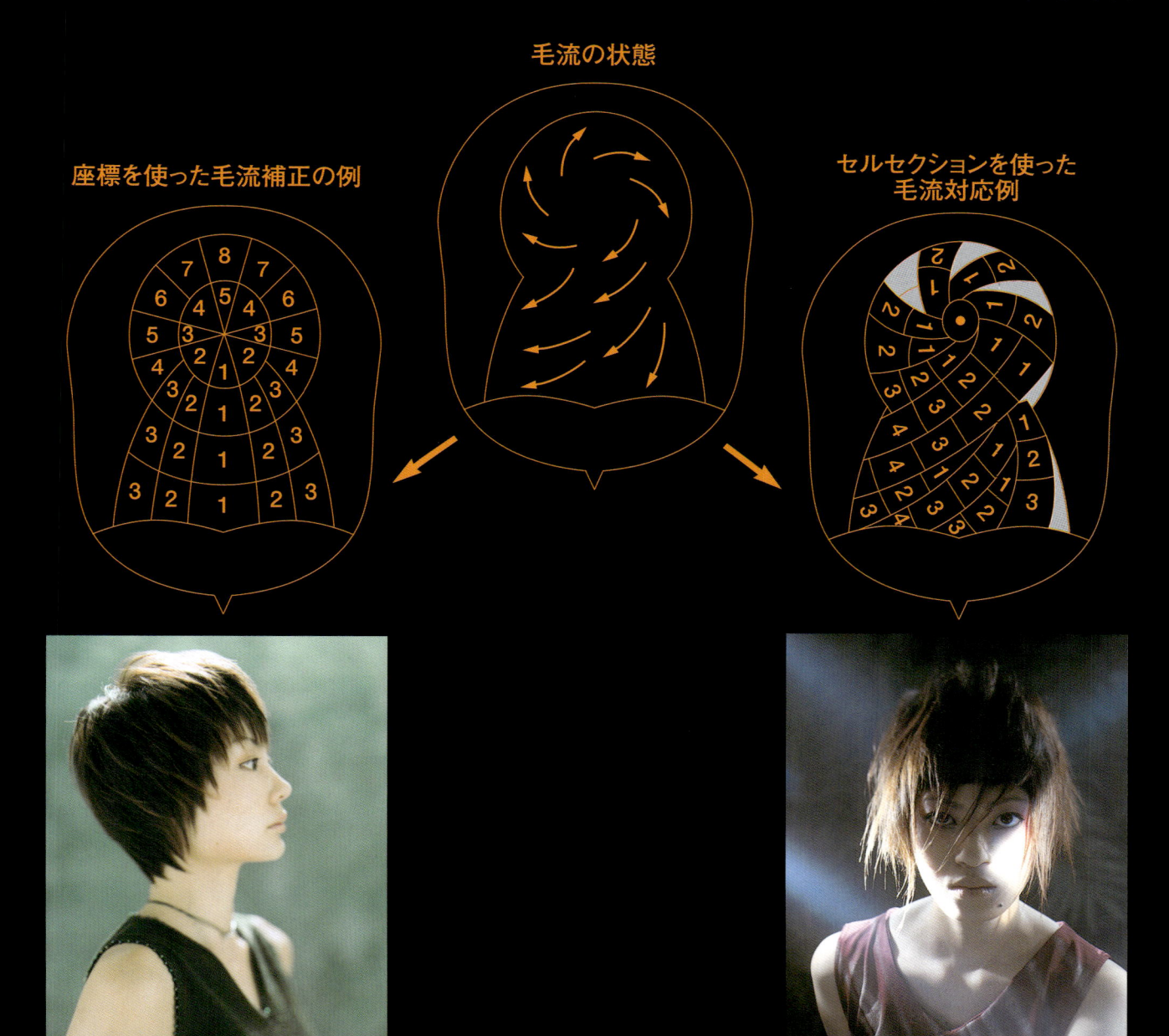

Zone and Section　#04 Multi-SECTION

座標を使ったフロント、トップの毛流補正

フロント、トップはパートの有無や位置、デザインによって座標の設定を変化させます。下に代表的なものを挙げておきましたので、ゾーン処理の際の参考にしてください。

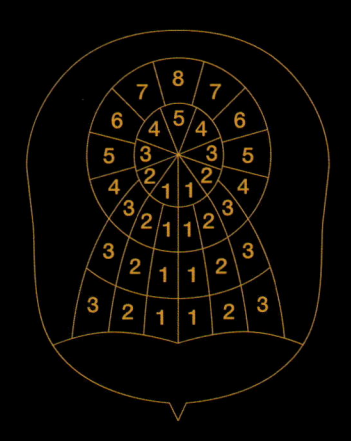

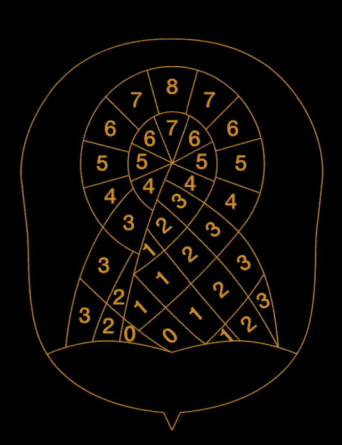

センターパート（Short style） 　　　センターパート（Long style） 　　　サイドパート（Long style）

ラインセニングによる補正

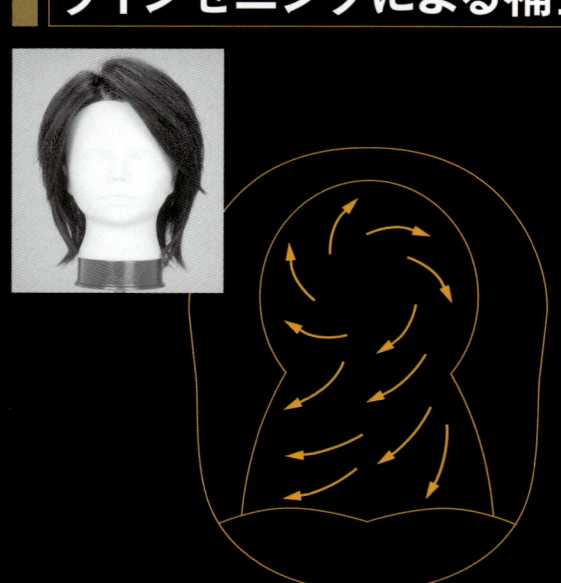

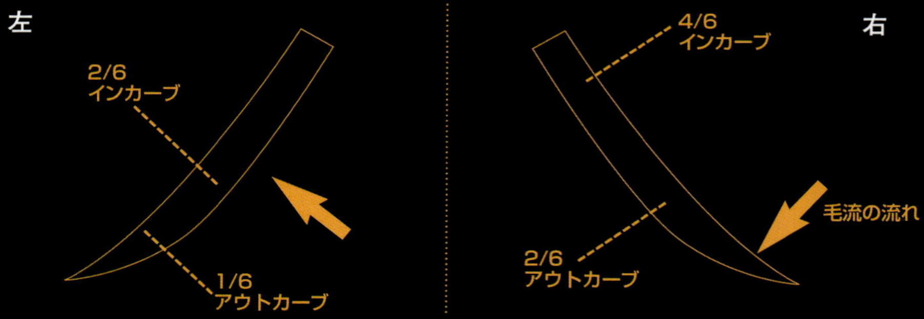

左　　　　　　　　　　　　　　　　　　　　　　　　　右

2/6 インカーブ　　　　　　　　　　　4/6 インカーブ

1/6 アウトカーブ　　　　　　　　　　2/6 アウトカーブ　　毛流の流れ

上から見た時、時計回りに毛流がある場合を仮定した対処事例です。パートを設定すると、左サイドが毛流の流れに従い、右サイドが流れに逆らう髪の方向性を持つことになります。このようなケースでは、毛流の流れに従っているほうのサイドセニングを浅めに行ない、逆らっているサイドに深く入れます。例えば、上の事例では、サイドセニングで補正を行なっていますが、右サイドに毛流れと反対の方向性を出していくことにより、左右のバランスをとりやすくしています。仮に逆のパートを取る場合でも、基本的な考え方は一緒です。

インナーセニングによる補正

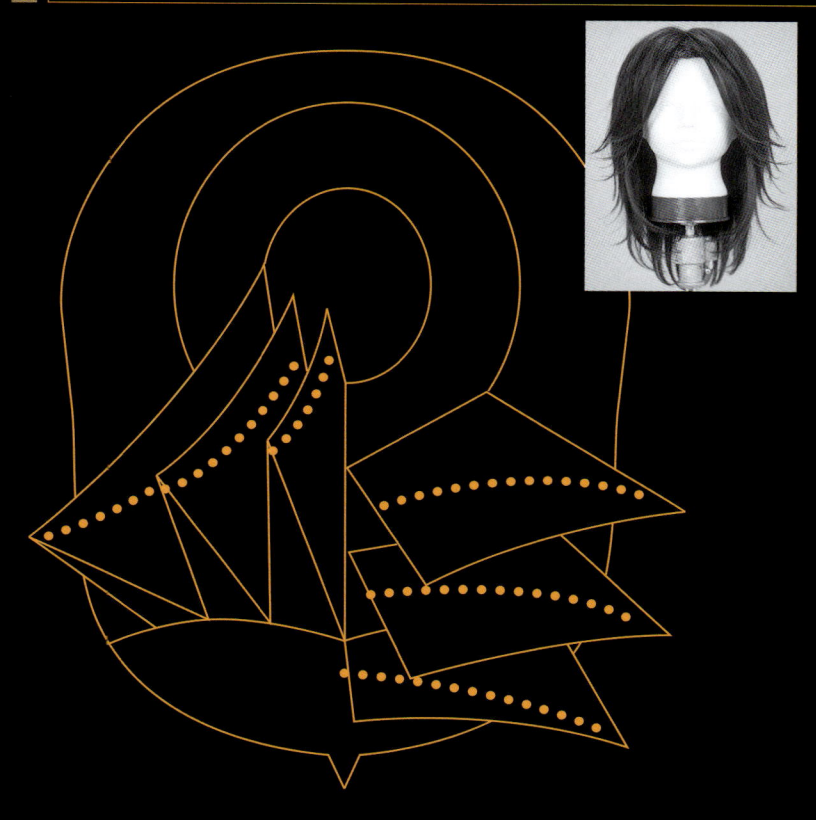

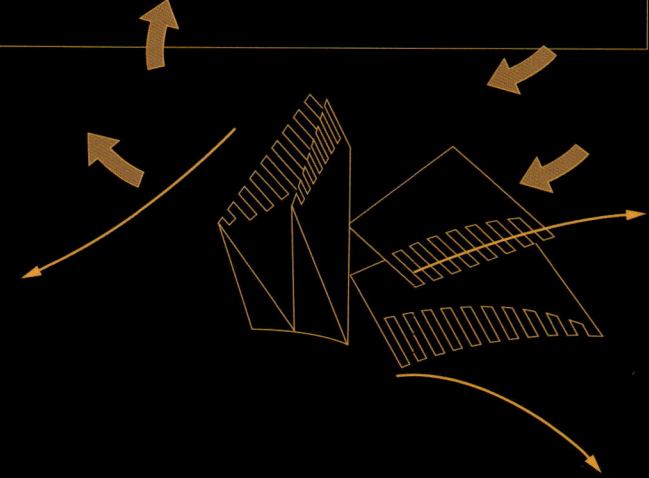

インナーセニングはラインセニングの補正に比べると効力自体は、強くありませんが、毛流がそれほど極端でなければ、ナチュラルに馴染ませる方法として有効です。まず、1つは、左右でセニングのパネルを引き出す方向を変えていくやり方です。毛流と逆らう側のパネルを横で取りインナーレイヤーを入れますと、横に毛流れと反対の効力が発生します（削ぎのレベルでショートポイントがロングポイントを押す力が生まれる）。毛流に従うサイドは、縦パネルで浅めのインナーセニングを入れます。2つめは、両サイドとも横パネルで取り、毛流に従っているほうのインナーセニングを浅めに、逆らっているほうを深めに入れていくというやり方もあります。

ルーツセニング、ハイドセクションを使った補正

毛流の影響を受けやすい短めのレングスで、強い効力を発揮する補正事例を2つげておきます。まず、ミディアムからショートの場合ですが、P82で取り上げたハイドセクションが使えます。方法としては、毛流と反対に髪の流れを方向付け、その対角線上後方にハイドセクションを打っていきます。こうすることで、後方のハイドセクションが前方の毛束を押し上げて、毛流への抵抗力として働きます。レングスがショート〜ベリーショートのように短いものは、同じ原理を用いてルーツセニングを使います（このレングスでハイドセクションを使っても、ベースの長さとハイドセクションの毛束の長さがあまり変わらないので、効果が薄いため）。なお、これらのテクニックは、長いレングスのスタイルで用いると、補正する側の短い髪が立ち上がってきやすいので、使用を控えるようにします。

ROOTS THINNING

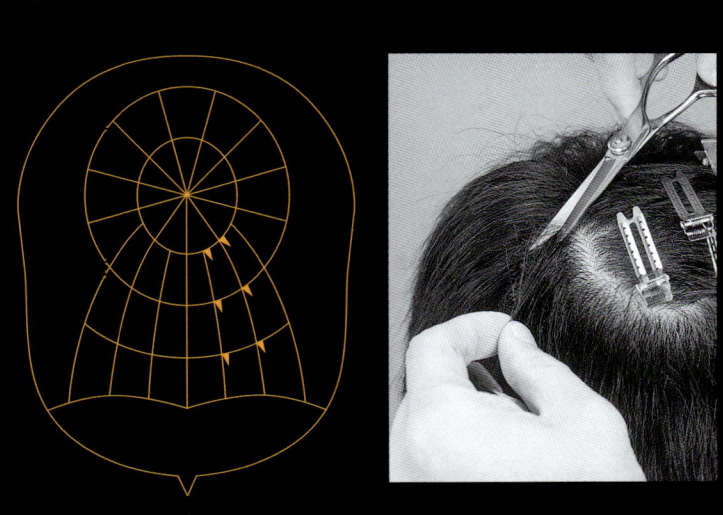

HIDE SECTION

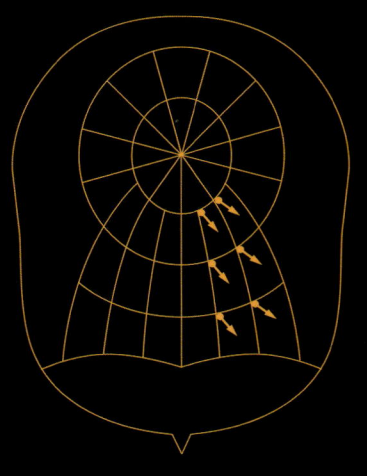

Zone and Section　#04 Multi-SECTION

セルセクションを使った毛流対応

座標を使った毛流補正に対し、このセルセクションは、毛流の持つ力や方向性に沿って座標変換を起こし、デザインが構成される点に特徴があります。素材の状態を活かしたスタイル、また、クセを逆に利用して収まりをよくしたい時などに有効な技術です。ただし、動きや質感表現が優先されるテクニックなので、形をコントロールしていく力は弱くなります。よって、一般的なスタイルをつくる際は、ゾーンを限定して使用するようにします。

トップゾーンのセルセクション

トップのセルセクションは、空気感を取り込みスタイルに可動性を持たせる時に大変有効です。起点の長さが短いとレイヤー的に、長いとグラデーション的な印象になります。サイドセニングを使って、左右への動きをつけたり、アンダーセニングで浮力を加えたり、セニングを入れない毛束を配したりすることで、様々な乱れが表現できます。

Before  　　**トップの座標変換** 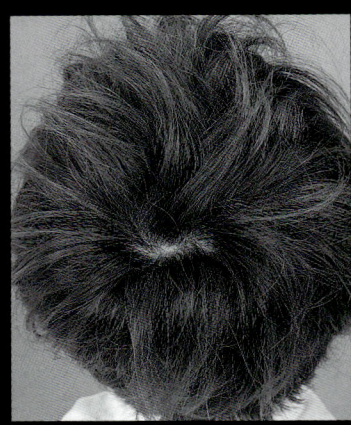　　**After**

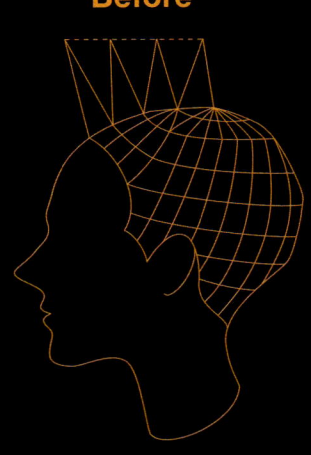

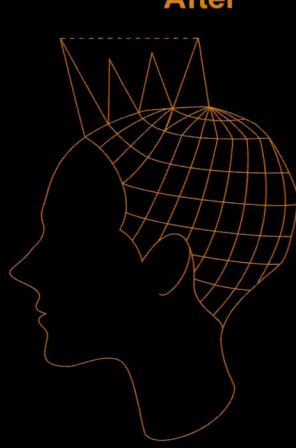

カットの基本的な効果は、大きく3通りのものがある。①起点と終点の長さを決め、両者を結ぶライン上に中間部の毛束の長さを合わせる。これは、レイヤー的な形が生まれ、動きの大きさが加わる。②起点と終点を結ぶ線より中間部を長く残すデザイン。中間部の長さ、動きが強調される。③起点と終点の長さを結ぶ線より、中間部の長さが短いデザイン。起点と終点の長さや動きが強調される。

① 座標変換を行ったマス目の下からアンダーセニング（スライシング）を入れる。アンダーセニングが毛流の流れに直交した時、最大浮力が発生する。

② 設定した座標の方向性に合わせて、オーバーセニング（スライシング）しながら起点の長さを決める。

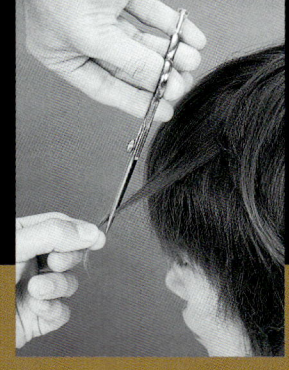

③ オーバーセニング（スライシング）しながら終点の長さを決定する。

④ 起点、終点の長さを見ながら中間部をオーバーセニング（スライシング）。

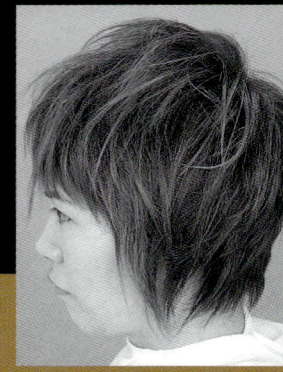

⑤切り上がり

オキシピタルゾーンのセルセクション

ゾーンによって、特に毛流が強いような場合、補正しにかかると逆にボリュームが出てしまうようなことがあります。そういったケースでは、毛流の方向性に沿ってそのゾーンのみ座標変換を行って処理したほうが、収まりがよくなります。

Before 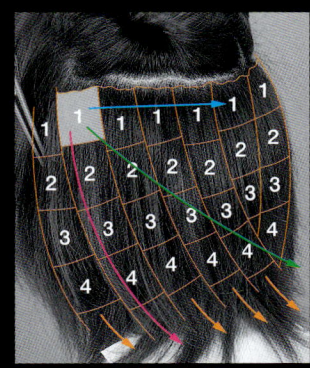 / **座標変換**  / **After**

① 毛流の起点となっている、左斜上のマス目からオーバーセニングを深めに入れて長さを短めにカットする。

② 起点から遠ざかっていくほど、長さを長めにしてオーバーセニングを浅めに入れる。

③ サイドセニング(スライシング)を入れて毛束が毛流の方向(この場合右)に動くようにする。起点に近いほど浅く、遠いほど深く入れていく。

ネープゾーンのセルセクション

毛流を利用してアウトラインの形をつくる例。セニングは、髪を収めるオーバーセニングを起点周辺ほど深くし、反対に可動性の高いサイドセニングは浅くする。つまり毛流の起点から遠いほど、オーバーセニングは浅く、サイドセニングは深く入る。アウトラインの長さと形は、カットプロセスの最後に決めていく。

Before  / **座標変換**  / **After**

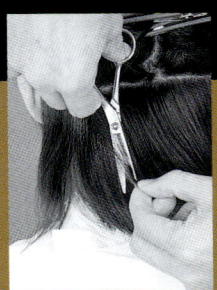

① 毛流の起点となるマス目からオーバーセニング(スライシング)。

② 起点から遠ざかるにつれてオーバーセニングを浅くする。

③ サイドスライシングで動きを補助していく。起点から遠くなるほど深くなる。

④ 最終的にアウトラインにサイドセニング(スライシング)を行ないながら、長さを決めていく。

Zone and Section　#04 Multi-SECTION

パートとゾーン＆セクション

パートは顔周りのデザインやお客様とに似合わせに直接影響してきます。パートの分け目を設定した時、一番のポイントになるのが左右のバランスです。よくある失敗が、ヘビーサイドが重くなる、膨らんでしまうというケースです。全体が仮に同じ毛密度だとしても、分け取った分量によって左右で量感が異なってきます。ここでは、インナーセニング、ラインセニングを使った補正とディスコネクションの機能で左右のバランスを取っていく方法について見ていきます。

インナーセニングで左右バランスを取る方法

1セクションレイヤーでサイドパートの左右の量感バランスを取る場合、まず、ヘビーサイド側のインナーセニングの軌道が深くなるようにします。この際、注意を要するのは、トップには入れず、パリエタルゾーンに深めに入れるようにします。

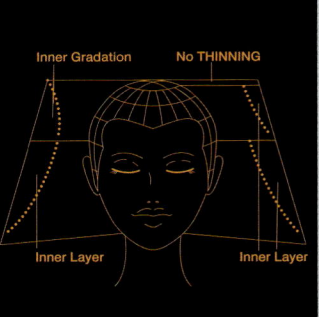

Inner Gradation　No THINNING
Inner Layer　Inner Layer

ラインセニングで動感のバランスを取る方法

ある程度、動きの表現を狙ったデザインの場合、ヘビーサイド側はレイヤーの重なりが多くなるので、毛束の動きがより大きく発生します。反対にライトサイドは、動きの印象が薄く、ボリューム感も出ません。このようなケースでは左右でラインセニングを使い分けていきます。具体的には、ライトサイドのアンダーセニング(スライシング)を深めに入れることで、動きの補助を行います。逆にヘビーサイドは、アンダーセニングは浅めにして、動感のバランスを取るようにします。

＊黄色い部分はアンダーセニングを使わずにオーバーセニングのみでボリュームダウンさせている。

セクションの構成で左右のバランスを取る

もともとベースが3セクションで切られているレイヤーです。アンダーセクションの形状は左右同一で問題ありませんが、オーバーセクションの長さが全く同じだと、左右のバランス比が狂ってきます。ただし、セクションで補正する場合、B座標上の長さまで変えてしまうと、アシンメトリーな印象になってしまいますので、A座標上の長さのみ変えて量感のバランスを取ります。

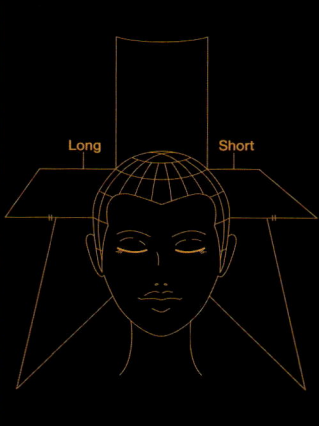

Long　Short

量感調節の技術とその選択

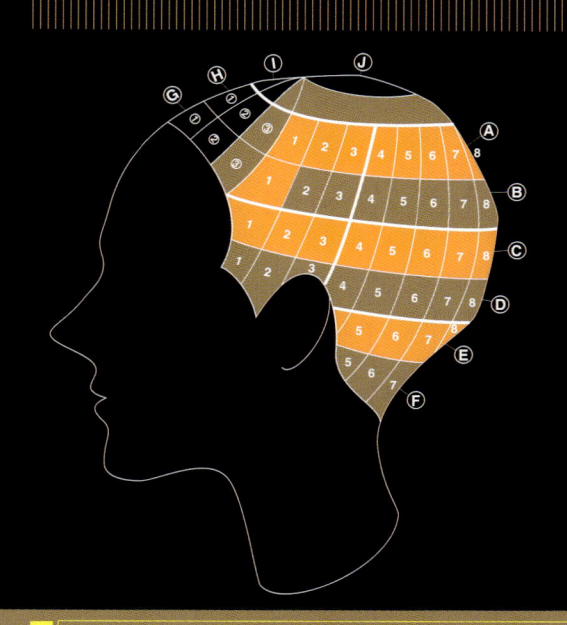

本書で設定しているセクションラインは骨格の起伏に基づいています。一般的に各セクションの █ 部分に骨格の張り出しがあり、█ 部分に沈みがきていることが多いと言えます。仮に、この起伏を無視して █ 部分にディスコネクションの非接続線（空間が発生する箇所）やゾーンによる削ぎを入れると、短い毛が立ち上がってきて、デザインに不要なボリュームを生む原因となります。したがって、█ 部分には、デザインをつくる上で必要な長さを残し、█ 座標に空間を配して量感調節を行うことが基本となります。

■ 技術の選択

仮に1セクションレイヤーのC座標の量感を減らすケースを想定し、各技術アイテムの特徴を見ていきます。

SECTION
（形態変化≧量感調節＞動きの創出）

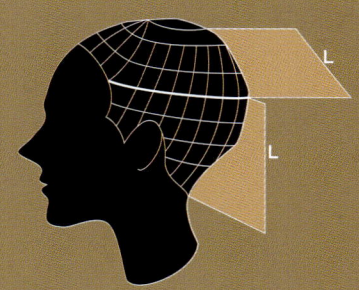

2セクションラインでディスコネクションを行うと（レイヤー・オン・レイヤー）、C座標の量感は決定的に減少する。しかし、この方法は、大きな形態変化が同時に発生する点に特徴がある。もし、形態変化を控えめに行いたい時は、B座標とC座標の長さのズレ幅を小さくすればいいが、当然、量感調節の効果も弱くなる。

INNER THINNING
（造形調節＝量感調節＞形態変化・動き）

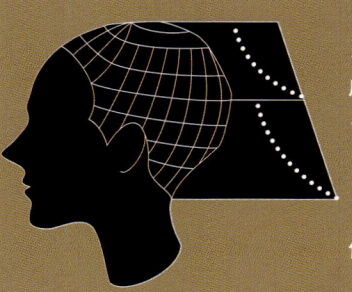

インナーセニングディスコネクションを使うと、インナーレイヤーの起点がC座標に来るため、そこの量感を減らすことができる。セクションを使った場合と比較すると、大きな形態変化は起こらず、量感の減少量も少ない。シルエットを調節したり、骨格補正の目的で使用する時、効果的な方法。

LINE THINNING
（動きの創出＝量感調節＞形態変化）

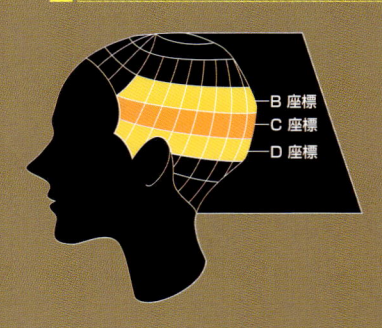

C座標にオーバーセニング（アウトカーブ）を深めに行うことによって、その部分の量感が減りB座標、D座標に動きが生まれる。量感調節を狙った座標が動き過ぎると邪魔なボリュームにつながりやすいので、C座標のサイドセニングはフォロー程度にとどめ、主にオーバーセニングを使用すること。

インナーセニングディスコネクション

P23で見たように、削ぎを入れる際、ゾーンごとにセニングをディスコネクションして使っていくと骨格の起伏や毛密度への対応能力が高くなります。使い方としては、ボリュームを落としたい箇所にインナーレイヤーの起点を持ってくることが基本です。ただし、形態変化も大きくなりますので、その特徴を理解して目的に応じて使っていくことが大切です。

1セクションレイヤーのベース

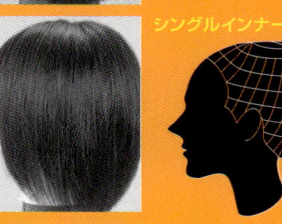

シングルインナーレイヤー

1セクションカットのベースの形を維持したままで、量感だけ減らしていく時、有効。

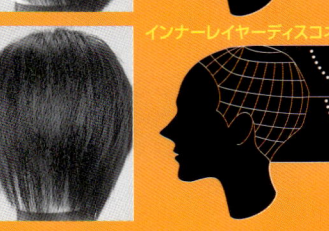

インナーレイヤーディスコネクション（ダブルインナーレイヤー）

シングルインナーセニングに比べ、大きな量感調節機能が働くが、2セクションに似た形態変化を起こす。

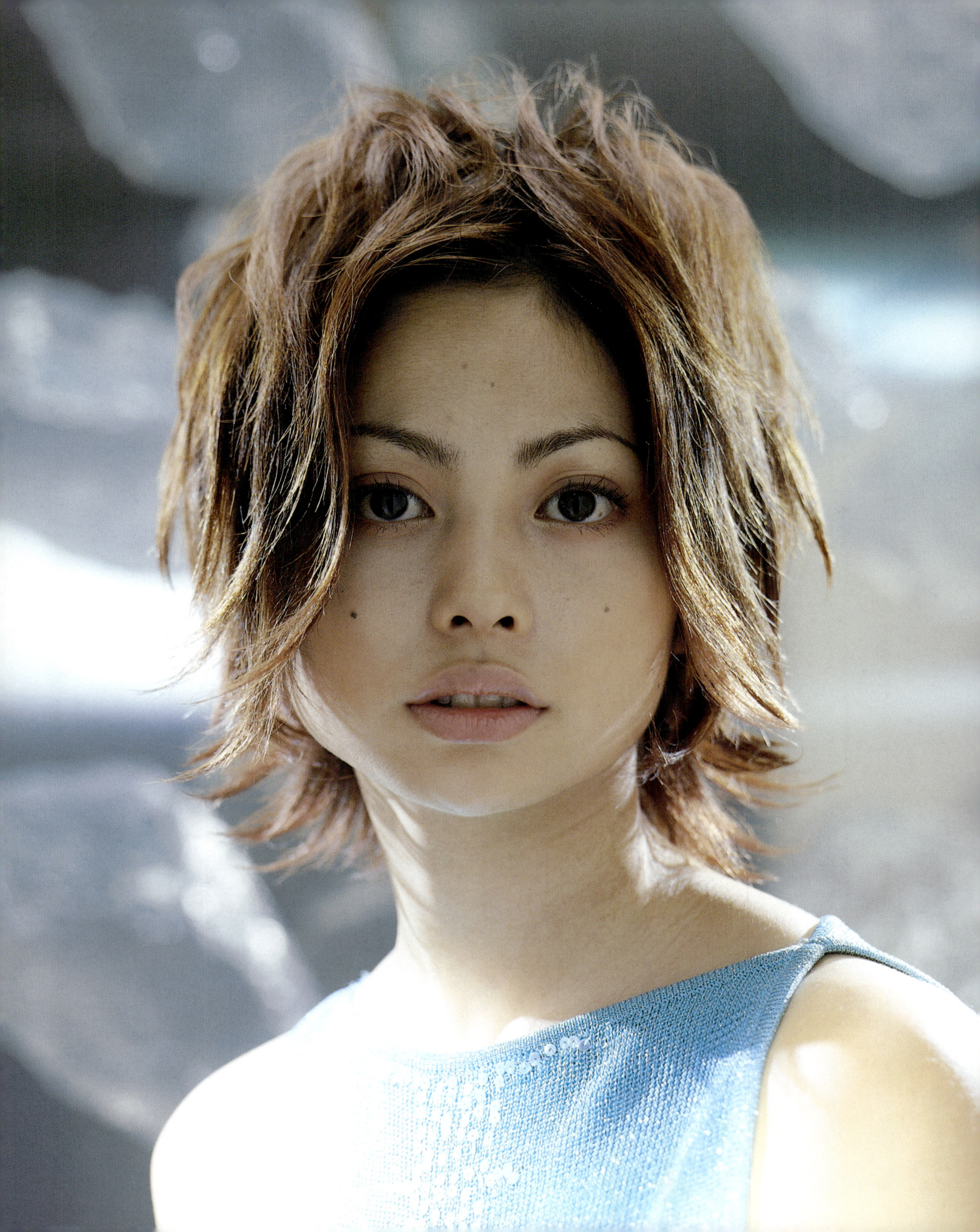

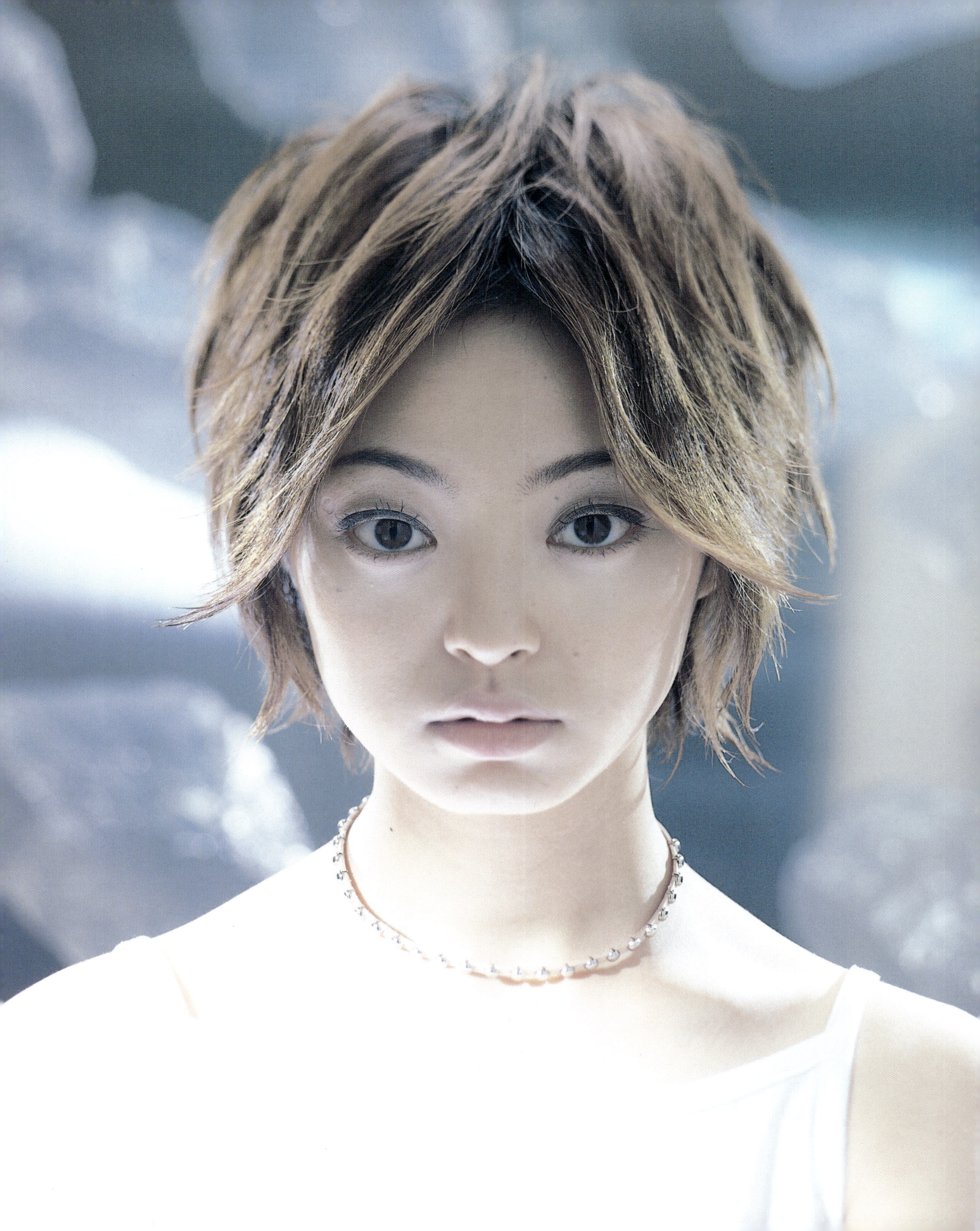

Zone and Section **TECHNIQUE 26**

カジュアルとエレガントなテイストをミックスした 4セクションのグラデーション・オン・レイヤー

DESIGN POINT
P63で紹介した2セクションのグラデーション・オン・レイヤーの発展形。デザインの大まかな形状には大きい変化はないが、各セクションの動感が増している。セクションが多重化したことと、トップのセルセクションによって乱れを取り入れたことが、軽さと動感を強調させた。

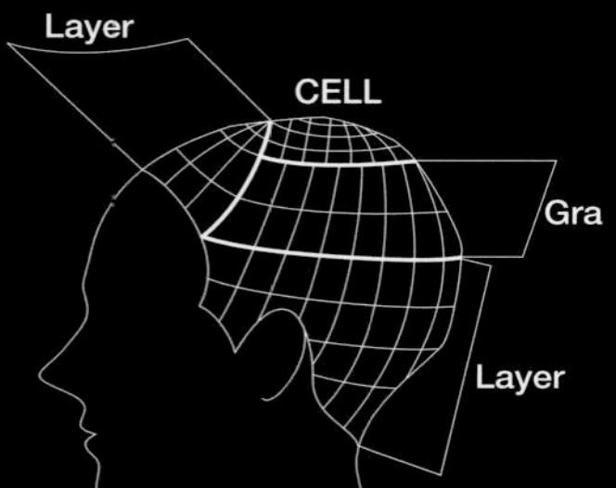

SECTION

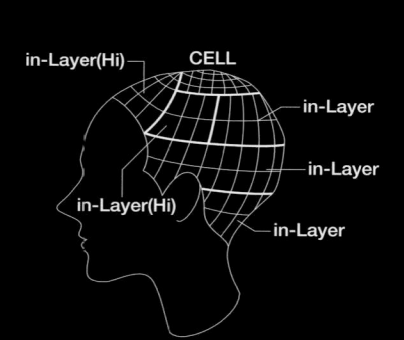

Layer / CELL / Gra / Layer

INNER THINNING

in-Layer(Hi) / CELL / in-Layer / in-Layer(Hi) / in-Layer

パリエタルセクションが前下がりのグラデーションなので、**A B1 2**に特に重さがたまりやすい。ここには重点的にインナーレイヤーを行う。

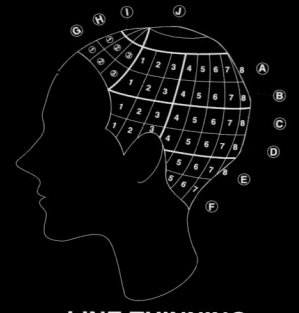

LINE THINNING

フロント、トップ、パリエタルセクションは、がさついた質感を出すためにハサミを滑らせながらカット。アンダーセクションはややエレガントな表情が欲しいので、あまり滑らせない。

① フロント、トップ、パリエタル、アンダーセクションの4つに分けてカット。まずアンダーセクションのアウトラインを前上がりにカット。

② フェースラインをレイヤーカット。サイドはすべてフェースラインの長さに引き出して同じ位置でカット。

③ バックは②でカットした耳後ろの長さをガイドに、オンベースで正中線上まで切り進む。

④ 再度ネープの正中線上から放射状に展開してレイヤーカット。バックのレイヤーに締まりをつける。

⑤ ドライ後、インナーセニング。

⑥ ラインセニング、サイドセニングで前方に動かす。C 2～8はオーバーセニングを深めに入れ、収めながら量感を減らす。

⑦ パリエタルセクションをカット。バックの正中線上にグラデーションでガイドをつくる。

⑧ ⑦をガイドに縦パネルで前方まで切り進む。＊上はグラデーション、下はレイヤーのセクション構成となった場合、つながりやすいので特に注意が必要。

⑨ フロントセクションのカット。フェースラインをレイヤーカットし、その後すべてフェースラインの長さに引き寄せてカット。

⑩ 正中線上にレイヤーガイドをつくる。前方が長く後方が短くなるように、すべて正中線上に引き寄せてカット。

⑪ ドライ後、インナーセニングを入れる。

⑫ ラインセニングを入れる。A B座標はサイドセニングとアンダーセニングで浮力を与えながら、前後への動きをつくる。

⑬ G H座標はインカーブ上にオーバーセニングを入れ、ハネさせる。

⑭ まずトップをドライしてからセルセクション（P100参照）でカットし、アンダーセニングで浮力を与える。

⑮ オーバーセニングと同時に座標のマス目ごとに長さを決めていく。

⑯ カット終了。

Zone and Section TECHNIQUE 27

毛流を補正しながらカットした 5セクションのショートレイヤー

DESIGN POINT
センターパートのスタイルを動かしながら再現性を与えるためには、毛流への対応が隠れたポイントになる。またセクション内部を骨格に合わせてカーブ上にカットすることで再現性はさらに向上する。

SECTION

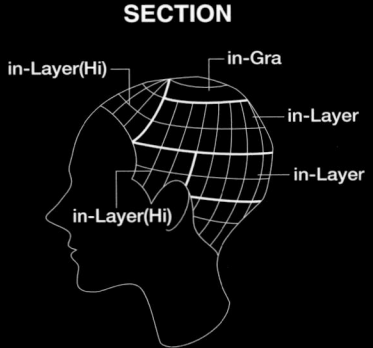

INNER THINNING
センターパートスタイルなので、フロントとトップセクションは毛流を補正するようにインナーセニングを使用すると再現性が高まる（P99参照）。

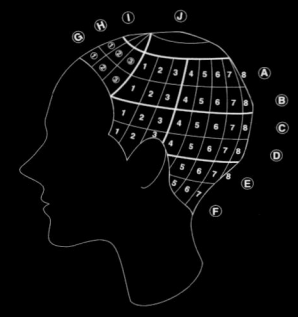

LINE THINNING
トップ、フロントは毛流を補正しながら、ラインセニングが構成されているため、動きながらも収まるようにカットされている（P98参照）。

① フロント、トップ、パリエタル、テンプル、オキシピタル＋ネープの5セクションをカット。

② オキシピタル＋ネープセクションをカット。正中線上にレイヤーガイドをつくる。パネルの上半分（EF座標）はセイムレイヤーにカット。

③ 正中線上のパネルの下半分（GH座標）はハサミをスライドさせながらカーブ状にレイヤーカット。

④ ②③でカットしたガイドに合わせて縦パネルでレイヤーカット。耳後ろまで切り進む。

⑤ テンプルセクションをカット。④でカットした最終パネルとつながらないように短めにレイヤーガイドをつくる。

⑥ ⑤をガイドに縦パネルで後方に引きながらカット。

⑦ 再度フェースラインを前方に引き出し、レイヤーを軽くする。後方は取れるところまで引き出してきてカット。

⑧ パリエタルセクションのカット。バックの正中線上にカーブ状にレイヤーガイドをつくる。

⑨ ⑧をガイドに縦パネルで前方に切り進む。

⑩ フロントセクションのカット。フェースラインをレイヤーカットし、すべて同じ位置に引き寄せてきてカット。

⑪ 正中線上にレイヤーガイドをつくる。前方が長く、後方が短くなるようにカット。その後すべて正中線に引き寄せてカット。

⑫ トップセクションをセイムレイヤーにカット。

⑬ ドライ後、インナーセニングを入れる。

⑭ ラインセニングを入れる。AB座標はサイドセニングで後方に動きをつける。その後B座標はアンダーセニングで浮力を与え、A座標はオーバーセニングで応めていく。

⑮ トップセクションのレイヤーにアンダーセニングで浮力を与える。ボリュームが出すぎないようにH座標はオーバーセニングを深めに入れて収めながら量感を減らす。

⑯ カット終了。

ZONE AND SECTION

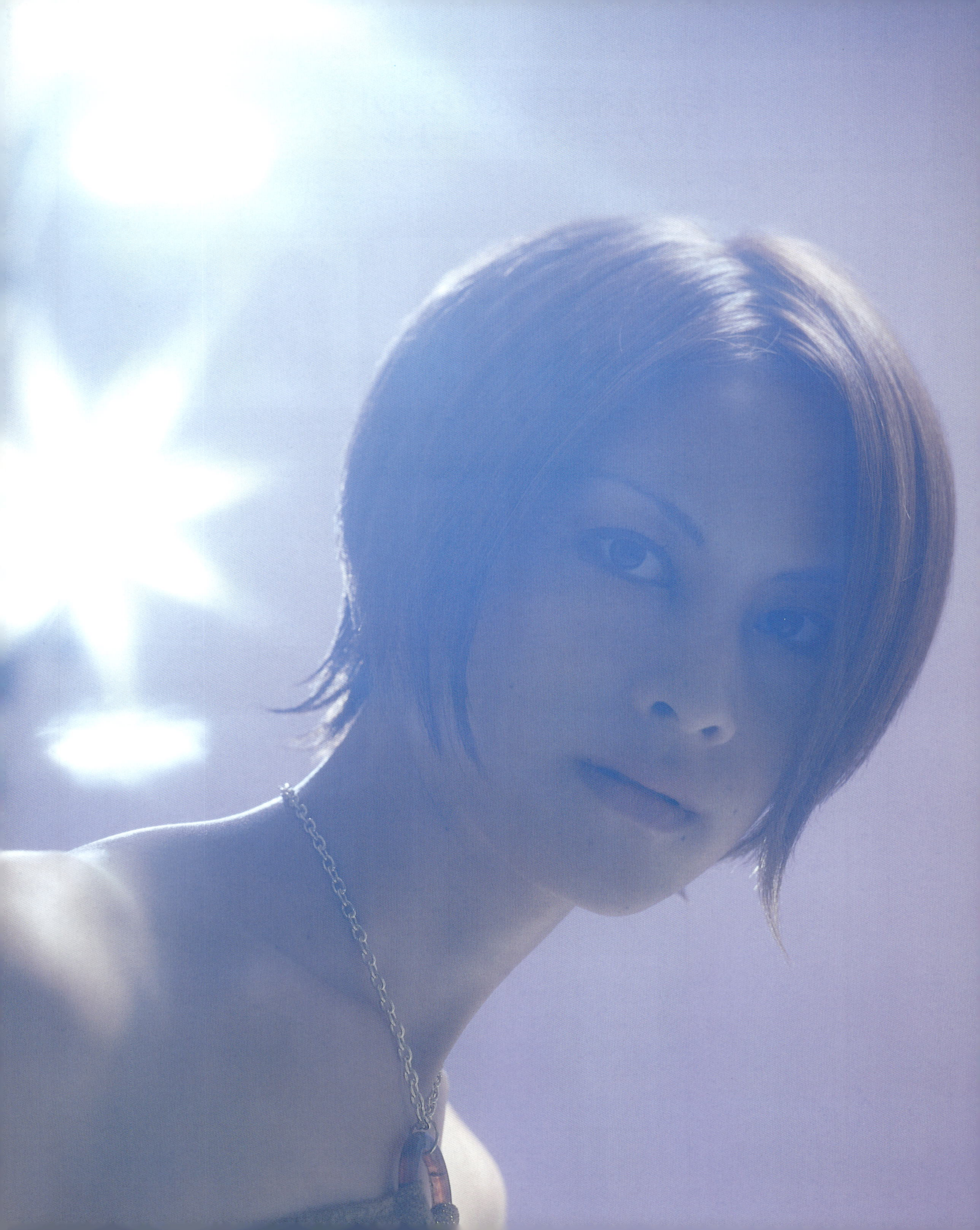

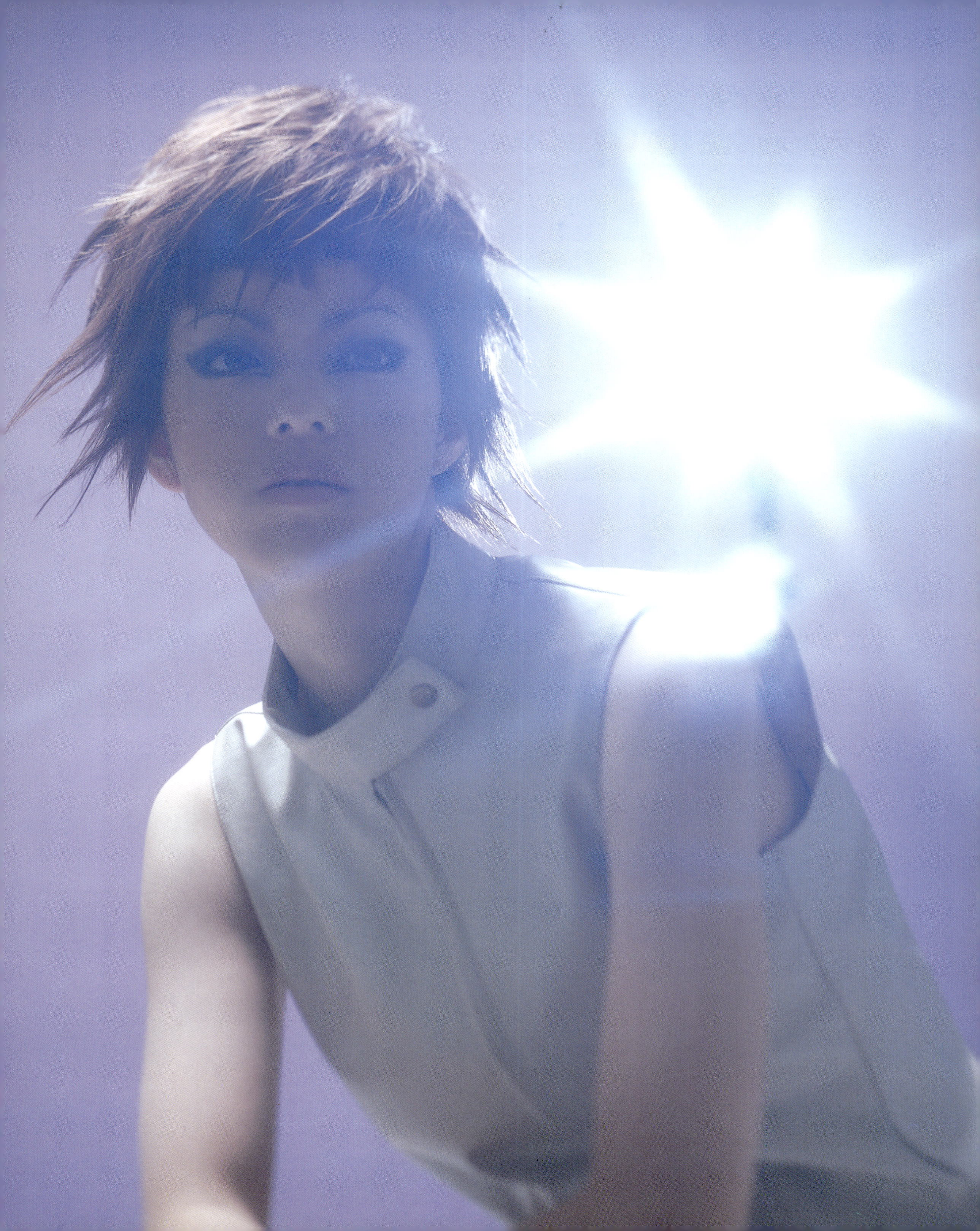

Zone and Section TECHNIQUE 28

モード＋カジュアル＋エレガント、ファッションジャンルにカテゴライズされない4セクショングラデーション・オン・レイヤー

DESIGN POINT 前下がりボブのイメージとレイヤーのイメージがミックスされたスタイル。2セクションで狙うと違和感を感じさせやすいが、多重セクションでカットすることにより、ナチュラルで軽く、再現性の高いスタイルになる。

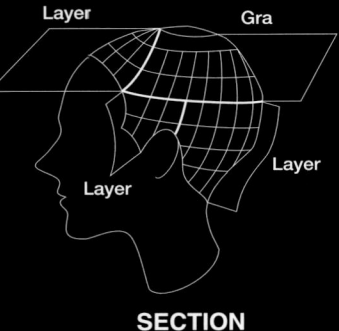

SECTION

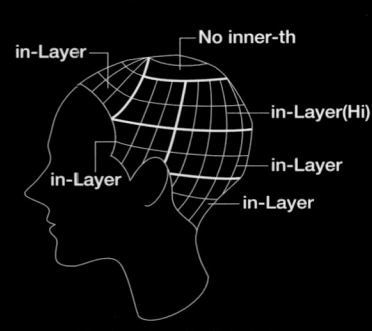

INNER THINNING
上―グラデーション、下―レイヤーの形態パターンは A 座標に重さがたまりやすいので、 A 座標上にインナーレイヤーの起点が深く入るように設定している。

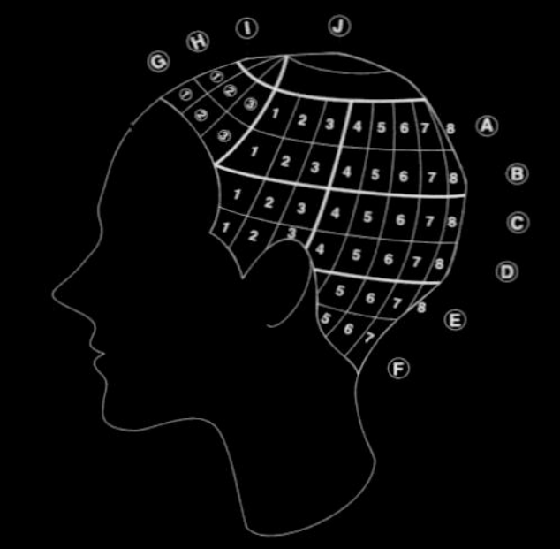

LINE THINNING
フロントセクションとパリエタル、トップセクションのディスコネクションが強調されないようにラインセニングを使用。結果、ディスコネクションが「見える」が、全体の印象では違和感を感じさせないナチュラルな仕上がりになっている。

① フロント、トップ＋パリエタル、テンプル、オキシピタル＋ネープの4つのセクションに分ける。

② オキシピタル＋ネープセクションのカット。正中線上にレイヤーのガイドをつくる。

③ ②をガイドに、縦パネルでやや後方に引き出しながら耳後ろまで切り進む。

④ テンプルセクションのカット。③でカットした最終パネルにつながらないように短くガイドをつくる。

⑤ ④をガイドにパネルを後方に引き出しながら切り進む。

⑥ フェースラインを前方に引き出してレイヤーを軽くする。その後、取れるところまで引き出し、同じ位置でカット。

⑦ ドライ後、インナーセニングとラインセニングを入れる。

⑧ パリエタル＋トップセクションのカット。バックの正中線上にグラデーションのガイドを取り、縦パネルでやや後方に引きながら前方に切り進む。

⑨ フロントセクションのカット。パリエタルよりも前傾角度をやや強くしてアウトラインをカットする。

⑩ フェースラインを多めにレイヤーカット。その後すべて同じ位置に引き出してカット。

⑪ 正中線上に重めにレイヤーガイドをつくる。その後すべて正中線上に引き寄せてカット。

⑫ ドライ後、インナーセニングを入れる。

⑬ A B 座標にサイドセニングを左右均等で浅めに入れ、やや前後の動きを与える。

⑭ A I 座標にオーバーセニングをやや深めに入れて収めながら量感を減らす。

⑮ G H 座標、フェースラインは毛流の向きが両サイド逆になっているので、毛流の向きに合わせてサイドセニングを深めに入れる。

⑯ カット終了。

Zone and Section TECHNIQUE 29

トップのセルセクションでスタイルに躍動感を与えた多重セクションレイヤー

DESIGN POINT 左サイドの座標 E4 5 F5 と右サイドの CD1 2 にフリンジをつくり、その長さでスタイルのバランスを取っている。前方のフリンジを右サイドに配置させた理由は、トップの毛流の方向性と連動させるためである。

SECTION

INNER THINNING
パリエタルゾーンに、無造作で大きな動きを与えるため、インナーレイヤーを深めに入れている。

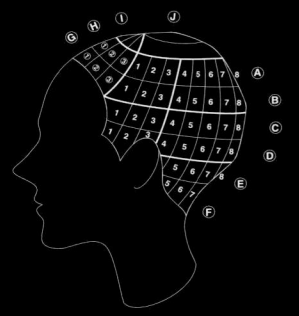

LINE THINNING
トップのセルセクションでつくられる浮力の表現と他のセクションの間に違和感が発生しないように、パリエタルゾーンに深めのアンダーセニングを使用して質感を合わせている。

① セクショニング（左）。フロント、トップ、パリエタル、テンプル、オキシピタルに分割。ネープ三つ襟 E4 5 F5 の部分に縦のディスコネクション。

② 右サイドのセクショニング。テンプル前方 CD1 2 を縦にディスコネクション。

③ アンダーセクション。バック正中線上にレイヤーでガイドをつくる。

④ 縦パネルで前に向かって切り進む。この際にフリンジセクション E4 5 F5 はカットしないようにする。

⑤ ④のレイヤーをフェースラインまで切り進む。テンプルセクションはやや後方に引き気味にしてカット。

⑥ フリンジセクションをカーブ状にレイヤーカット。

⑦ 逆サイド、アンダーセクションをカット。

⑧ フリンジセクションのカット。写真のように孤形を描くようにカットする。

⑨ パリエタルセクションの正中線上にレイヤーでガイドをつくる。

⑩ 縦パネルで前方に向かって切り進んでいく。

⑪ フロントセクションを上下2段に分けて、下段をラウンド気味にカット。この時、左サイドはテンプルセクションとつなげるようにする。右サイドはつなげずにカット。

⑫ フロントセクション上段をレザーカットし、下段と長さのズレをつくる。

⑬ 動きの欲しいパリエタルゾーンに深めにインナーレイヤーを入れる

⑭ パリエタルゾーンをアンダーセニング。深めに行い浮力を与える。

⑮ トップをセルセクションでカットする。

⑯ カット終了。

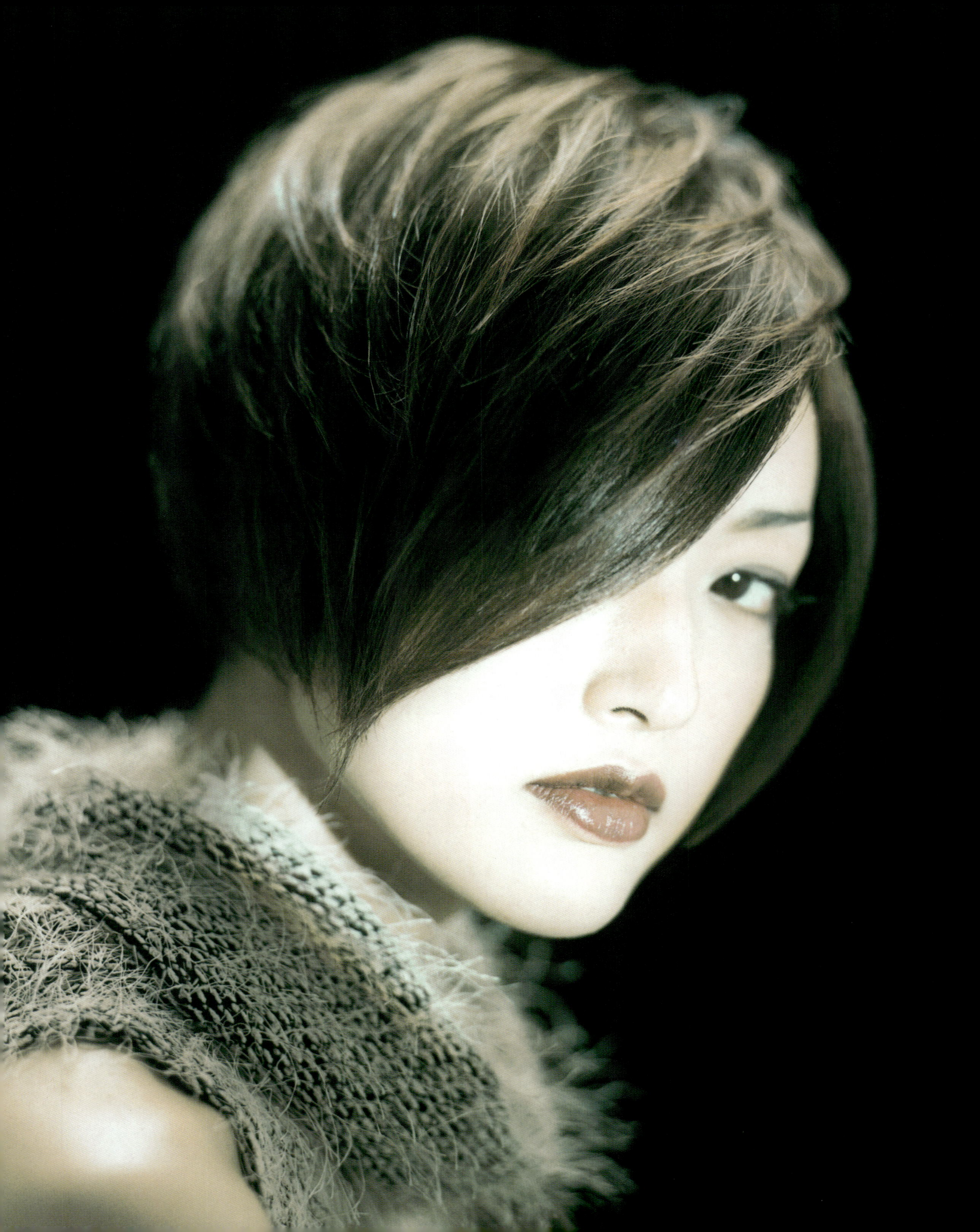

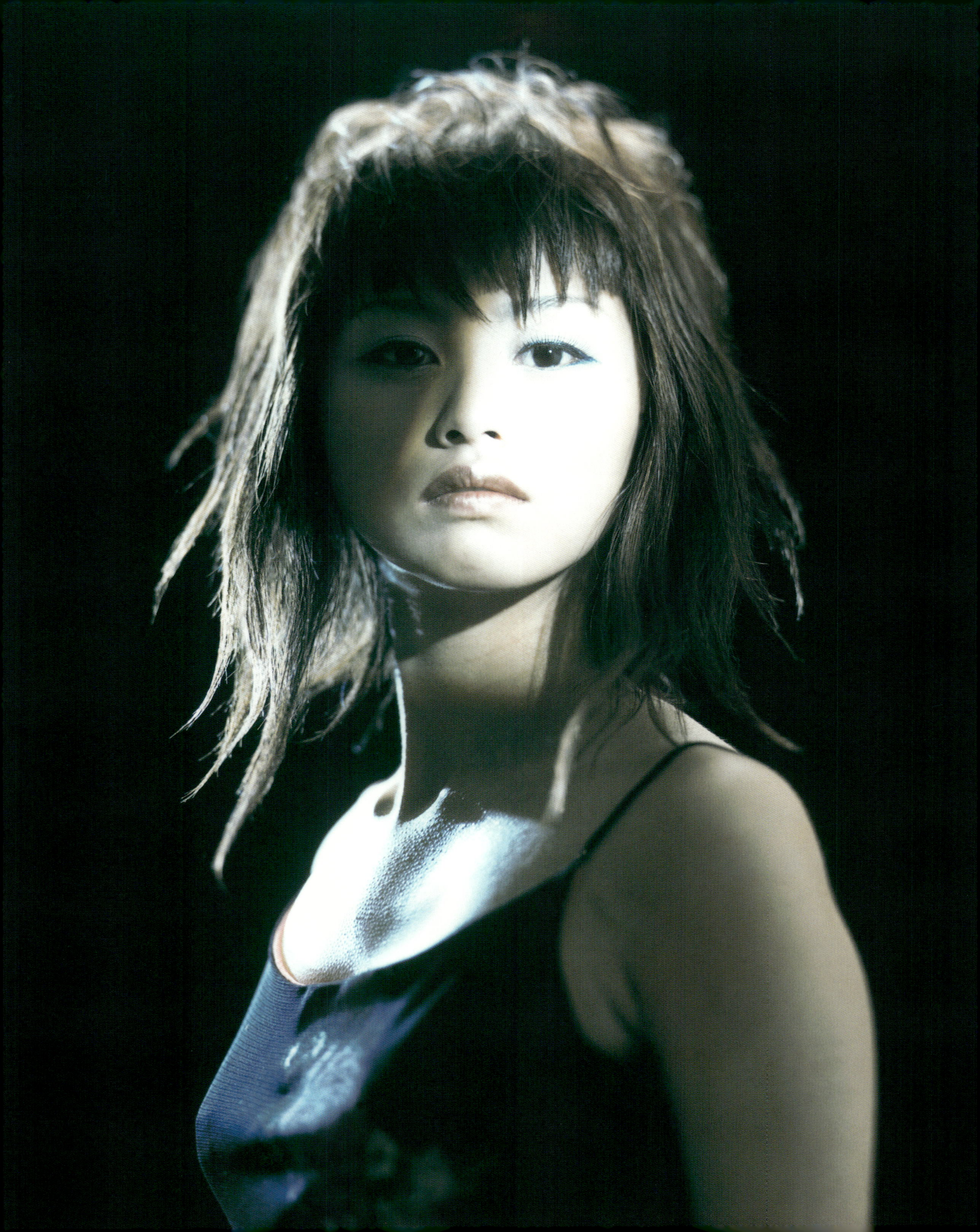

Zone and Section TECHNIQUE 30

見えないディスコネクションの効果を最大限に利用した5つのセクションで構成される前下がりのボブスタイル

DESIGN POINT

見えないディスコネクションならではの量感調節、動き、質感の創造が発揮されたスタイル。一見スタンダードな前下がりボブにカテゴライズされる。パリエタルのアウトラインよりもフロントのアウトラインの前傾角度のほうがやや強いのが特徴。パリエタルの傾斜角度は優しく、フロントの傾斜角度はシャープで、最終的なスタイルの印象はラインの持つイメージとあいまって、中間のイメージに仕上がっている。

SECTION

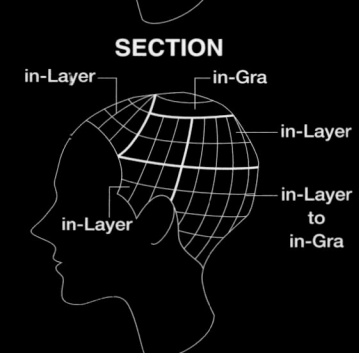

INNER THINNING

トップセクションは最終的な浮力の表現を助けるため、インナーグラデーションを用いている。

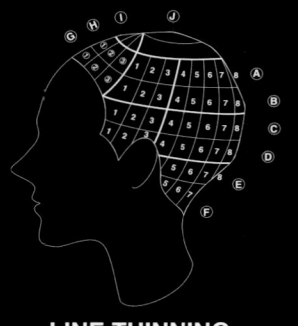

LINE THINNING

形態のコンセプトはスタイル22に近いが、ラインセニングをフロントセクション以外で多用することで、ナチュラルな動きと軽さを与えている。

① フロント、トップ、パリエタル、テンプル、オキシピタル＋ネープの5セクションでカット。

② オキシピタル＋ネープセクションのカット。正中線上にグラデーションのガイドをつくる。

③ ②をガイドに、縦パネルでやや後方に引きながら耳後ろまで切り進む。

④ テンプルセクションのカット。縦パネルで後方に引き出しながら前方に向かって切り進む。

⑤ ドライ後、インナーセニング。

⑥ パリエタルセクションのカット。バックの正中線上にグラデーションのガイドをつくる。

⑦ ⑥をガイドに、前下がりになるように後方に引き出しながらグラデーションカット。テンプルセクションのアウトラインを、パリエタルセクションのアウトラインがかすかにオーバーラップするように。

⑧ フロントセクションのカット。アウトラインの長さはパリエタルとかなり大きなズレ幅が生まれるように設定。

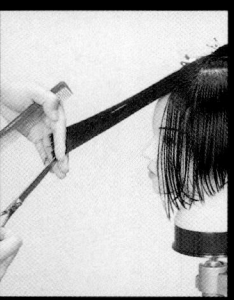

⑨ フェースラインを前方に引き出し、重めにレイヤーカット。

⑩ 正中線上にレイヤーガイドをつくる。前方が長く、後方が短くなるように長さを設定する。

⑪ トップセクションのカット。正中線上にセイムレイヤーでガイドをつくり、サイドはすべて正中線上に引き寄せてカット。バックは放射状にカットする。フロント、パリエタルセクションにつながらないように注意。

⑫ ドライ後、オーバーセクションにインナーセニング。

⑬ ラインセニングを入れる。A B 座標はサイドセニングを深めに入れて前方に動かす。

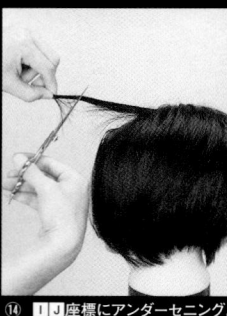

⑭ I J 座標にアンダーセニング。セクションの効果との相乗効果で大きな浮力が生まれる。

⑮ I J 座標のサイドセニング。セイムレイヤーの自由な方向性を活かすため、左右均等に行う。

⑯ カット終了。

Zone and Section TECHNIQUE 31

規則的に配置されたフリンジセクションと基本的な5セクションのレイヤーで構成されたアグレッシブなスタイル。

DESIGN POINT 一見無秩序に見えるこのスタイル。かつては「バサッとした不揃いなイメージ」といったオーダーはすべてフリーハンドでカットされていたが、高い再現性を与えるためにこのような超多重セクションを構成している。Wバング、フリンジセクションまで合計24セクションになる。

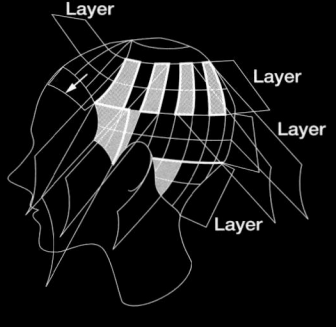

① フロント、トップ、パリエタル、テンプル＋オキシピタル、ネープの基本の5セクションにプラスして、[C][D][1]と[E][F][4][5]にフリンジセクションがつくられている。

② ネープセクションのカット。正中線上にレイヤーガイドをつくる。

③ ②をガイドに縦パネルでネープセクション全体をカット。

④ フリンジセクションのカット。カーブレイヤー状にカットする。

⑤ オキシピタルセクションのカット。正中線上にレイヤーガイドをつくる。

⑥ ⑤をガイドに縦パネルで後方に引き出しながら耳上まで切り進む。

⑦ [C][D]座標[1]のフリンジセクションをカーブレイヤー状にカット。

⑧ パリエタルセクションにフリンジセクションを設定する。[A][B][1][3][5][7]がフリンジセクション。

⑨ [A][B][8]をレイヤーカット。

⑩ [A][B]の偶数座標をレイヤーカットしていく。

⑪ パリエタルのフリンジセクション[A][B][1][3][5][7]をカーブレイヤー状にカット。

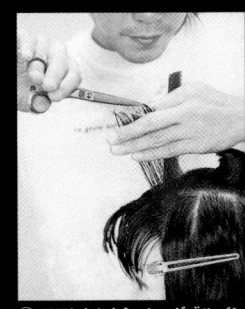

⑫ フロントセクション。ダブルバングにカット。[G]座標はグラデーションにカットし、そのアウトラインの長さとオーバーラップするように[H]座標をレイヤーカット。

⑬ ドライ後、インナーセニングとラインセニングを入れる。[A][B]座標はサイドセニングを左右均等に入れ、アンダーセニングで浮力を与える。

⑭ トップセクションはセルセクションでカット。まず毛流に直交するようにアンダーセニングを入れ、大きな浮力をつくる。

⑮ 毛流の方向に合わせてオーバーセニングを入れながらマス目ごとに独立した長さを設定していく。

⑯ カット終了。

SECTION CELL

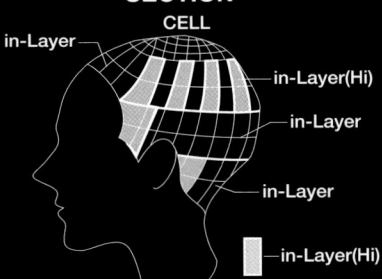

INNER THINNING
フリンジ内の毛の密度が高すぎるとフリンジの浮遊感が乏しくなる。かといって毛密度が低いと薄くなってしまう。フリンジの毛密度の調節を適切に行うこと。

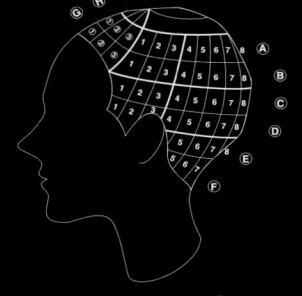

LINE THINNING
[A][B]座標においてはすべての座標がセクションとラインセニングの効果で独立し、束化した状態。この束が重なったときに形態が成り立っていることが再現性アップのために重要。

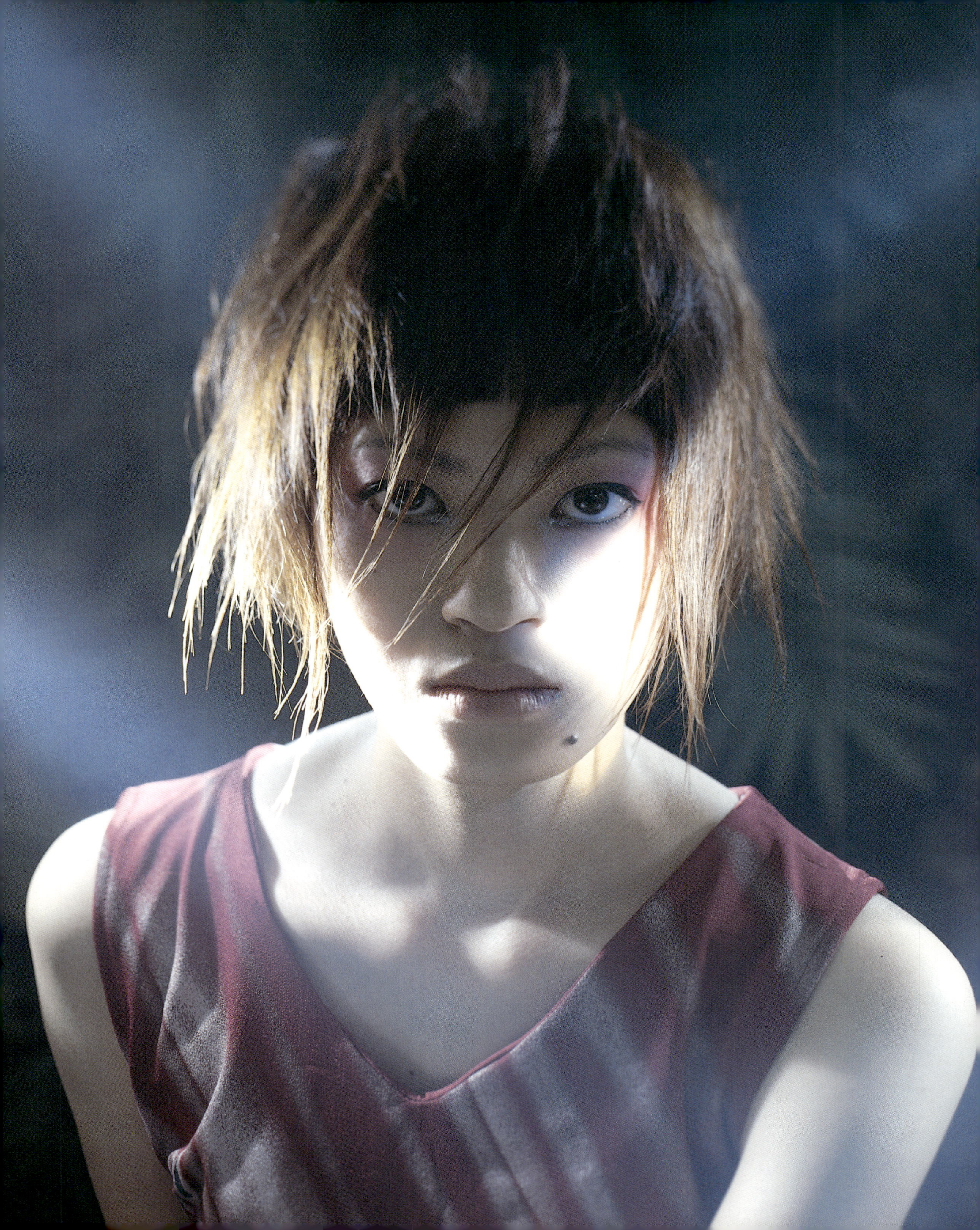

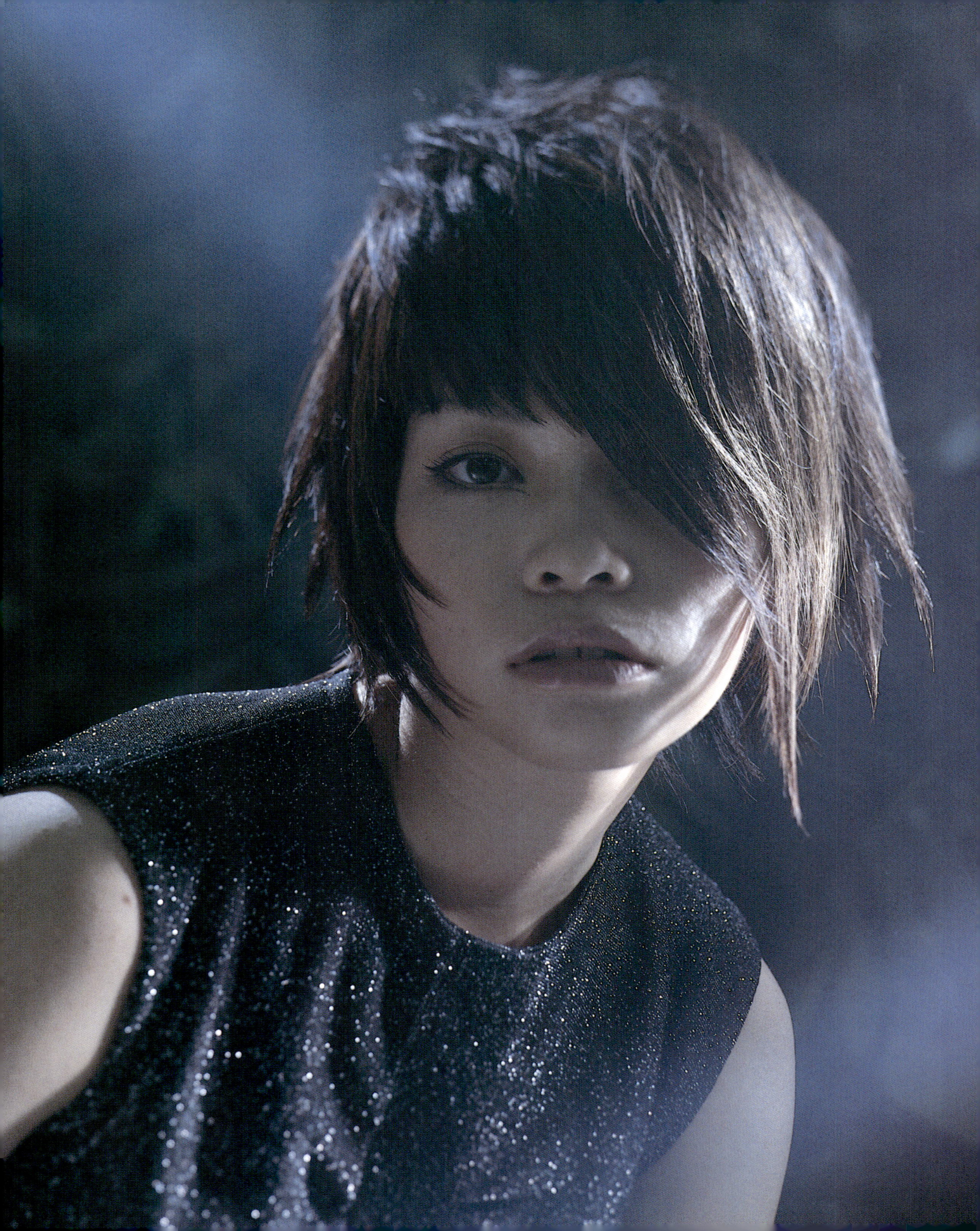

Zone and Section TECHNIQUE 32

トップセクションはセルセクションによって乱れた動きを与え、その他のセクションは静的な形態的アプローチを行い、スタイル全体にコントラストを与えた変形3セクション。

DESIGN POINT

トップセクションは［動き、質感＞形態］、ABCD座標のセクションは［形態＞動き、質感］といったアプローチをしている。

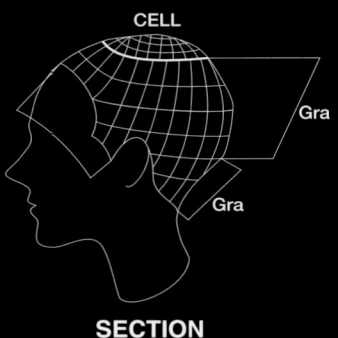

CELL

Gra
Gra

SECTION

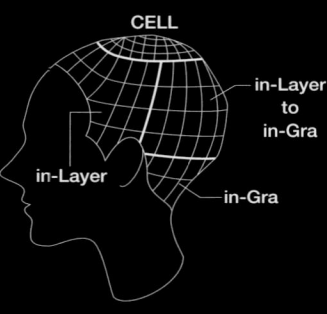

CELL

in-Layer to in-Gra
in-Layer
in-Gra

INNER THINNING

トップセクションがかなり長く設定されているので、AB座標の量感を減らさないと非常に重くなってしまう。よって、A座標のインナーレイヤーの起点をやや深めに設定する。

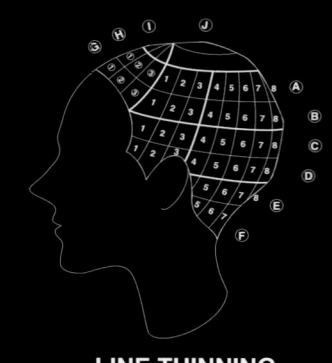

LINE THINNING

トップのセルセクションの乱れた動きに対して、コントラストが生まれるようにABCD座標のセクションは静的なイメージになるよう、サイドセニングは一切行っていない。

① トップ、フロント＋パリエタル＋テンプル＋オキシピタル、ネープの3セクション。ネープセクションのカット。正中線上にグラデーションのガイドをつくる。

② 正中線をガイドに縦パネルでネープセクション全体をカット。

③ F座標にルーツセニングを入れる。

④ スタイルのベースとなるABCD座標のセクションのアウトラインをやや後下がりに設定する。

⑤ 前方にパネルを引き出してグラデーションカット。

⑥ サイドはすべて⑤に引き寄せて同じ位置でカット。

⑦ サイドの最後の長さをガイドにして耳後ろから正中線までは縦パネルで切り進んでいく。

⑧ 再度正中線上から放射状にパネルを展開してバックのグラデーションに締まりを与える。

⑨ フロントの正中線G1からテンプルC1までをラウンド状につないでいく。

⑩ ドライ後、インナーセニング。

⑪ ラインセニングを入れる。AB座標に深めにオーバーセニングを入れ、ベースセクション全体の量感を減らす。

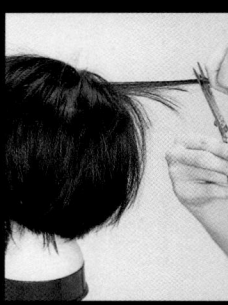

⑫ トップセクションをセルセクションでカット。毛流に合わせてアンダーセニングで浮力を与える。

⑬ 毛流の起点となる座標マスの長さをカットする。

⑭ 毛流の終点となる座標マスの長さをカットする。

⑮ 動きを確認しながら起点と終点の間の長さをカットする。

⑯ カット終了。

Zone and Section TECHNIQUE 33

上下逆転のアシンメトリーでセクションごとの長さの設定をした5セクションレイヤー

DESIGN POINT

トップセクション、フロントセクションはモデルの左サイドが長くなるように設定されている。テンプルセクションとパリエタルセクションは、フリンジの効果も伴って右サイドが長くなるように設定されている。すべてのセクションが一方のサイドに長いと古いアシンメトリーのイメージになるが、セクションの効果を活かして上下逆転でアシンメトリーにカットされているので、形態は左右で違うが、バランスがよくなる。

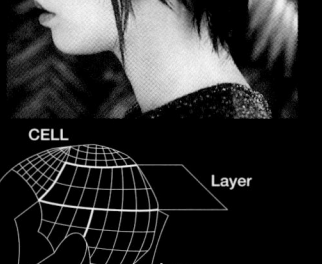

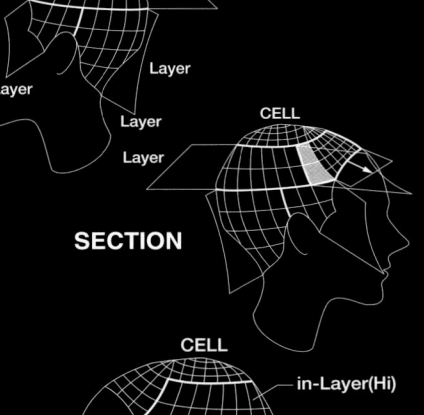

CELL / SECTION
Layer / Layer / Layer / Layer / Layer
CELL

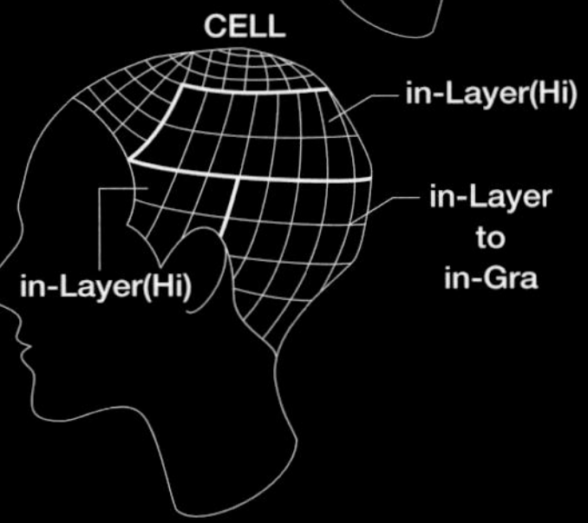

INNER THINNING
in-Layer(Hi)
in-Layer(Hi)
in-Layer to in-Gra

アシンメトリーにカットされている。左右の長さが違う場合、長いほうのサイドのインナーセニングをやや多めに、短いサイドには少なめにするとバランスが取りやすい。

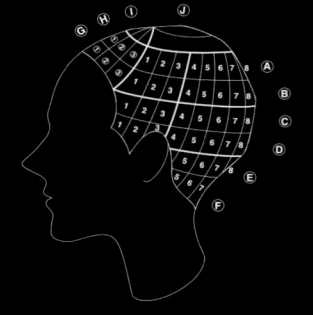

LINE THINNING

このモデルはトップの毛流が右後方から左前方へ発生しているので、このデザインに。右サイドに A B 1 に設定されているフリンジの曲がりも毛流を助長するようにラインセニングを入れた結果が現れている。

① トップ＋フロント、パリエタル、テンプル、オキシピタル＋ネープの4セクション。

② オキシピタル＋ネープセクションのカット。正中線にレイヤーのガイドを取る。

③ 正中線上をガイドに縦パネルで後ろに引き寄せながら全体をカットする。

④ テンプルセクションのガイドを設定する。③の最終パネルとつながらないように注意。

⑤ ④をガイドに後方に引き寄せながらレイヤーカット。

⑥ フェースラインからレイヤーを入れる。

⑦ 逆サイドのテンプルセクションのカット。左サイドよりもパネルを後方に大きく引き出しながらレイヤーカット。結果、左サイドのテンプルセクションよりも右サイドのほうが前傾角度が強くなり、フェースラインが長くなる。

⑧ パリエタルセクションのカット。正中線上にレイヤーのガイドをつくる。

⑨ 縦パネルで後方に引き寄せながらレイヤーカット。前方まで切り進んでいく。

⑩ 右サイドのフリンジをカーブ状にレイヤーカット。

⑪ ドライ後、インナーセニングしてからラインセニング。A B 座標にアンダーセニングを深めに入れて浮力をつくっていく。

⑫ A B 座標にサイドセニングを左右均等に入れて、前後の動きをつくっていく。

⑬ フロントセクションを4.5：5.5の比率で2分割する。

⑭ フロントセクションの右側を指一本のグラデーションでカット。

⑮ トップセクションとフロントセクションをセルセクションでカットする。

⑯ カット終了。

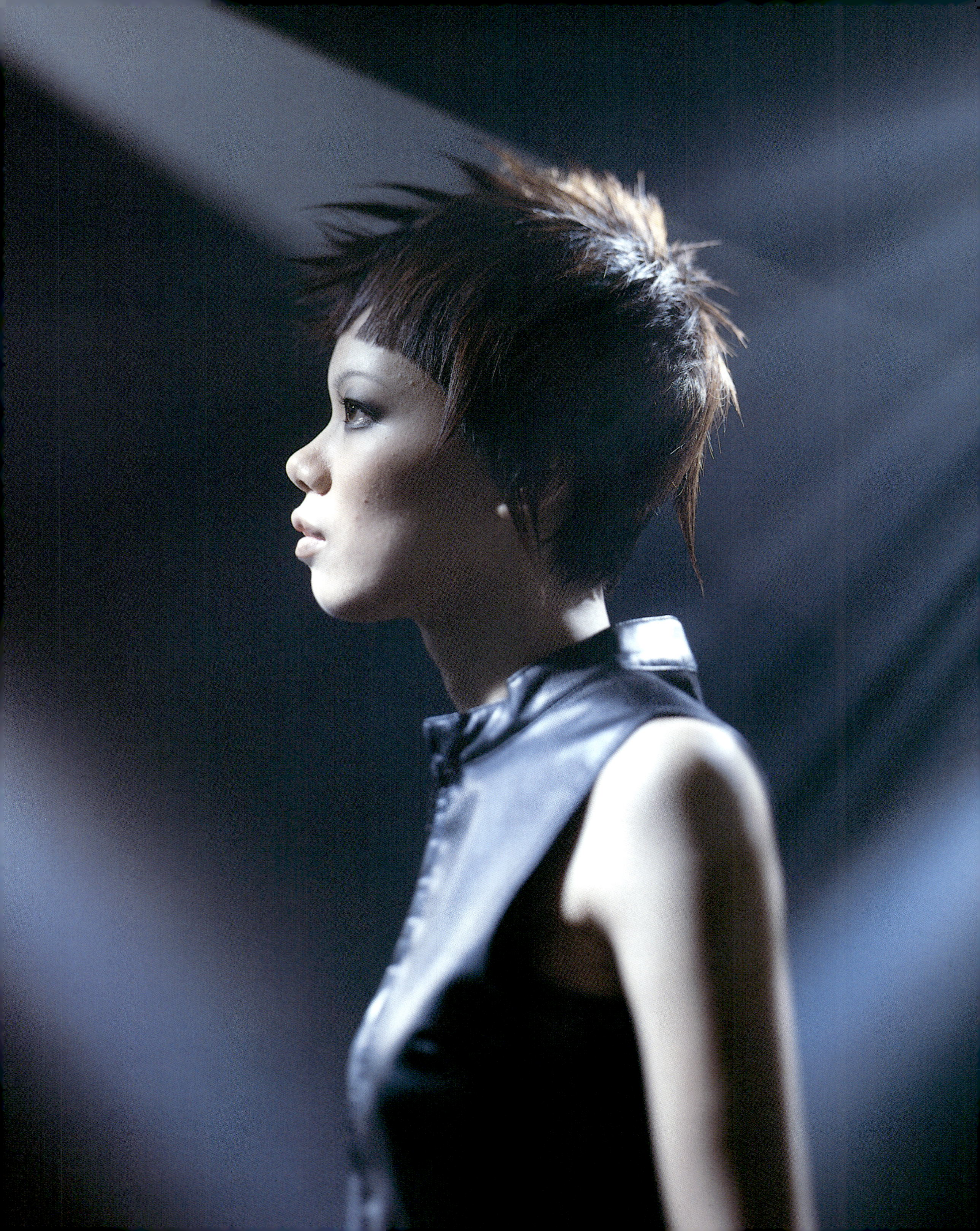

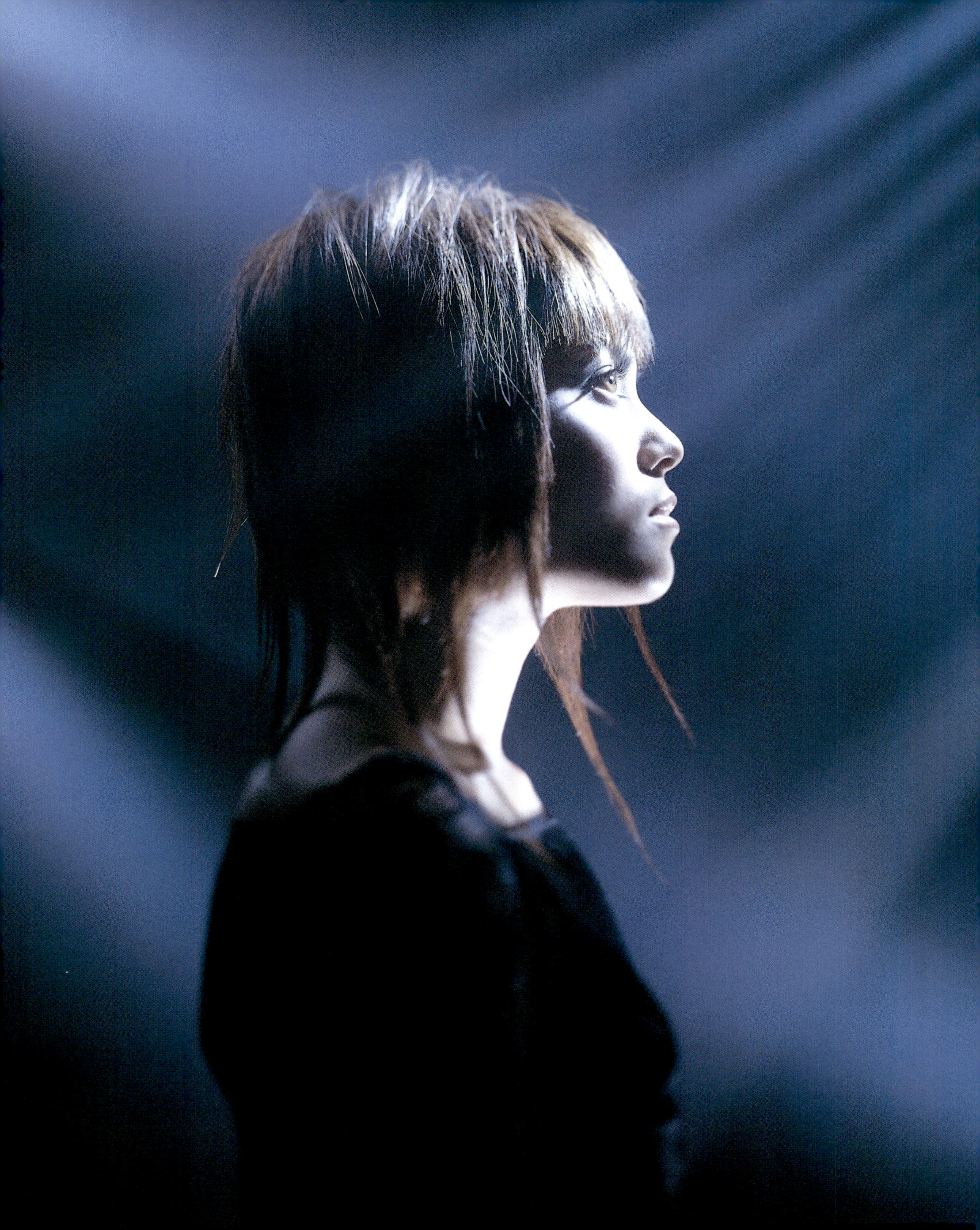

Zone and Section TECHNIQUE 34

トップに長方形のセクションを設定し、セルセクションで処理。パリエタルセクションをトップセクションとアンダーセクションに取りこんだ、複雑多重セクションのショートスタイル。

DESIGN POINT 　右サイドの頭頂部に長方形のセクションを設定し、中心線がずれたイメージになっている。アンダーセクションのフリンジの長さを左サイドを長めに設定することでバランスを取っている。

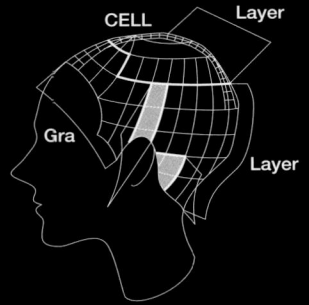

CELL / **Layer** / **Gra** / **Layer**

SECTION
in-Layer(Hi) / in-Layer / in-Layer to in-Gra / No inner-th

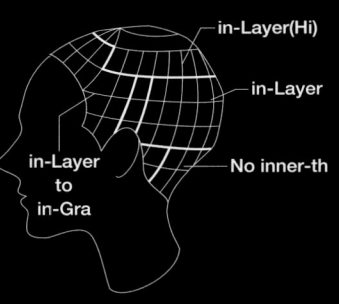

INNER THINNING
トップセクションの動きを強調するために、セルセクション以外の部分は、インナーセニングのピッチの直径を大きめに設定している。

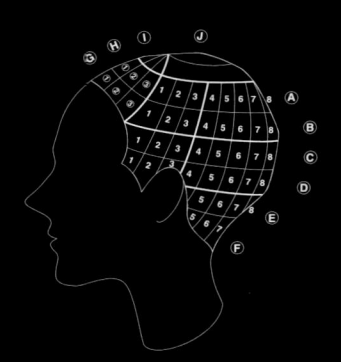

LINE THINNING
基本的なセクション分割例と異なり、A座標とB座標の間に2セクションラインが設定されているので、B座標にオーバーセニングを重点的に入れてB座標上の量感を減らす必要がある。

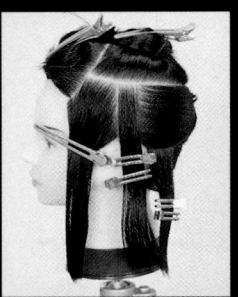

① A座標をトップセクションに、B座標をアンダーセクションと融合させる。ベリーショートのときのみ可能なセクション構成。BCD3とEF座標45にフリンジセクションを設定。

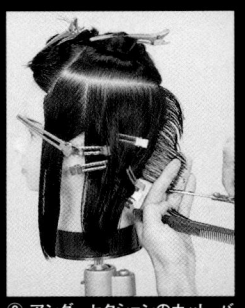

② アンダーセクションのカット。バックの正中線にレイヤーのガイドを取る。

③ フリンジセクションを切らないようにしながら縦パネルでバック全体をカット。

④ EF座標45に設定されているフリンジをカーブレイヤー状にカット。

⑤ テンプルセクションのフェースラインを前方に引き出し、グラデーションでカット。

⑥ ⑤をガイドに、テンプルセクション全体をややリフトアップしてカット。

⑦ BCD3に設定したフリンジセクションをカーブレイヤー状にカット

⑧ ドライ後、インナーセニングを入れる。

⑨ トップセクションをセイムレイヤーでカット。放射状に展開していく。

⑩ トップセクションをドライ後、インナーセニングとラインセニングを入れる。アンダーセニングで浮力をつけていく。

⑪ さらにサイドセニングを左右均等で深めに入れて、動きと束感を強調していく。

⑫ GH12とIJ座標上に長方形のセクションを取る。左サイドのフロントはテンプルセクションにつながるようにラウンド状にカット。

⑬ ⑫でセクショニングした長方形のセクションを直交でカット。毛流に直交するようにアンダーセニングを行い、浮力を与える。

⑭ 毛流の出発点に起点の長さをつくる。

⑮ 毛流の終点の長さを決めた後、⑭と終着点の間の長さをカットしていく。

⑯ カット終了。

Zone and Section TECHNIQUE 35

縦のディスコネクションの連続がベール状の効果を生み出す多重セクショングラデーションボブ。

DESIGN POINT

ラインセニングによるゾーン処理をしたものと比較すると、セクションでつくった束のほうが重く、形態がクリアに表現しやすい。デザインの狙いによって適切なプロセスを選択するとよい。

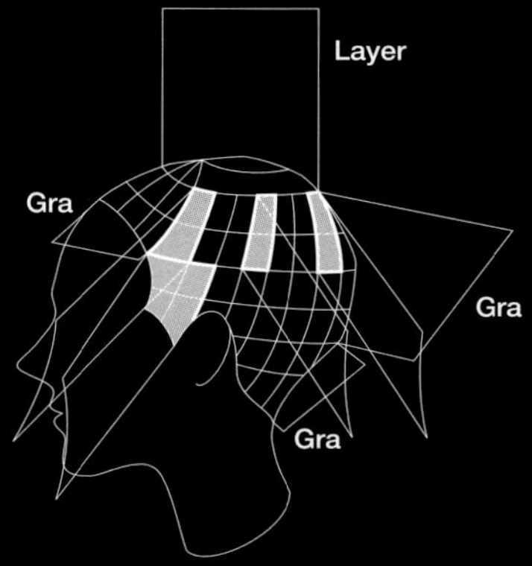

SECTION

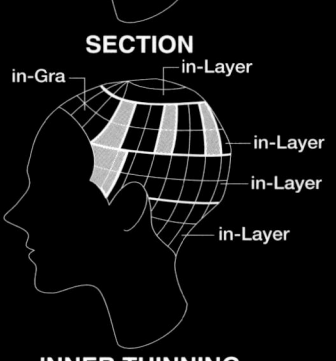

INNER THINNING

ベース形態を構成しているグラデーションの部分にインナーセニングを重点的に使用することがベール部分と違和感なく融合するポイントになっている。

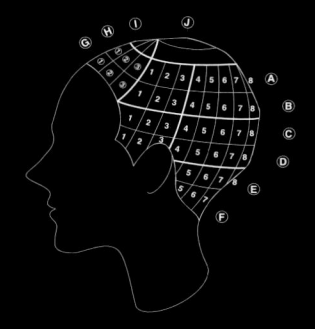

LINE THINNING

基本的にフリンジの設定本数が少ないときは、フリンジを太めに。本数が多いときはラインセニングを深めに入れて、視覚的に薄くしたほうが美しい。全体のデザインの狙いによって、フリンジの重さや薄さを調節すること。

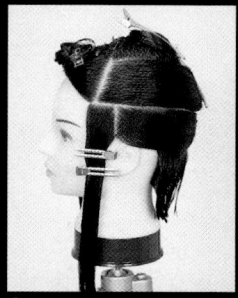

① トップ、フロント、バリエタル、オキシピタル＋テンプル、ネープで基本セクションを分割している。バリエタルには⑨でフリンジセクションが設定され、フリンジセクション以外はオキシピタル＋テンプルにつなげる。

② ネープセクションを縦パネルでグラデーションにカット。

③ アウトライン上にルーツセニングを行う。

④ オキシピタル＋テンプルセクションのアウトラインを平行にカット。

⑤ バックから放射状に展開し、バックのグラデーションに締まりを与える。

⑥ ⑤と同じ

⑦ ＣＤ１２のフリンジセクションをカーブレイヤー状にカット。

⑧ ドライ後、インナーセニングを入れる。

⑨ バリエタルセクションのＡＢ１４７にフリンジセクションを取る。

⑩ ＡＢ２３５６８はオキシピタル＋テンプルセクションのグラデーションとつなげるようにカット。

⑪ ⑨でセクショニングしたフリンジセクションをカーブレイヤー状にカット。

⑫ トップセクションをセイムレイヤー状にカット。

⑬ 前髪にインナーレイヤーを入れる。フラットにしながら微妙に動かす。

⑭ ＩＪ座標にアンダーセニングを入れて浮力を与える。

⑮ ＡＢＩＪ座標にサイドセニングを入れ、前後の動きをつける。

⑯ カット終了。

ZONE AND SECTION

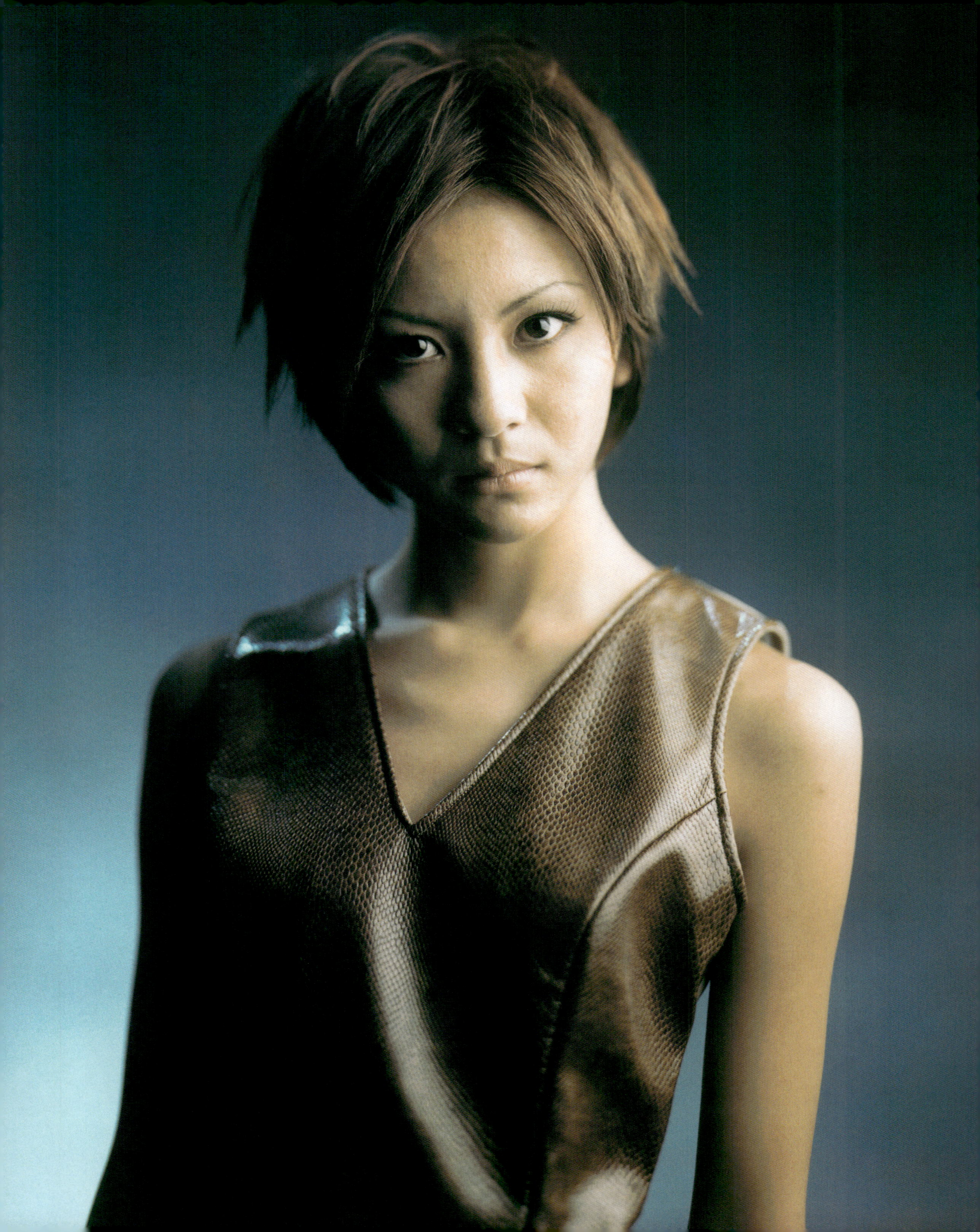

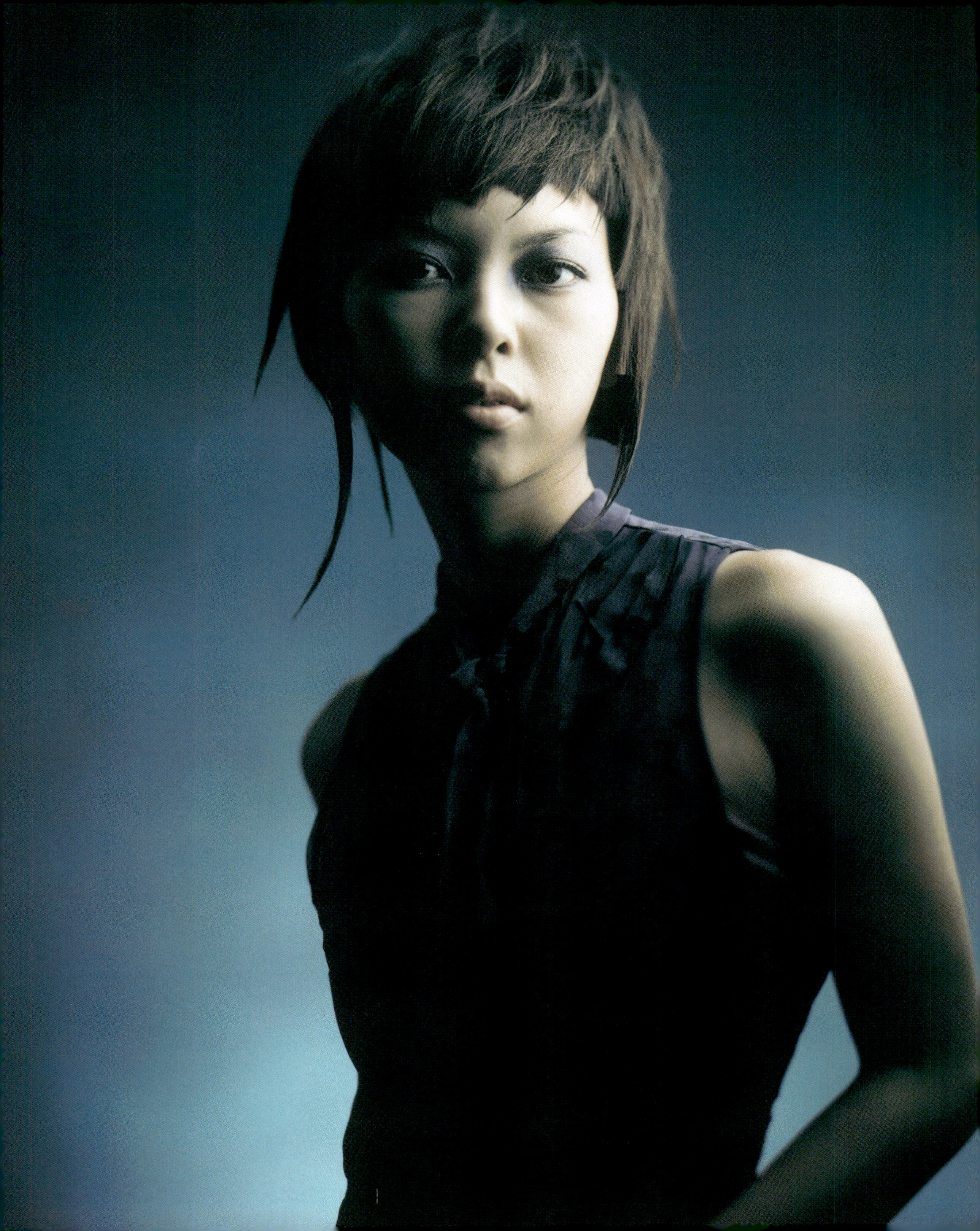

Zone and Section TECHNIQUE 36
バックにフラット感を出した5セクションレイヤー

DESIGN POINT ｜ オキシピタルセクションとネープセクションをディスコネクトさせることにより、E座標の量感が減少しバックがフラットになっている。

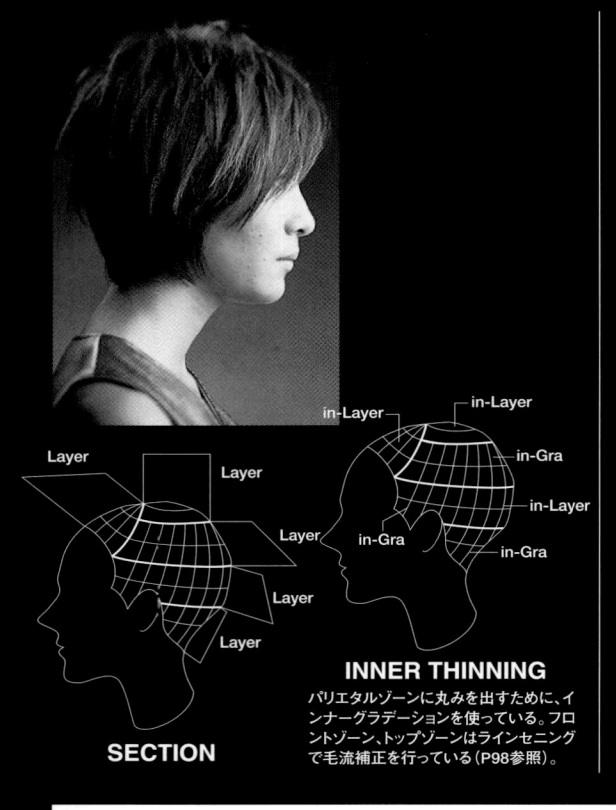

SECTION

INNER THINNING
パリエタルゾーンに丸みを出すために、インナーグラデーションを使っている。フロントゾーン、トップゾーンはラインセニングで毛流補正を行っている（P98参照）。

① フロント、トップ、パリエタル、オキシピタル、ネープを分割した基本的な5セクション。はじめに、ネープセクションをレイヤーカット。

② オキシピタルセクション、テンプルセクションをネープのアウトラインと同一線上に重なるようにやや前上がりにカット。

③ 後方から前方へ向かってレイヤーカットしていく。

④ パリエタルセクションのレイヤーカット。

⑤ フロントセクションをレイヤーカット。前を長く後ろが短くなるように設定する。

⑥ トップをレイヤーカット。パリエタルセクション、フロントセクションとつなげないように長さを設定し放射状に展開する。

⑦ ドライ後、インナーセニング、最後にラインセニングを入れる。

⑧ カット終了。

Zone and Section TECHNIQUE 37
アシンメトリーな超多重セクション・グラデーションボブ

DESIGN POINT ｜ 多重セクションを使って複雑な形態のバランス感を狙ったデザイン。

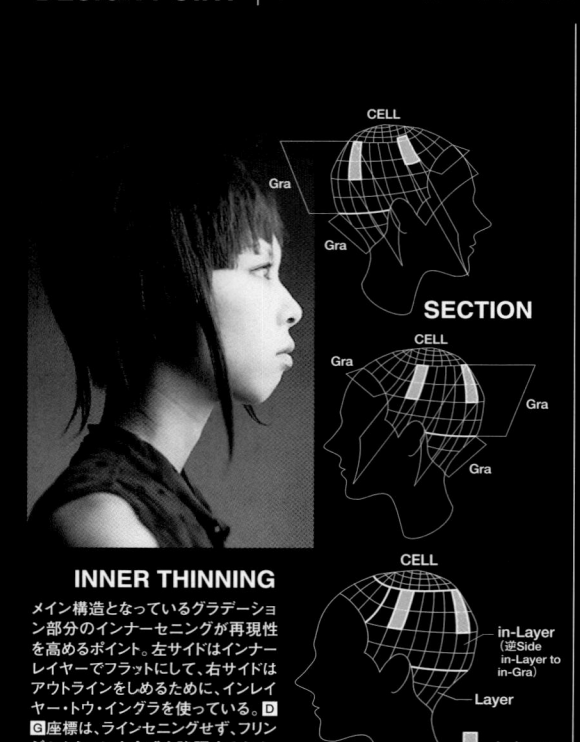

SECTION

INNER THINNING
メイン構造となっているグラデーション部分のインナーセニングが再現性を高めるポイント。左サイドはインナーレイヤーでフラットにして、右サイドはアウトラインをしめるために、インレイヤー・トウ・イングラを使っている。D G座標は、束感を強調せず、フリンジセクションも束感を強調するため、ラインセニングは浅めに入れている。

① ネープセクションのグラデーションカット。

② テンプル＋オキシピタルセクションを右サイドC D 6をガイドにしてアシンメトリーにグラデーションカット

③ 右サイドのアウトラインは前上りに、左サイドは平行にカット。

④ フリンジセクションを分割し、それ以外の座標マスを②のグラデーションの延長線上にカットする。

⑤ フリンジセクションをカーブレイヤー状にカット。

⑥ フロントセクション。左を起点に右側のテンプルセクションとつなげるようにカット（フロントセクションと左のテンプルセクションはつながらない）。

⑦ フェイスラインをブラント状にカット。

⑧ カット終了。

05
CHAPTER

ZONE AND SECTION
ゾーンとセクションの可能性

人類が最初に身にまとっていたであろうヘアスタイルと現代人のヘアスタイルの間に境界線を設けるならば、それは、現代のヘアとこれから誕生する新しいデザインの間に引かれる境界線と意味は同じことである。問題の本質はその位置関係ではない。境界線がどのようにして乗り越えられていったのか、見定めることだ。世界は今も動いている。そして、それにふさわしいデザインを要求している。

パラダイム──一般に認められた科学的業績で、一時期の間、専門家に対して問い方や答え方のモデルを与えるもの。科学研究は、このパラダイムと呼ばれる前提に立って行なわれるのが常だ。しかしあるテーマが与えられ、どうしてもそれが解けなくなってきた時、初めてそのパラダイム自体が疑われることになる。そうすると、一部で新しい前提を求めた挑戦的な追求が始まるのである。最初は異端者扱いで、誰も耳を傾けない。しかし、そのうち気づき始めるはずだ。彼らこそ、新しいパラダイムの担い手であると。

Zone and Section

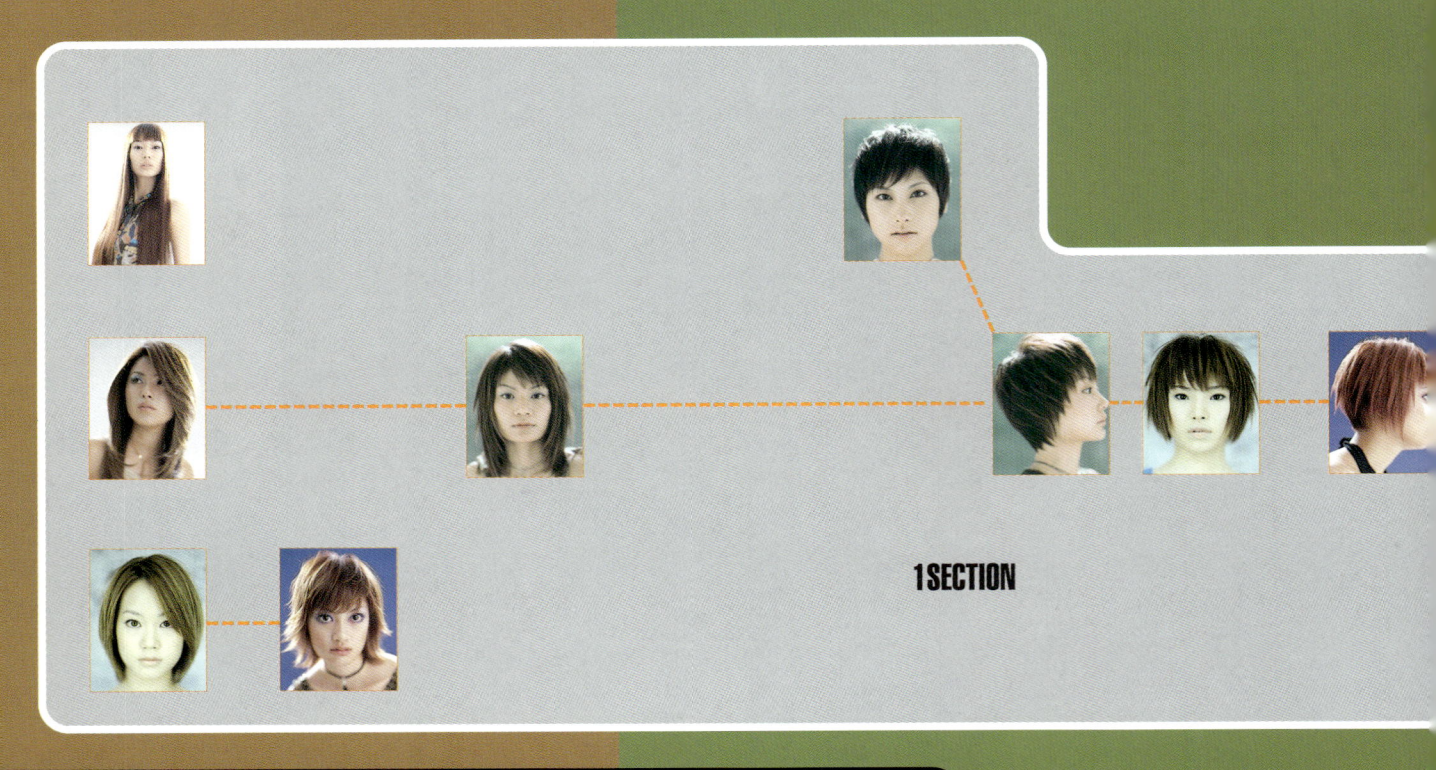

Zone and Section   #05 ZONE AND SECTION

INFINITE IN ALL DIRECTION

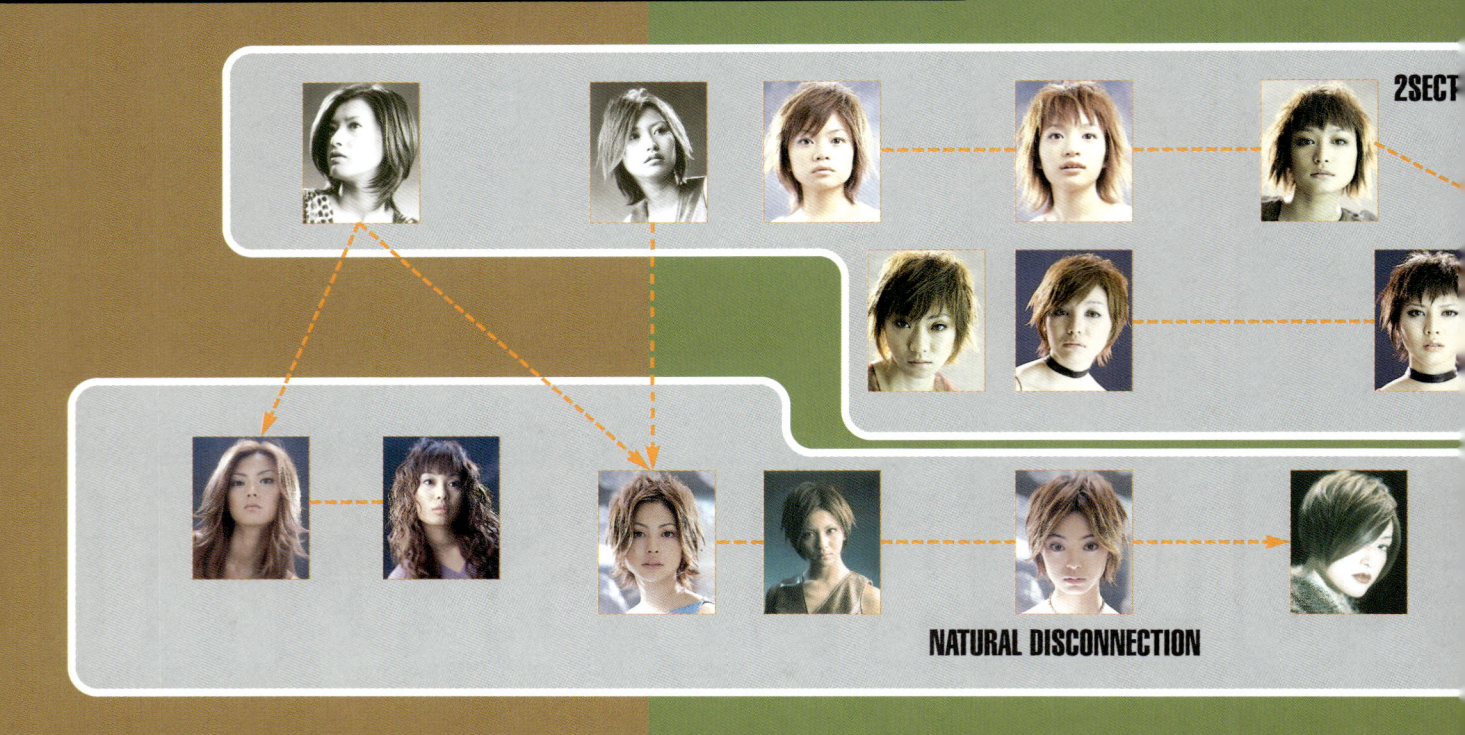

1 SECTION

2 SECT

NATURAL DISCONNECTION

ELEGANT   **NATURAL AND CASUAL**

128 | ZONE AND SECTION

ゾーンやセクションはある意味で、現代のヘアスタイルのニーズに応えるために、生まれてきた考え方、技術であると言うことができます。あらかじめ想定された幾つかの形があって、そこに行きつくプロセスを覚えていくものとは性質を異にします。

例えば、グラデーションボブと言った場合、美容師ならば、基礎段階で何度も切っているでしょうし、具体的な形も浮かんでくると思います。でも、ゾーンやセクションは、典型的な形を持っているわけではないのです。つまり、これらのテクニックは、限定されたデザインをつくるために存在しているのではなく、どのような形にも応用が利くという特徴を持っています。本書で紹介したスタイルは全て例外なく、このゾーンとセクションを用いてつくっています。

形をパターンとして理解してしまうと、それを切る時はいいけれど、バリエーションを求められた時や、デザインニーズが変わった時に対応していく力が弱くなります。もちろん最初の段階では、カットの基礎を身につけるために、特定のデザインを何度も切ってみることは必要なことです。しかし、それだけでは、サロンの現場ニーズに応えていくことが非常に難しくなっています。

ベーシック段階で身につけたことを応用して、あらゆるヘアデザインを組み立てられるようにすることが、『ゾーン・アンド・セクション』の本質なのです。ここ数年の流行を見ていると、スタイルの移り変わる速度が増しています。したがって、あるパターンを覚えるカリキュラムより、ベーシックを応用して使いこなせるカリキュラムのほうが、時代への適応性は高いといえます。

デザインが多様化・複雑化しているとは言え、その基本構造は全てグラデーションとレイヤーによって成り立っています。この2つの組み合わせとゾーンの理論を段階的にマスターしていけば、サロンのデザイン提案で困ることはなくなると考えています。

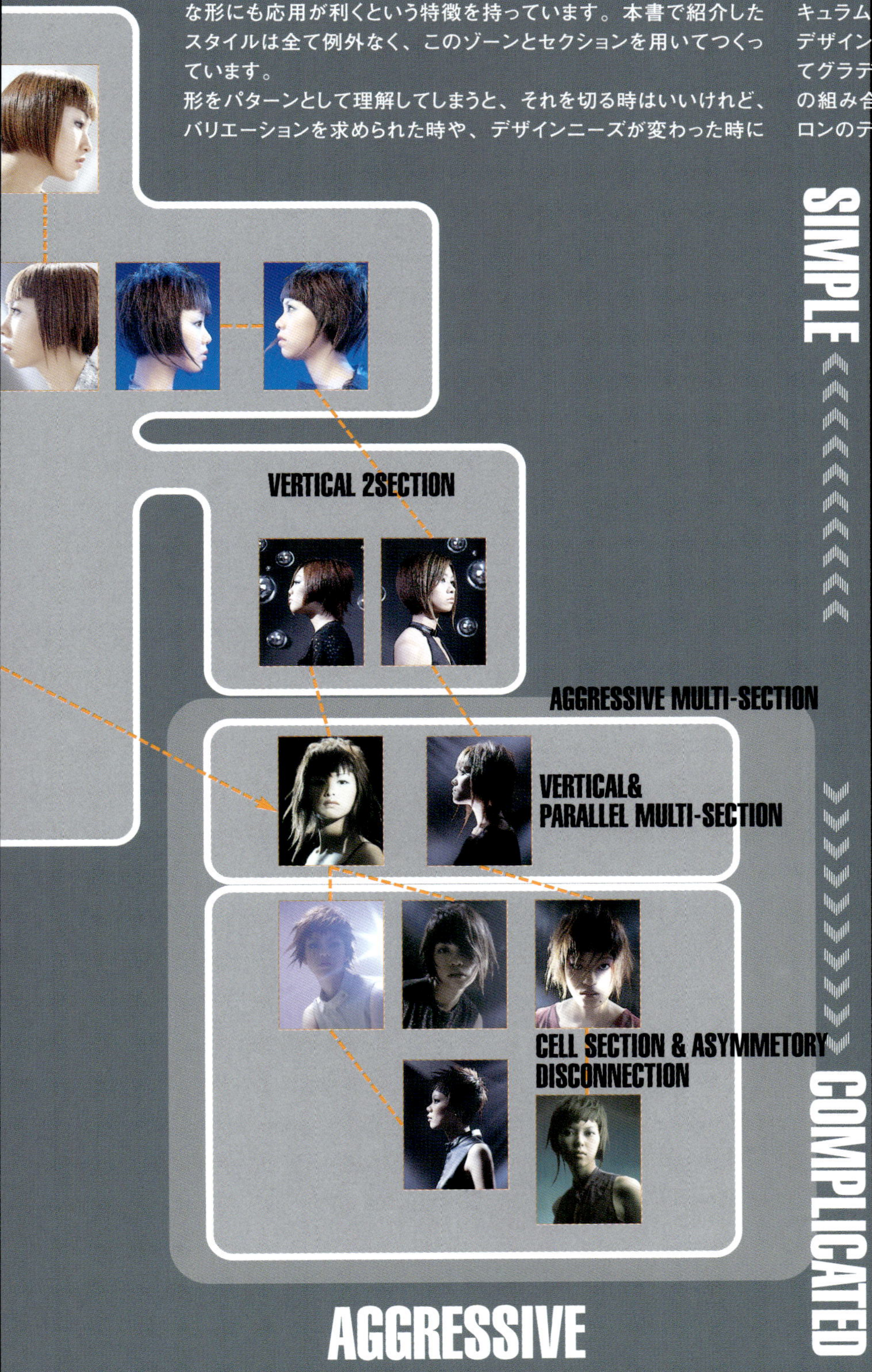

サロンワークとエデュケーション

SIMPLE

VERTICAL 2SECTION

AGGRESSIVE MULTI-SECTION

VERTICAL & PARALLEL MULTI-SECTION

CELL SECTION & ASYMMETORY DISCONNECTION

COMPLICATED

AGGRESSIVE

ゾーン&セクションのレッスンカリキュラム

01 1セクションベーシックカット

02 1セクション＋均一なセニング

03 2セクション＋均一なセニング

04 1セクション＋ゾーン

05 2セクション＋ゾーン

06 マルチセクション＋ゾーン

07 モデルを使った素材補正

もともと、僕がディスコネクションに関心を持ったのは、技術的な理由が大きいのですが、全く畑の違う音楽シーンからの影響もありました。ちょうど90年代初頭は、リミックスカルチャー全盛で、テクノやトランスといったサウンドが人気を集めていました。コンピュータテクノロジーを駆使することで、曲と曲をつなげたり、効果音を打ち込んだりすることが、盛んに行なわれるようになっていました。リミキサーやサンプラーといった機材も、簡単に手に入るようになり、好きな曲をミキシングして、気に入ったサウンドをつくるということが、一般の人たちの間でも普通に行なわれるようになっていました。原曲を断裁して繋ぎ合わせ、全く新しい曲に仕立てていくわけです。女の子の服を見ても、割とフォーマルなものにエスニックな柄をコーディネートしたり、異素材を組み合わせたファッションを楽しんだり、街中にそんな空気が溢れていました。でも、ヘアスタイルだけは昔のままです。顧客はヘアにも新しいテイストやテクスチャーを求めていました。

ベーシックで切るデザインというのは、前の世代が完成させた美しさではないか、と以前から僕は感じていました。自分たちの世代がやるべきことは、それを忠実にコピーしていくことでなく、新たな組み替えを行なって、表現の幅を広げることです。その1つのチャレンジが、ディスコネクションだったのです。

最初に火がついたのは、ストリート寄りの若い子たちの間です。そういう意味では、割りとインディペンデントな色彩も強かった。ところが、ディスコネクションを使ったデザインというものが、一般のマーケットでも徐々に普及してきます。それは、形態変化の側面ではなく、質感表現の面から語ることができると思います。

ある時期から、ヘアスタイルにおける動きや軽さの表現というものが、サロンニーズとして本格的に顕在化してきます。しかし、多くの現場で何が行なわれたかというと、ベースの形態破損まで引き起こしてしまうような極端な削ぎの濫用でした。ここで、量感調節の技術というものが、美容の中で大きな課題となって浮かび上がってくるわけです。大きく言えば、このテーマには、2つの方向からのアプローチがありました。1つは、削ぎを感覚的にではなく、理論立てて使っていこうとする取り組みです。これが、今日のゾーンにつながっていく流れです。もう1つが、量感調節にセクションを応用していこうとする考え方です。当初、形態操作を主目的に取り組んだディスコネクションですが、僕らには、この技術が動きや軽さの質感表現にも有効に機能すると

DISCONNECTION .2　　　　　　　　　　　　　　　　　　　　Column

いうことが、経験的にわかっていました。僕らは、セクションの技術を、今のサロンニーズに応えられるような形でまとめたほうがいいかもしれないと思うようになりました。

ちょうどそんなことを考えている頃に、『しんびよう』99年6月の別冊付録、『DISCONNECTION&TWO SECTION』の企画の話を頂きます。当時、デザインに、はっきり名前があったのは、レイヤー・オン・レイヤーの1つだけで、グラデーション・オン・グラデーションやレイヤー・オン・グラデーション、グラデーション・オン・レイヤーは、スタイルの正式な呼び名すらないような状況でした。また、今日、常識のようになっている『2セクション』という言葉自体も、僕の記憶では、あの別冊以降、全国的に広がっていったものです。

それを期に、今まで美容のメインストリームから外れたところにあったディスコネクションが表舞台に出ていったという気がします。というより、恐らく、マーケット自体がセクションや削ぎを必要とするデザインに動いていて、それとは意識しなくとも、現場ではすでに似たような技術が使われていたのでしょう。

同時並行的に、ゾーンという概念も普及してきます。この言葉が出てくる前は、小さいディスコネクションと大きいディスコネクションという極めて抽象的な言い方で削ぎの技術とセクションが区分されていたように記憶しています。

今、この2つを融合させたデザインコンセプトが、必要なのではないか？　そんなことを徐々に考え始めます。セクションに関しては、『Fiber Zoom』オープン以来のノウハウの蓄積がありましたし、ゾーンもサロンで縦軸と横軸に分けた機能別の削ぎを、数年前から研究していました。今回、提案しているゾーン・ダイアグラム（座標図）は、以前、セクションを細分化していくとどうなるのか、という実験をやった時につくった分割案の1つです。営業では、この座標の縦軸に小さな削ぎを打ち、横軸に大きな削ぎを入れていくということをやっていました。ただし、これを体系化していくとなると、それなりの理論的根拠も必要です。もともと、サロンではダイナミックに髪を動かすデザインをウリにしていましたので、横座標の削ぎ（ラインセニング）のノウハウは、かなりまとまっていました。これに縦の削ぎ（インナーセニング）のアイディアを加えることで、ほぼ今のプランに落ち着いてきます。

青写真が決まると、多くの友人デザイナーたちから助言をもらいながら、セニングの種類を整理したり、座標の傾きを変えたりという細かい作業を繰り返しました。そして、新しいプロジェクトが胎動を始めます。それが、この本『ZONE AND SECTION』だったのです。

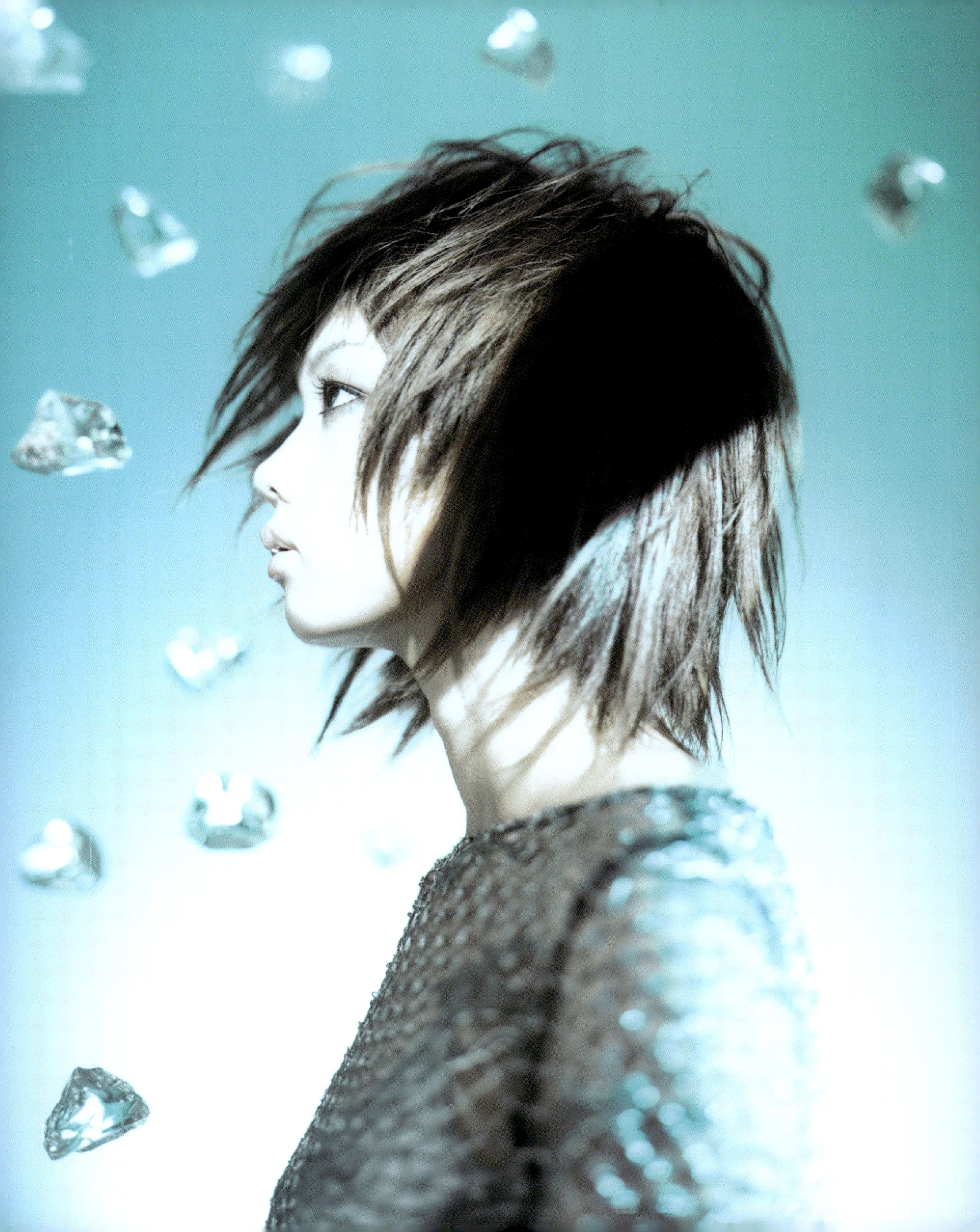

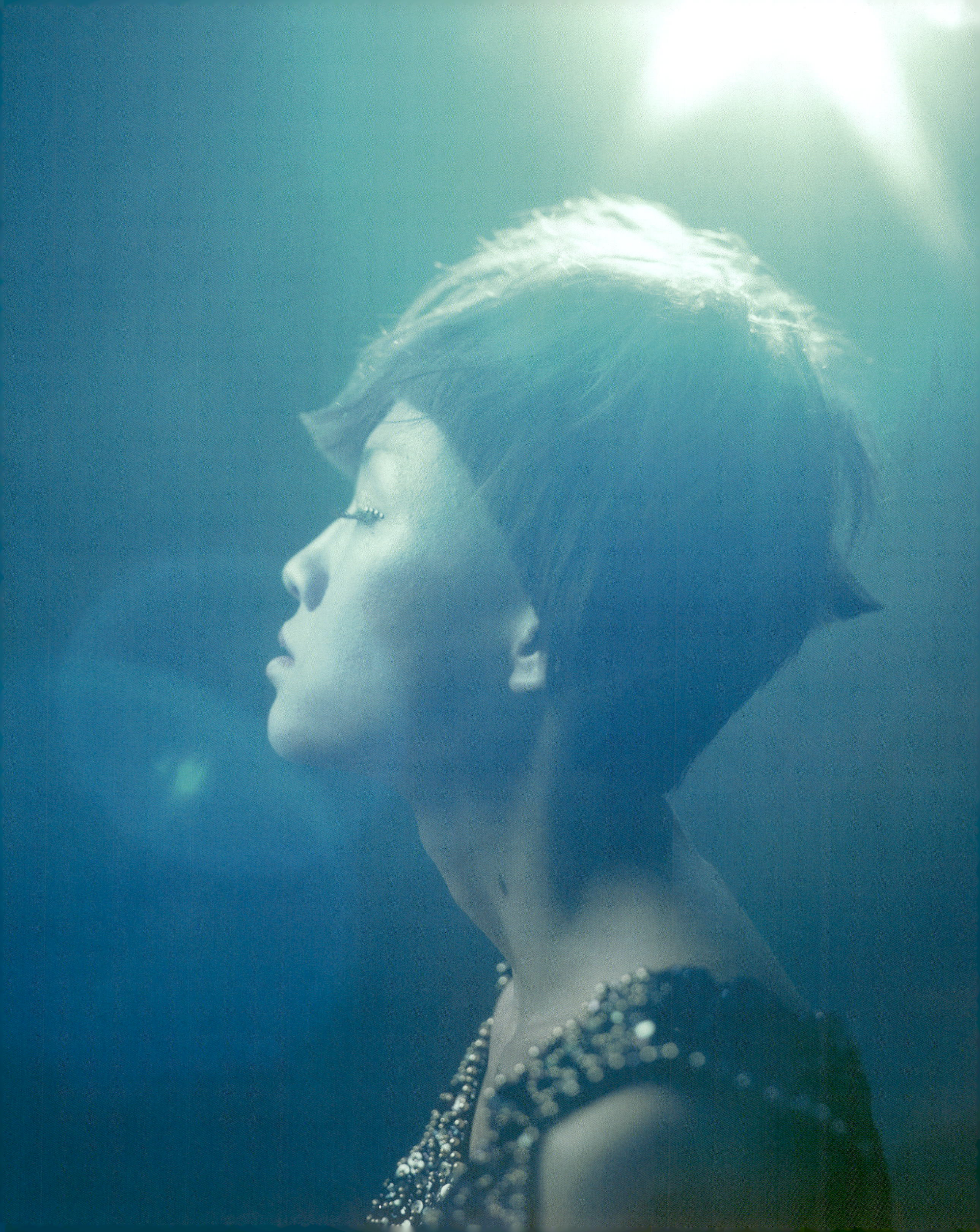

*POSTSCRIPT

THE LIGHT IN THE DARKNESS

航海には海図が必要です。そんな本をつくってみたいと思いました。航路に迷った時にいつでもそれを開いて確認できる、長い旅路の相棒のような本であれば嬉しいです。

海図には、海に関する様々な情報が記されています。しかし、目的地が指定されているわけではありません。どこを目指して旅をするのか、私たちの仕事であれば、どんなスタイルをつくるのか、それは1人ひとりのデザイナーの手に委ねたいと思います。

思い返せば、壮大なプランでした。多様化した現代のヘアデザインを1つのコンセプトに収束し、誰もが使えるように体系立てて説明するということは、想像していたよりも、はるかに荷が重い仕事でした。本の構成自体、何度も何度も書き換えられ、この形になるまで、道のりは平坦でなかったというのが本音です。実践で役立ててもらうには、どんなスタイルをどれくらいのボリュームで紹介していけばいいのか？まず、そんなところから頭を抱えました。ある程度、デザインの傾向を指摘することはできても、実際の営業に立てば、顧客の好みも素材も千差万別であり、これさえやっておけば事足りるなどという線引きは難しいものです。また、美容の仕事には様々なやり方がありますので、おのおのの個性を尊重しながら、より多くの人たちと共有できる技術とは何だろうかという点も迷ったところです。これが産みの苦しみなのか、当初予定されていた本の容量はオーバーする、スケジュールは大幅に押してくるで、最後の最後まで、なかなか全貌が見えませんでした。

でも、これは、ある部分、やむを得なかったのかとも思います。ゾーンとセクションは、技術としては以前から美容の世界にあったものですが、特性を異にする2つの技術を統合して、体系化していくという作業は、ここ数年でようやく緒についたばかりです。山頂が見えていて、しかも、快適な舗装道路があるというドライブとはわけが違います。どちらかと言えば、道なき密林に割って入っていくようなところがありました。なかなか見通しが立たず、日差しも射しこまない樹海の中をさまよっているような感覚とでも言えばいいでしょうか。

本書の制作期間中、フランシス・コッポラの『地獄の黙示録（原題／APOCALYPSE NOW）』を繰り返し観ました。ベトナム戦争中、軍令を無視して密林の奥地に住みつき、自分たちの王国を築いた米軍の司令官がいます。その彼を暗殺する指令を受けた工作員が、王国を目指して川登りしていくというのが、簡単なストーリーです。自分としては気分転換のつもりで観ていたのですが、この映画の背景にあるものと、この本が背負っているテーマが、よくダブってくることがありました。王国へ向かう途中で工作員は、熱帯雨林の中で西欧的な価値観とは、全く違った価値観であったり、混沌とした自然の猛威と遭遇します。そして、これまで疎んぜられていた、非文明的な世界の持つ未知の力のようなものに畏怖の念を抱くようになるのです。ありていに言えば、新しい世界との遭遇です。最後に指令を遂行するのですが、その頃には、王国を築いた司令官に強いシンパシーを感じるようになっています。

ちょうど春先、スタッフたちにも協力してもらって、数百体のウィッグを切って、セニングのデータを取っている時期でした。座標を変えてみる、セニングの軌道を変えてみる、ありとあらゆるケースを試して、効果測定を行ないました。その中で、偶然、他のデザイナーのテイストと似たスタイルに、巡り合うという経験を幾度となくしています。

不思議なことに、今まであまり自分では手がけなかったデザインやテクニックのベースにあるものが見えてくる瞬間が多々ありました。何故、そのデザイナーがこういう切り方をしたのか、雑誌等で見ているだけではわからない本質のようなものに触れたような気がしたものです。デザインやカットのプロセスというものは、単なる形や方法論に帰せられるものではなく、その人その人の価値観、人間性、美意識といったものが色濃く反映されているのだということに深く思いが至るようになります。

また、完全な技術というものは存在しないということも強く感じました。それぞれの技術には長所もあれば短所もあります。このことを理解した上で、お互い補完するように使いこなしていく必要があるのだと思います。さらに加えれば、どんなに優れた技術であっても、それが普及するにつれて、使う側の人間を型にはめてしまうという性質を持っています。モノローグな技術は、その解となるデザインを近似させてしまうという傾向があるのです。これを避けるためには、異質な技術や考え方を頭から否定するのではなく、一度、謙虚に受け止めて、そのいい部分を取りこんでいくようなフレキシブルさが求められます。そういった意味で、本書『ZONE AND SECTION』は、現在、使われている様々なカット技術の総合系ともいえる内容になっています。

『地獄の黙示録』から得たもう1つのインスピレーションは、光と影の表現です。映画の中では、自然の中に、突如、巨大な人工空間が姿を現すようなシーンが幾つかあります。その映像がとてもきれいで印象的なのですが、照明でバックライトがかなり使われています。本書でもバックから光を打ちこんで撮影したものがかなりあります。いろいろ試した結果、空気感や動きの表現には、逆光で毛先に光を回すような撮り方が非常に効果的でした。また、光と影のコントラストは、作品を通して何を表現したいのかという、つくり手の想いと無縁でないような気がします。

90年代にヘアデザインのモードが大きく移り変わる中で、美容の仕事が技術から感覚寄りに大きくシフトしてきたということは、本の中でも述べました。しかし、そういう風潮に自分は納得できなかったし、この仕事が続く限り、技術というのは常に核になるものだと思います。ある意味で、美容技術の再興というテーマを、自分に課して、この仕事に取り組んできたつもりです。

ただ、それは、以前からある技術を言われた通りにコピーしろということではありません。否定でなく、尊敬の念を持って、前の世代の築き上げてきたものを乗り越えていくという生き方が、何時の時代にも求められています。この本で紹介しているゾーンにしても、セクションにしても、さらに革新的なアイディアや使い方が出てくると思います。この先、技術が発展していく礎として、この本を使っていただけると本望です。

2000年の2月、ロンドンへ旅行する機会がありました。自分にとっては人生のターニングポイントとなった縦パネルグラデーションとディスコネクションを授けてくれた場所です。行く度に、新しい発見があり、刺激があり、大好きな街ですが、今回の旅行では、何故かヘアスタイルに関して、感じるものが少なかった。どこかで見たことのあるデザインや質感が多いような気がしたのです。それは、紛れもなく、今、日本で僕らが追求しているデザインや質感表現でした。

これまで、日本の美容技術は、西欧のテクニカルな体系を自国に合う形に加工しつつ、その歩を進めてきました。しかし、21世紀を前にある部分では肩を並べ、ある部分では追い越したところもあるのではないか？ とその時、率直に感じました。ならば、ゾーン&セクションの体系は、日本人の手で、まとめてみてもいいのではないか？ そんな風に肩を押された気がしたのです。かつて、アメリカのブルースを聴いたイギリスの若者たちが、ブリティッシュロックという音楽を世界中に広げていったように、30年前にヨーロッパのヘアカットの技術体系を学んだ日本人が1つの答を世界に示してもいい時期なのだ、と。

グラデーションとレイヤーの続編の1ページ目が開かれました。目の前には、まだ、未知なる密林が広がっていますが、この次のストーリーを編んでいくことが、僕らの仕事だと確信しています。

2001年の64日前の夜に──

井上和英

| STAFF |

model cut&technique
KAZUHIDE INOUE

and
Fiber Zoom ALL STAFFS

art direction
COMBOIN

styling
hitomi

all photograph
IKUO OHNUMA

input assist
AI

project & edition
**MONTHLY SHINBIYO
EDITORIAL STAFFS**

S-DIRECTION
ZONE AND SECTION

S-DIRECTION
『S-DIRECTION』は、現在、美容業界で注目されているヘアトレンドや新しい技術にスポットを当てた、月刊『しんびよう』編集部によるオリジナルテキストです。時々刻々と変化する時代の本質を的確に捉え、月刊誌で提供するリアルタイムな情報の背景にある技術の考え方やテクニックなどを、詳しく読者の皆様へお届けすることを目的に編集されています。

定価／3,990円(本体3,800円)検印省略
2000年11月18日　第1刷発行
2008年6月10日　第10刷発行

著者　井上和英
発行者　長尾明美
発行所　新美容出版株式会社　〒106-0031 東京都港区西麻布1-11-12
編集部　TEL 03-5770-7021　FAX 03-5770-1202
販売部　TEL 03-5770-1201　FAX 03-5770-1228
http://www.shinbiyo.com
振替　00170-1-50321

印刷　太陽印刷工業株式会社
製本　共同製本株式会社

©Kazuhide Inoue & SHINBIYO SHUPPAN Co.,Ltd.Printed in Japan 2000